조선시대 회계문서에 나타난

사개송도치부법의 발자취

조익순 · 정석우

傅 英 社

머리말

어느 나라나 그 나라의 역사가 있는 것과 같이 그 나라만이 가지고 있는 상업과 그 기록의 역사가 있다. 서양에는 상업과 공업을 주축으로 한 경제사와 그를 뒷받침하는 복식부기가 있었으며, 중국에는 중국 나름의 상·공업을 뒷받침하는 사각장(四脚帳)·용문장(龍門帳)이 있었고, 일본에도 대복장(大福帳)과 그들 나름의 복식부기가 있었다. 한국에도 "사개송도치부법" 또는 "송도사개치부법"이라고 불리는 "사개치부법"이 우리의 고유치부법으로 존재하고 있었으며, 그것을 세계에 널리 알린 사람들은 일본의 회계학자들이었다.

그러나 일본회계학자들이 사개치부법을 세계에 소개한 내용은 각양각색이었고, 그 근거가 무엇인지 밝히고 있지 않는 것이 대부분이었다. 어떤 회계학자는 사개치부법이 이탈리아의 복식부기보다 200년 앞서서 창안된 것으로 소개하였는가 하면 어떤 학자는 서양식 복식부기를 한국적인 치부방법으로 표현한 것이라 주장하기도 하고, 그 중간의 입장을 취한 회계학자도 있었다.

1945년 이후에 발표된 한국회계학자들에 의하여 행해진 사개치부법에 관한 연구들도 일본회계학자들의 틀에서 크게 벗어나지 못하였다. 다시 말하면 대부분의 연구들이 현병주의 「사개송도치부법」의 해설이거나, 구체적인 증거가 없는 일본회계학자들의 주장을 인용·해설하거나 소설에 가까운 추론에 의한 것이었다. 그 결과 사개치부법의 고려시대 기원설, 조선시대 초기 기원설, 조선시대 중기 기원설 등을 지지하는 논문과 이탈리아의 복식부기성립에 사개치부법이 영향을 주었다는 저서까지 출현하였다.

저자들은 일본의 몇몇 학자의 연구를 제외하면 우리나라 회계학자들을 포함한 대부분의 연구가 별로 신빙할 만한 증거에 입각하지 않은 것으로 판단하고, 객관적 증거를 기초로 하는 사개치부법 연구를 시도하기로 하였다. 아무리 훌륭한 추론도 증거를 기초로 한 결론을 덮을 수 없기 때문에 그 첫시도로 1899년에서부터 1905년까지의 「대한천일은행의 회계문서」를 실증 분석하였고, 「사개송도치부법 전사(前史)」란 저서에서는 그 실증 분석의 대상 범위를 확대하였으며, 또 조선시대의 산원(算員), 즉 당시의 공인회계사에 해당한 산사(算士), 계사(計士), 회사(會士)제도를 실증 분석하였다.

이 책은 「사개송도치부법 전사」를 발간한 이후 새로 발굴된 사개회계문서가 있었고, 북한에 실존하는 사개문서 일부가 북한의 저명한 학자에 의하여 저술된 책자에서 발굴되었으며, 전사(前史)에서 불필요하게 많이 소개된 부분이 발견되어 이들을 토대로 새로운 각도에서 대대적인 수정·보완한 것이다.

저자들의 기본입장은 철저한 "증거주의"이며, 거기다 "논리적 연관성"을 존중하는 것이었다. 이는 민족주의적 논리보다는 객관적 증거와 합리적 논리를 존중하고, 유리한 증거와 불리한 증거를 모두 존중하려고 노력하였다는 뜻이다. 그러나 북한에 실존하는 사개문서 중 그 일부의 기록내용을 확인한 다음 그것을 기초로 사개치부법의 일부 특성은 입증하였지만 북한에 "있다"고만 소개한 사개문서에 관하여는 추론을 하지 않을 수 없었다. 이 부분도 가까운 장래에 실증이 가능할 것으로 기대한다.

단식부기와 복식부기의 구분에 관하여 많은 신경을 썼다. 왜냐하면 첫째로 일본의 藤田昌也 교수가 사개치부법이 단식부기라고 한 것과, 둘째로 국내에서 발굴된 한 가문의 친목계 기록을 복식부기라고 주장한 기사 때문이었다. 이 후자는 그들의 주장에 대한 예봉(銳鋒)을 피하려고 한 것인지는 모르지만 그 회계문서와는 아무 관계도 없는 이두(吏讀)에 많은 지면을 할애하면서, 그리고 회계정보차원을 강조하는 듯하면서 여전히 그 문서가 복식부기라는 인상을 심으려는 듯한 논문을 발표하였다. 이두(吏讀)는 저자의 「사개송도치부법 전사」 중 관부(官府)문서에서 많이 사용하였음을 설명한 바 있고, 이 책에서도 똑같은 내용을 적고 있다.

이런 면에서 사개치부 문서에 대한 실증적 연구에서 "무엇이 복식부기인가?"라는 쉽고도 어려운 문제를 규명하지 않을 수 없었고, 가능한 한 많은 사개회계문서를 발굴하여 그 치부원리를 추출하고 그것이 복식부기와 어떻게 같고, 어떤 면에서 다른가를 살펴보지 않을 수 없었다. 저자들이 발굴하여 분석한 사개회계문서가 과거·현재의 어느 다른 연구보다도 많음을 자부한다.

이와 같은 연구는 한국의 역사, 그 중에서도 한국의 경제사의 일부인 한국회계사에 관한 연구이다. 이에는 많은 원시자료들이 뒷받침되어야 하는데 특히 이 회계사(會計史) 연구를 위한 자료는 지극히 부족한 것이 현실이다. 저자들이 생각하는 바로는 회계사 연구자들보다는 경제사 연구자들이, 경제사 연구자들보다는 한국사 연구자들이 더 많은 자료와 그 원천을 알고 있으리라 믿는다. 뿐만 아니라 고문서 수집가들도 이와 같은 자료들을 보장(保藏)하고 있으리라 믿는다. 원컨대 우리나라 회계사 연구에 도움이 될 수 있는 자료와 그 원천을 가지거나 알고 계시는 분들은 연락 주시기 바라 마지않는다.

이 책에서 잘못된 부분이 있으면 그것은 전적으로 저자들의 단견(短見)의 소치이므로 많은 가르침을 주었으면 한다. 북한에 실존하는 사개회계문서는 연대로 보나 그 기록내용으로 보아 매우 중요한 가치를 가진 것으로 추측되며, 그것의 입수에 도움이 될 정치적 분위기도 점차 호전되는 느낌이므로 앞으로 그 자료가 입수되면 이 책을 다시 보완하게 될 것으로 예견한다.

사개회계문서는 예외 없이 한자로, 그것도 초서로 기록되고 있어 그 판독에 어려움이 많았다. 이와 같은 어려움에 도움을 주신 분들(국사편찬위원회 고문서번역 위원들과 고려대학교 대학원 도서관 고문서번역 담당자들)에게 감사하며, 자료의 원천과 대출에 많은 도움을 준 연세대학교 주인기 교수와 국사편찬위의 정병욱 박사에게도 감사를 드리고 싶고, 많은 수고를 끼친 규장각, 국사편찬위원회 도서실, 국립중앙도서관, 그리고 고려대학교 대학원 도서관에도 같은 심정이다.

이 책의 출판을 흔쾌히 맡아 주신 박영사 안종만 회장과 편집을 맡아 준 여러분들께도 감사를 드린다.

2006년 2월

조익순
정석우

목　차

제1장 序　說

제2장 四介松都治簿法의 評價를 위한 周邊事項의 理解

제3장 複式簿記 生成의 前提條件

제4장 玄丙周; 四介松都治簿法의 전부

제5장 玄丙周 四介松都治簿法 以前의 會計文書에 대한 實證的 分析－官府文書

제 6 장　玄丙周의 四介松都治簿法 以前의 會計文書에 대한 實證的 分析－私人(商人) 會計文書

제8장 四介松都治簿法과 그 以前의 會計文書에 관한 實證分析

제 1 장

序　　說

제1장 序 說

제 1 절 이 책의 目的

이 책의 표제(標題)가 이 책의 목적을 잘 말해 주고 있다. 그러나 그 내용(內容)에 관하여는 저자(著者)의 의도(意圖)와 다르게 받아들여질 수도 있기 때문에 이 책의 목적을 구체적(具體的)으로 밝혀두고자 한다.

한국고유부기란 일명 개성부기라고도 불리고 있는 한국고래(韓國古來)의 부기법(치부법(治簿法))[1]으로서 그 내용을 총정리하여 현병주(玄丙周)가 1916년에 출간한 「실용 자수 사개송도치부법 전」(實用 自修 四介松都治簿法 全)(이하에서는 현병주의 저서 또는 사개치부법(四介治簿法)이라고 약칭함)으로 출판하였다. 앞으로 행할 옛 회계문서 분석에서는 현병주의 저서가 출판된 1916년 이전의 옛 회계문서만 실증적 분석의 대상으로 한다. 우리의 '고유치부법'(固有治簿法)은 언제부터인지는 명확하지 않지만 우리나라 상인들이나 관청에서 사용되었고, 그 회계문서의 일부가 지금까지 남아 있기 때문에 잔존장부를 통하여 한국고유부기의 원형과 사용시기를 거꾸로 추적해 보고자 한다.[2]

지금의 우리나라 사람들 중에는 우리가 우리 고유의 치부법을 가지고 있었는지 조차도 모르는 사람들이 많을 것이다. 이 책의 첫번째 목적은 우리의 고유치부법이 있었다는 사실을 모르는 사람들에게 우리도 서양과 그 원리면에서 비슷한 치부법을 가지고 있었다는 사실을 알리면서 동시에 그 내용도 소개하려는 것이다.

---

1) 오늘날 일반화되고 있는 회계용어는 '부기'(Bookkeeping)이지만 한국에서의 부기에 상응하는 용어는 '치부법'이었던 것 같다. 본서에서는 편의상 치부법(治簿法)을 현재의 학술용어(學術用語)로 부기(簿記), 영어로 bookkeeping을 지칭하는 것으로 사용하기도 하였다.

2) 현병주의 사개송도치부법이 출판되기 이전인 1908년과 1909년에 이미 서양식 복식부기에 관한 교과서가 우리나라 사람인 임경재(任暻宰), 김대희(金大熙)에 의하여 출판되었다.

이 책의 두 번째 목적은 사개송도치부법(四介松都治簿法)의 기원설을 실증적 방법(實證的方法)으로 규명하려는 것이다. 우리가 현실적으로 가지고 있는 옛날의 회계기록(會計記錄)이나 혹은 다른 나라에 보관되고 있는 회계기록을 실제로 입수하여 그것들을 직접 분석하고 관찰하여 여러 가지 기원설을 살펴보고자 하는 것이다. 이러한 분석방법은 자료의 이용가능성과 함께 많은 시간을 투입하여야만 이루어질 수 있다.

실증적 연구는 사람이 관찰할 수 있는 물체(物體)나 사건(事件)들이 일정한 원리(原理)의 틀에 맞는지 여부를 판정하는 연구방법이다. 본서에서는 ① 관찰대상으로 현병주(玄丙周)의 「사개송도치부법」(四介松都治簿法)을 포함한 현존(現存)하는 옛 회계문서를, ② 일정한 원리의 틀로 복식부기(複式簿記)의 원리를 이용하였다.

이와 같은 연구를 하게 된 데에는 아주 중요한 이유가 있다. 1916년에 현병주(玄丙周)의 「사개송도치부법(四介松都治簿法)」이 출판된 직후 일본인 교수 한 사람과 인천일보 기자(記者) 한 사람이 1917년에 각각 일본의 학술지(學術誌)에 "복식부기의 원조(元祖)는 한국이지 이탈리아가 아니다"라는 내용의 논문을 발표하였다. 그러나 1922년에서부터 1926년에는 많은 일본의 회계학자들이 "한국의 복식부기는 최근에 고안(考案)된 것이다"라는 논문을 발표하였다. 일본 교수들은 사개송도치부법(四介松都治簿法)이라 하지 않고 "개성부기"(開城簿記)라고 통칭(通稱)하였다. 그 후 1950년 전반(前半)까지는 이 문제가 잠잠하다가 1950년 후반(後半)부터 한국의 회계학교수들이 사개송도치부법(四介松都治簿法)의 기원문제(起源問題)에 대한 관심을 재점화하였다. 이러한 관심은 한국에서의 복식부기가 이탈리아에서의 복식부기보다 200년 앞서 창출(創出)되었다는 설(說), 한국의 복식부기가 아라비아인들을 통하여 이탈리아로 전(傳)해져 이탈리아부기를 창출시켰다는 설(說), 조선조 초기에 창안(創案)되었다는 설, 조선조(朝鮮朝) 후기에 창조되었다는 설(說) 등 다양한 양상으로 나타났다. 따라서 현존하는 우리의 옛날 회계기록을 통해 어느 기원설이 더 진실에 가까운가를 확인하는 것은 매우 중요한 의미가 있다.

이 책의 세 번째 목적은 전문가인 회계학도(會計學徒)들이나 비전문가인 일반인들에게도 복식부기(複式簿記)라는 것이 무엇이냐를 정확히 알리는 것이다. 단식부기(單式簿記)를 초보적인 복식부기라고 한다던가 조(租) 10석(石)을 정제(精

製)한 결과 미(米) 5석(石)이 된 거래를 조(租)기입장에 10석(石)의 불출로 기입하면서 미(米)기입장에 5석(石)을 입고로 기입한 것을 복식기입이라 주장하는 전문가가 있기 때문이다. 물론 복식부기의 내용을 정의하는 데 있어서 약간의 의견차이는 있을지 모르지만 그 기본체계에서는 차이가 있을 수 없다. 1494년의 Luca Paciolo가 그의 수학저서에서 제시한 복식부기의 기본체계와 근대화(近代化)된 복식부기의 기본체계 간에는 차이가 있다고 인정하지만 그 이상의 차이는 인정하기 어렵다. 이에 대하여는 뒤에 가서 더 자세히 언급할 것이다.

제2절 이 책의 敍述 計劃

이 책에서는 먼저 현병주(玄丙周; 1880~1938)가 1916년 12월 15일에 출간한 「실용 자수 사개송도치부법 전」(實用 自修 四介松都治簿法 全)을 평가하기 위한 기초적인 주변사항(周邊事項)들을 살펴보기로 한다. 여기서 주변사항이란 현병주의 저서가 과연 우리의 고유부기라고 할 수 있느냐 하는 문제를 판단하는 데 필요한 사항들을 의미한다. 이와 같은 주변사항으로 알아두어야 할 사항은 매우 많겠지만 여기서는 저자가 중요하다고 생각하는 것들을 선택적으로 서술할 것이다. 예를 들면 ① 단식부기와 복식부기의 정의(定義), ② 복식부기를 생성(生成)시키는 요인(要因)들, ③ 우리나라의 복식부기 생성요인 검토, ④ 우리나라의 부기(단식부기와 복식부기를 포함)의 생성에 영향을 미칠 수 있었던 중국의 회계사정, ⑤ 우리나라 최초로 출판된 서양식 복식부기 교과서, ⑥ 기타 관련사항이 그것들이다. 이와 같은 내용을 하나의 장(章)에서 기술(記述)하는 것은 무리라고 판단하여 제2장과 제3장으로 나누어 기술하려 한다.

제4장에서는 현병주(玄丙周)의 「사개송도치부법」(四介松都治簿法)을 현대적인 감각에 맞게 소개할 것이다. 여기서 「사개송도치부법」이란 우리의 고유치부법(固有治簿法)의 대명사에 해당하며, 이를 통하여 우리나라 고유의 상업부기(商業簿記)의 기본체계를 소개한다. 앞 절(節)에서 이 책의 두 번째 목적인 복식부기 기원론(起源論)을 다루려면 우리나라에서 최초(最初)로 출판된 복식부기에 상당하는 저서(著書)가 출판된 연도와 그 내용, 서양에서 복식부기에 관한 저서가 출판된 연도와 그 내용이 비교(比較)의 대상이 되지 않을 수 없다. 서양에서 최초로

출판된 복식부기 저서는 1494년에 이탈리아의 Luca Paciolo가 쓴 "*Summa de Arithmetica, Geometria, Proportioni et Proportionalita*"(산술 · 기하 · 비 및 비례총람)라고 하는 책의 한 장(章) "Tractatus Particularis de Computis et Scripturis"(계산 및 기록 상론(詳論))에서 서술(敍述)된 것이 바로 최초로 복식부기의 내용을 소개한 것으로 알려져 있다.[3)]

위의 두 가지 저서(著書)의 출판연도만 비교(比較)하면 어느 것이 원조(元祖)냐 하는 판단은 쉽게 내려지지만, 거기에 수록되어 있는 내용이 언제부터 실제로 적용(適用)되어 왔느냐 하는 문제로 들어가면 어느 것이 먼저 사용되기 시작하였는가를 단정하기 어렵다. 이 문제는 현병주(玄丙周)의 사개송도치부법(四介松都治簿法)으로 대표되는 우리의 고유치부법(固有治簿法)이 언제부터 적용되어 왔는지만 구체적인 증거를 통해 살펴보면 단순한 비교로도 알 수 있을 것이다.

사개송도치부법의 기원(起源)을 그 치부법이 실제로 적용되기 시작한 시대에서 찾으려는 것이 고려시대 기원설 또는 조선시대 초기 기원설이므로 저자는 이를 규명하기 위하여 현병주(玄丙周)의 저서가 출판되기 이전의 우리나라 고유치부법(固有治簿法)에 의한 회계문서들을 검토하고자 한다. 우리 고유치부법에는 지금의 관청에 해당하는 관부(官府)와 사인(私人)인 상인의 회계문서로 구분되어야 하기 때문에 제 5 장에서는 관부의 회계문서를, 제 6 장에서는 사인(私人)의 회계문서를 분석 · 검토할 것이다. 그러나 이 두 가지 종류의 회계문서에는 고려시대는 물론이고 조선시대 전반기(前半期)의 것들조차 발견되고 있지 않기 때문에 앞으로 분석 · 검토할 회계문서는 거의 대부분 조선시대 중반기 이후의 것이 될 것이다.

제 7 장에서는 일본과 중국, 그리고 도래인(渡來人)과 기독교 등이 우리 고유치부법에 미쳤을 영향을 역사적인 기록들을 우리나라가 처음으로 개항한 1876년 이전과 이후로 나누어 살펴보고 평가할 것이다.

마지막으로는 지금까지 분석 · 검토하고, 기타의 기록들을 참고로 우리나라 고유치부법에 관해 종합적으로 평가할 것이다. 사개송도치부법에 대한 일본 및 한국 회계학자들의 평가를 소개하는 것은 물론이고, 우리나라 상인이 사용한 지금의 분개장에 상응하는 일기(日記)의 특수한 용법(用法), 우리나라 특유의 손익계산(損益計算), 그리고 사개송도치부법이 복식부기인가를 평가해 보고 끝으로

---

3) 이하에서는 Luca Paciolo의 저서는 "Paciolo의 저서"라고 단축(短縮)하여 인용.

우리의 고유치부법이 넘지 못한 한계를 지적하고자 한다.

저자가 입수한 우리의 옛 회계문서는 많았지만 그 중에서 검토의 대상이 될 만한 것은 그다지 많지 않았다. 그 중 저자가 분석 · 검토의 대상으로 삼은 회계문서를 열거하면 다음과 같다.

① 현병주: 실용 자수 사개송도치부법 전(1916)
② 대한천일은행(大韓天一銀行)의 각종 회계문서(1899~1905)
③ 고려대학 소장(所藏)의 장책제일(掌册第一), 칭생집(稱生集), 방원당(方圓堂), 합성관(合成觀) 등(1888~1896)
④ 규장각(奎章閣) 소장의 직산일기(稷山日記)(1896?)
⑤ 규장각 소장의 각포간수본전회계(各圃間數本錢會計)(1888?)
⑥ 국사편찬위원회(國史編纂委員會) 소장의 공자삼(孔子三)회계(1898~1900)
⑦ 일본 神戸大學 소장의 일기제이(日記第二), 외상 · 타급장책병부제일(外上他給長册并付第一) · 선복기(船卜記) 등(1854~1859)
⑧ 규장각 소장의 책명(册名)없는 일기 · 장책 겸용(兼用) 회계문서(1875~1890)
⑨ 규장각 소장의 타급장책(1902~1903)
⑩ 규장각 소장의 채급순봉 · 방채흥리책(債給順捧 · 放債興利册)
⑪ 규장각 소장의 마차회사(馬車會社)회계문부(1897~1900)
⑫ 규장각 소장의 한화기록(韓華記錄)(1903)
⑬ 한국정신문화연구원(韓國精神文化研究院)간행(刊行) 고문서(古文書) 집성(集成) 21~22, 영암(靈巖) 남평(南平)문씨(文氏) 문계(門契) 자료(資料)(1762~1898)
⑭ 규장각 · 일본 京都大學 소장의 육의전(六矣廛) 중의 일부 전(廛)의 회계기록(1862~1898)
⑮ 관부(官府) 회계문부(1720~1905)
⑯ 임경재 저(任璟宰 著) 신편은행부기학(1908), 간이상업부기학(1908), 최근상업부기(1913)
⑰ 김대희 저(金大熙 著) 응용상업부기학 全 · 附 공업부기학(1909)

이상은 실제로 입수한 자료들이지만 이 이외에도 다른 분야의 논문 등에서 인용된 옛 회계문서, 예를 들면 북한에 있다는 것이 확인된 문서들도 가능한 범위 내에서 검토의 대상으로 포함하였다.

제 2 장

四介松都治簿法의 評價를 위한 周邊事項의 理解

제 2 장 四介松都治簿法의 評價를 위한 周邊事項의 理解

제 1 절 單式簿記와 複式簿記

회계에는 단식부기와 복식부기가 있다는 사실은 회계를 잘 모르는 사람도 알고 있을법한 사항이다. 회계는 부기를 포함하는 개념이다. 그러나 회계와 부기는 같은 개념으로도 사용될 때도 있지만 근자에 와서는 점점 더 서로 구별된 개념으로 사용되고 있다. 회계는 부기, 감사, 경영분석, 예산통제, 세무 등을 포괄하는 부기의 상위개념이지만 부기는 회계의 일부분 또는 하위개념으로 보는 해석도 있지만 회계와 부기를 엄격히 구별하지 않고 동의어로 사용하는 경우도 있다. 엄격히 말하면 회계는 상위개념이라는 견해가 옳다고 보지만 회계에서 부기가 차지하는 중요성과 기타 분야의 중요성을 고려해 볼 때 부기와 회계가 동의어로 사용되는 것도 이해가 간다.

부기란 회계장부에 기록한다는 표현이고, 치부법(治簿法)이란 장부를 다스리는 법을 의미한다. 기록하는 것과 다스린다는 것의 차이는 기록이 기록으로 끝나는 것인지, 기록과 동시에 그 기록물을 잘 유지, 보관하는 것까지 포함하느냐의 차이로 보인다. 단식부기와 복식부기의 차이가 무엇인가하는 문제에 들어가면 회계전문가도 어리둥절한다. 따라서 사개송도치부법(四介松都治簿法)이 단식부기인가 복식부기인가를 판단하려면 이들의 차이가 무엇인가를 명확히 하는 것이 중요하다.

본서에서는 단식부기는 회계주체(會計主體)[1]의 경제활동을 화폐단위(貨幣單位) 또는 물량단위(物量單位)로 하나의 계산장소(장부)에 단 한번 기록한다는 뜻, 즉 한 개의 거래를 한번만 회계장부에 기입하는 것이지만 복식부기는 한 거래를 두 번 이상 기입한다는 것으로 본다. 여기서 말한 회계장부란 '계정(計定)'이라는

1) 송도치부법에서는 計主라고도 표현하기도 하였음.

계산장소를 가지는 장부를 말하는 것이지 단순히 지면에 기록하였다가 후일의 참고로 삼으려는 것은 회계장부에의 기입이 아니므로 이는 부기의 범주에 넣지 않는다. 계정이라는 기록장소의 설계나 배치가 일정할 필요는 없지만 증감을 구분하여 기록할 수 있게 되어 있으면 계정이라고 할 수 있다.

단식부기, 복식부기의 구분과는 관계없이 부기가 존재하려면 그 기록대상이 되는 자산이 있어야만 한다. 자산이란 회계주체에 유용한 효익을 가져다 줄 수 있는 것으로 그것이 유형이든 무형이든 관계없다. 기록대상이 되는 자산의 범위는 복식부기와 단식부기에 따라 차이가 있을 뿐만 아니라 단식부기도 그 기록목적과 기록의 범위에 따라 차이가 있을 수 있다.

복식부기는 회계주체가 소유하는 모든 자산과 그 자산에 대한 청구권을 빠짐없이 기록대상으로 삼으면서 언제라도 자산=부채+자본이라는 대차대조표방정식의 균형이 이루어지도록 거래기록을 서로 연계시키는 조직적인 기록체계이다. 이를 위하여는 하나의 거래를 한 계정의 차변과 다른 계정의 대변에 기입(복식기입)하지 않으면 안 된다.

모든 거래를 복식기입한다고 대차대조표방정식의 균형이 자동적으로 달성되는 것은 아니다. 이 복식기입을 체계적으로, 그리고 조직적으로 행하지 않으면 대차대조표방정식의 균형은 이루어지지 않는다. 모든 거래를 분개장이라는 장부에서 조직적으로 분개하고 그것을 총계정원장이라는 장부에 설정하고 있는 자산, 부채, 자본관계 계정에 전기하는 것은 물론, 특수사항에 관하여는 보조원장에 기록하여 총계정원장 기록을 보완하기도 하여야 한다. 이를 위하여는 회계장부가 일정한 체계를 가져야 하고, 총계정원장에 설정된 계정도 그 형식이 일정한 체계에 맞아야 하고 또 그 회계주체의 몫을 반영할 수 있는 체제를 갖추지 않으면 안 된다. 각 계정은 차변과 대변으로 구분되어 그 양쪽에 거래일자, 적요, 분면(分面), 금액을 기입할 수 있도록 마련되어야 하고, 분개장도 원면(元面)을 포함한 일정 기입란을 마련하고 각 페이지마다 대차평균(대차대조표방정식의 균형)을 확인함과 동시에 총계정원장상의 모든 계정잔액 또는 대차합계에 의한 시산표작성으로 대차평균의 검증을 할 수 있도록 조직화된 절차에 따라야 한다.

복식부기에서는 자본의 역할이 중요하다. 경제주체가 지배하는 자산의 일부는 그 경제주체에 대하여 청구권을 가지는 개인 또는 단체의 것이며, 그 나머지가 당해 경제주체, 기업주, 즉 자본주의 몫이다. 만약 그 기업이 기업활동에서 이익을 얻는다면 그것에 상응하는 자산이 증가하고 그 증가분은 기업주에 귀속되는 것이 당연하다. 손실의 경우는 그 반대가 되는 것은 두말 할 필요가 없다. 그렇다면 자본의 증감은 기업주의 출자나 자본인출 또는 영업손익에 의하여 이루어지게 된다. 손익은 수익과 비용의 차액이므로 대차대조표방정식의 오른쪽에 있는 자본은 기업주의 직접출자 및 수익과 비용의 차액인 손익에 의하여 증가 · 감소하고 그 증가 · 감소 부분만큼 자산증감 또는 부채의 증감에 영향을 준다. 따라서 자본은 자본주의 직접 출자에 의한 부분과 손익에 의한 자본증감, 즉 수익과 비용의 차액으로 이루어진다.

복식부기는 대차대조표방정식의 균형상태가 항상 유지될 수 있도록 체계화, 조직화되고 있지만 그 중에서도 자본의 증감에서 손익의 증감에 의한 부분을 분리하여 기록한다는 것은 복식부기의 중요한 기능의 하나이다. 단식부기의 경우 자산＝부채+자본 방정식의 균형이 이루어지도록 하는 체계를 구축할 수는 있겠지만 이 때는 수익과 비용의 차액을 처리하는 적절한 방법이 없으므로 수익, 비용의 대응에 의한 손익계산은 불가능하고 순자산증감 계산만이 자산＝부채+자본 방정식에 구현될 뿐이다. 수익 · 비용을 자본의 증감으로 볼 수 있게 하는 대차대조표방정식의 합리성이 여기서 그 진면목을 나타낸다. 이와 관련하여 저자의 복식부기에 관한 견해와는 설명의 앞뒤가 다르지만 A.C. Littleton 의 복식부기관을 보면 다음과 같다.

> “복식기입은 재산을 정확히 검증하기 위하여 생겨난 것으로 생각하지만 사실은 영업거래 자체가 동전의 앞 뒤 면과 같이 이중성을 가지고 있어 거래자체의 이중성이 복식기입이라는 형식을 낳았지 재산의 정확성 확보만을 위한 복식기입이었다면 비인명계정이나 명목계정을 필요로 하지 않았을 것이다. 교환거래에 있어서는 언제, 어디를 불문하고 항상 거래의 상대방이 있으며 그 거래의 한 쪽이 득을 보면 다른 한 쪽은 손실을 보기 마련이다. 이를 경험한 사람들은 그것이 상품의 메매로부터이던가 용역제공 또는 용역이용, 영업상의 불가피한 재화의 소비를 인식한 기장자가 이들을 명목계정에 처리하고, 그것을 출자자의 부담 또는 소유로 인식하였을 때 비로소 복식기입이란 원리가 완성되었고, 대차대조표방정식의 수학적 균형이 성립하도록 하는 기장법인 복식부기를 만들어 낸 것이다.”[2)]

다음에서는 복식부기의 손익계산을 고찰해 보기로 한다. 이 문제를 구체적으로 검토하기 전에 복식부기를 Luca Paciolo가 저술한 부기도 복식부기라고 볼 것인가, 아니면 Paciolo 이후에 발전적 수정이 가해진 부기를 복식부기라고 볼 것인가를 먼저 검토하는 것이 순서라고 생각한다. 그러나 이 문제에 관한 한 너무나도 확실한 증거가 있으므로 구태여 그렇게 할 만한 필요가 없다고 생각한다. 그 확실한 증거란 복식부기의 기원을 Luca Paciolo의 저술 속에 있는 부기로 널리 인정하고 있는 것을 가리킨다. 이는 Luca Paciolo의 부기를 복식부기의 원형으로 모두가 다 인정하고 있다는 것을 의미하고 저자도 그렇게 생각하기 때문이다. 다음에는 손익계산을 중심으로 Luca Paciolo의 복식부기 원형과 그 후에 개량이 가해진 복식부기를 비교하였다.

■ Paciolo 의 복식부기 원형 ■

"원장계정이 재무표(財務表)로 발전해 간 다음 단계는 손익계정과 잔액계정으로 표현된 것이다. Paciolo의 저서는 잔액계정에 관하여는 아무것도 설명한 것이 없었고, 상품계정, 비용계정을 손익계정으로 집합시키고 그 다음에는 손익계정을 자본계정에 이체하여 계정마감을 하고 있다."[3)]

■ 개량된 복식부기 ■

"잔액계정이 표준적인 부기절차의 일부로 이용된 것은 1586년부터라고 볼 수 있다. 이들 초기 저서의 잔액계정은 원장에서 독립한 별표로서 작성된 징후는 발견되지 않았다. 구원장의 계정을 새 원장에 옮겨 적기 위한 준비로 잔액계정을 이용하는 것만으로는 그것을 별표로 해야 한다고까지는 생각하지 못하였을 것이다. 잔액계정에 실려 있는 자료는 다른 목적에도 유용하였으므로 그것을 서서히 원장에서 분리하여 표로 작성하기 시작한 것이다. 잔액계정이 원장에서 분리하기 시작한 것은 원장계정에서 재무표 독립이란 방향으로 발전하는 계기가 된 것이 사실이나 원장계정 이외의 별도 잔액표를 작성하게 된 진정한 동기는 과세상의 요구가 있었기 때문이다."[4)]

---

2) A.C.Littleton; Ancient and Modern Bookkeeping: Contemporary Studies in the Evolution of Accouting Thought, edited by Michael Chatfield, p. 50.

3) A. C. Littleton; Accounting Evolution to 1900(片野一郎 譯), p. 199.

4) A. C. Littleton; Accounting Evolution to 1900(片野一郎 譯), p.200-215.

이상에서 보면 복식부기의 원형은 원장에 손익계정은 있었지만 잔액계정은 없었던 것으로 보인다. 이는 원장의 손익계정에서 수익과 비용을 집계한 다음 그 대차차액인 순손익을 자본계정에 이체하는 것이 전부였지 원장에서 분리된 잔액표는 물론이고 원장자체에도 잔액계정이 없었다는 사실에서 알 수 있다. 이를 다른 말로 표현하면 Paciolo의 복식부기는 비용과 수익을 대비한 손익계산만 있었지 순자산 증감에 의한 손익계산은 별도로 행하여지지 않았다고 해석할 수 있다. Paciolo의 복식부기 이후에 원장에 잔액계정이 등장하였을 뿐만 아니라 원장에서 분리된 잔액표(대차대조표의 전신)가 나타났고 이것의 정보가치를 높이는 수단으로 대차대조표와 손익계산서로 발전한 것으로 생각된다.

지금까지 언급을 유보해 왔던 단식부기에 대하여 살펴보면 지금까지 설명해 온 복식부기를 이해하는 데 도움이 될 것이다. 단식부기는 거래의 이면성(二面性)을 인식하지 않으며, 그 회계장부상의 계산단위(계정)에 거래의 한 면만 기록하는 방법이다. 뿐만 아니라 단식부기는 기록의 대상이 그 경제주체가 소유하는 모든 자산과 부채가 아니라 그 일부에 국한하는 것이 보통이다. 단식부기에서는 자본이란 것을 생각하지 않으므로 대차대조표방정식이라든가 그 균형문제에 관심을 가지지 않는다. 이와같은 단식기입으로는 계산의 정확성을 자동적으로 검정할 수 없을 뿐만 아니라 기장방법, 계정형식, 장부에도 일정한 체계적 조직성을 가지지 않는다.

제 2 절 우리나라의 最初의 西洋式 複式簿記 教科書

한국인에 의하여 쓰인 복식부기 교과서는 현병수(玄丙周)의 사개송도치부법(四介松都治簿法)보다도 7년 내지 8년 앞선 1908년부터 다음과 같이 출간되었다.

① 임경재(任璟宰): 신편은행부기학(新編銀行簿記學)(1908년)

② 임경재(任璟宰): 간이상업부기학(簡易商業簿記學)(1908년)

③ 김대희(金大熙): 응용상업부기학 전 부 공업부기학(應用商業簿記學 全 附 工業簿記學)(1909년)

④ 임경재(任璟宰): 최근상업부기(最近商業簿記)(1913년)

먼저 임경재(任璟宰)의 「간이상업부기학」(簡易商業簿記學)과 김대희(金大熙)의

「응용상업부기학」(應用商業簿記學)을 보기로 한다. 이 두 저서는 비록 연도는 1년의 간격으로 출간된 것이나 그 내용에 주목할 만한 차이가 있으므로 이 두 저서를 대비하고 김대희(金大熙)와 현병주(玄丙周)의 저서내용을 집중적으로 검토할 것이다. 임경재(任璟宰)는 그의 저서의 총론에서 우리의 고유치부법을 다음과 같이 간단히 언급하고 있다.

> "… 然而 自來我國商人의 慣用하는 簿記는 其記錄方法이 粗雜不完하고 錯誤가 恒多하야 平素財產의 狀況을 一見瞭然키 不能하나 …"

이에 상응하는 김대희(金大熙)의 기술을 보면 다음과 같다.

> "… 사실상으로 言하면 伊太利諸府의 商人間에 多用하야 便益이 不少하다가 西曆紀元 1494년에 "루카스 띄 부루꼬"라는 一僧侶가 代數學의 原理를 推究하야 簿記學에 관한 書를 伊太利 뻬니스府에서 出版하야 其後 漸次로 歐洲諸國에 傳播하얏으니 歷史上으로 言하면 斯學의 根源은 伊太利名譽에 歸함이 可하다 하노라. 吾國은 松都人의 發明으로 全國에 通用하는 所謂四介足致簿라는 法이 有하나 此에 學理를 附하야 說明한 者이 無하고 西洋簿記法은 甲午更張時에 各衙文簿를 調查整頓하기 爲하야 初入하얏으나 其法式에 不過하고 貸借의 理를 知하는 者이 殆無하야 反히 言하대 計算記帳은 一手段的技術이어늘 學理가 安有리오 五百年을 西洋簿記를 未知하고도 太平聖代로 百業이 興旺하얐다하야 斯學을 輕視하는 者이 有하나 此弱肉强食하는 競爭之時를 當하야 舊規를 固守하고자 하는 者는 文明의 敵이오 亡國의 民이라 …"

위에서 임경재(任璟宰)와 김대희(金大熙)의 표현는 근본적으로 다르다. 임경재(任璟宰)는 "우리도 고유치부법을 가지고 있으나 그것은 조잡하고 불완전하다고 하였으나 김대희(金大熙)는 학문적인 정리가 안 되었을 뿐 그 원리의 합리성은 부정하고 있지 않다. 특히 김대희(金大熙)는 기술을 천시하는 풍조를 문명의 적이요 망국의 국민이라고 통박하고 있으며, 부기학(복식부기를 말함)의 시초는 이탈리아라고 못 박고 있다.

임경재(任璟宰)의 간이상업부기학(簡易商業簿記學)은 장부를 주요부와 보조부로 구분하고, 주요부로는 ① 일기장, ② 구분장(區分帳)[5], ③ 구분일기장[6], ④ 원장으로 구분하였으며, 보조부로는 ① 현금출납장, ② 상품매입장, ③ 상품매각장, ④ 상품매매장, ⑤ 수형(手形)기입장을 열거하고 있다. 김대희(金大熙)의 응용상업부기학(應用商業簿記學)에서도 장부를 주요부로 ① 원장, ② 분개장, ③ 일기장으로 구분하고, 보조부로는 ① 현금출납장, ② 어험장(魚驗帳), ③ 매입장, ④ 매출장을 예로 들고 있다.

위 두 저자간의 장부분류는 큰 차이가 없지만 여기서 특기할 사항은 당시의 일본의 회계학 교과서에서 통일적으로 사용되고 있던 사역장(仕譯帳)이란 용어를 피하고 구분장(區分帳)과 분개장(分介帳)이란 용어를 사용하였다는 사실, 그 중에서도 현재 우리가 사용하고 있는 분개장이란 용어를 1908년경에 이미 사용하였다는 사실이다. 특히 분개라는 용어가 의미 있다고 판단되는 것은 김대희가 사개족치부(四介足致簿)를 지적하면서 모든 거래를 사개(四介) 중 어느 개(介)와 연관되는지를 분간 또는 나누는 것이란 뜻으로 분개(分介)라는 표현을 한 것은 아주 절묘한 표현이라 하지 않을 수 없다. 다시 말하면 이 분개라는 표현은 조선의 고유부기가 사개(四介)를 기본으로 하고 있고, 기장의 첫 작업이 사개(四介)를 분간하는 것이기 때문에 이를 분개(分介)라고 표현한 것은 언어학의 기호이론으로서도 절묘한 선택이라 하지 않을 수 없다.

표 2.1 1916년을 전후한 회계용어 비교

임경재(任璟宰)	김대희(金大熙)	현병주(玄丙周)	일본(日本)
거래(去來)	거래(去來)	거래(去來)	취인(取引)
구분(區分)	분개(分介)	뷰개(分介)	사역(仕譯)
계산과목(計算科目)	회계과목(會計科目)	좌목(座目)	감정과목(勘定科目)
지발(支撥)	타급(打給)	타급·출급(打給·出給)	지불(支拂)
차변·대변(借邊·貸邊)	차편·대편(借便·貸便)	거·입·내(去·入·內)	차방·대방(借方·貸方)
수형(手形)	어험(魚驗)	어험(魚驗(於音))	수형(手形)
원장(元帳)	원장(元帳)	원장(元帳(長冊))	원장(元帳)
자산(資産)	재산(財産)	자산(資産(捧次))	자산(資産)
결산(決算)	결산(結算)	결산(決算)	결산(決算)

5) 지금의 분개장에 해당.

6) 일기장과 구분장를 합병한 것

위 두 사람의 교과서에서 설명하고 있는 내용은 서양식 복식부기이므로 서로 대동소이할 뿐만 아니라 결산절차 또한 대륙식 결산법을 설명하고 있다. 자산, 부채, 자본, 수익, 비용의 설명, 거래의 8요소와 그 결합관계의 설명, 분개와 전기의 방법, 시산표의 작성, 상품재고파악과 평가, 수정분개나 결산분개 없이 행한 장부의 계정 마감[자산 · 부채 · 자본 계좌(결산잔액계정에 해당) 및 손익계좌(집합손익계정에 해당)로의 마감] 등을 설명, 그리고 예시하고 있다. 위 두 사람의 저서에서는 수정분개가 보이지 않았다. 그들의 저서에서 사용한 회계용어에도 약간의 차이를 보이고 있다. 참고로 위 두 사람이 사용한 회계용어와 일본으로부터 유입된 회계용어 및 현병주(玄丙周)가 사용한 회계용어를 비교해 본다(〈표 2.1〉 참조).

〈표 2.1〉에 나타난 몇 가지 용어의 예에서 보면 임경재(任璟宰)가 일본의 표현을 가장 많이 받아들인 것 같으며, 1913년의 임경재(任璟宰) 저술의 「최근상업부기학」(最近商業簿記學)은 결산(決算)을 결산(結算)이라 달리 표현하였을 뿐 연호(年號)도 일본 연호를 썼을 뿐 아니라 일본인의 상업부기 책과 똑같은 용어(取引, 仕譯, 借方, 貸方 등)를 사용하여 저술하였다. 그러나 김대희(金大熙)는 일본의 출판물 검열을 통과하지 못하여 그의 두 번째 저술은 끝내 빛을 보지 못하였다고 한다. 그러나 위 두 사람은 모두 다 우리의 고유치부법을 언급하고 있으며, 그것으로 미루어 보면 그 이전에 우리의 전통치부법이 있었던 것이 확실하다. 그러나 그 내용에 대한 이해정도에 관하여는 알 도리가 없다.

다음에서는 김대희(金大熙)와 현병주(玄丙周)의 교과서에서 설명하고 있는 내

표 2.2

김대희(金大熙)		현병주(玄丙周)
⑴ 伊太利 뻬니스 府 ⑵ 서력 기원 1494년	(총론과 통론)	⑴ 伊太利 뻬니스 府 ⑵ 遙遙히
⑶ 타인의 物을 代賣하고 그 공로로 受하는바 … 一入하면 更히 出할 연유가 無하고 一出하면 更히 入할 연유가 無하야 … 재산에 減한 것이 無하고 增하기만 한 者이니 … 재산 중에 減할 뿐이오 減한 代에 增한 者이 無하고 후일에 그 감한 것을 推尋할 處이 無한 者이니	(손익의 설명)	⑶ 利益이란 一次 入한 時면 何日 何時라도 반환을 청구할 權利者이 無하므로 자기의 이익자산이 될지오 손해라 할 것은 … 一次 出한 時이면 何年何月이라도 반환을 이행할 의무자이 無하므로 손해부채가 될지니라

용을 비교 · 검토한다. 앞에서 임경재(任璟宰)와 김대희(金大熙)의 총론 일부분을 인용하였지만 아래에서는 김대희(金大熙)와 현병주(玄丙周)의 통론(通論)부분 일부에서 유사한 설명만을 〈표 2.2〉에 간추려 본다.

〈표 2.1〉에 나타난 현병주(玄丙周)와 김대희(金大熙)의 저서에서 사용한 용어, 〈표 2.2〉에서의 그들 저서의 총론 또는 통론, 복식부기의 설명 등에서의 공통성에서 판단하면 현병주(玄丙周)가 서양식 복식부기를 섭렵하였다고 말한 것은 아마도 김대희(金大熙)의 응용상업부기를 배우지 않았을까 하는 추론을 하게 한다. 이는 다음과 같은 내용으로부터 알 수 있다.

이태리(伊太利) 뻬니스府는 글자 한자 안 틀리는 표현을 하였으며, 1494년을 '遙遙히'로, 장부의 예시에서 분개장(分介帳), 원장(元帳), 어험장(魚驗帳)의 어험(魚驗)이 똑같았으며, 사개치부법(四介治簿法)과 사개족치부법(四介足致簿法)에서 사개(四介)가 똑같으나 현병주(玄丙周)는 그의 저서 내용에 들어가서는 분개장을 일기책(日記册), 원장을 장책(長册)으로, 어험(魚驗)을 어음(於音)으로 표기하였다. 이는 현병주가 그의 저서에서 서양식 복식부기를 배워서 인용하였지만 실제의 기장 예설에서는 우리의 고유치부법에서 사용한 회계용어로 복귀한 것을 의미하며 또 한편으로는 현병주의 사개치부법이 서양식 복식부기에 상당히 영향받고 있었다는 오해를 자초할 단서를 제공하였다 할 것이다.

임경재(任璟宰) · 김대희(金大熙)의 부기교과서는 완전한 서양식 복식부기를 국한문(國漢文)을 혼용한 종서(縱書)와 아라비아 숫자를 사용하여 설명하고 있는데 반하여 현병주(玄丙周)의 사개송도치부법은 순수 한자(漢字)로 수치(數値)와 거래내용 기록을 종서(縱書)와 오른쪽에서 왼쪽으로 기록하는 전통치부법에 따랐으나, 그 해설내용은 서양식 복식부기와 대동소이하다. 한국의 고유치부법이 본래부터 복식부기와 같은 것이었는지 아니면 임경재와 김대희의 저서를 통하여 복식부기를 배워서 한국 고유치부법을 해설하는 데 원용하였는지 알 길이 없다. 이와 같은 혼란을 가져오게 하는 것은 임경재와 김대희의 저서들이 현병주의 저서보다 8~9년 먼저 출간되었으며, 현병주의 저서 일부가 김대희의 저서와 유사한 점이 있기 때문이다. 이는 현병주가 사개송도치부법을 서술하면서 김대희와 임경재의 저서를 통하여 서양식 복식부기를 익혔지 않았나 하는 생각을 하게 한다.

다만 현병주는 결산방법을 설명하면서 영미식 결산방법이라 지칭은 하지 않았지만 그 방법과 비슷한 방법에 의하여 결산을 한 사실, 대륙식 결산법은 언급하지 않은 점, 또 결산서에 있어서도 임경재와 김대희가 작성한 손익표(손익계산서에 해당)와 대차대조표가 작성되지 않은 점은 임경재와 김대희의 저서와 차이가 나는 내용이다.

제3절 Luca Paciolo의 簿記와 中國의 簿記

1. Luca Paciolo의 簿記

제1장 제1절에서도 이미 간단하게 언급한 바 있지만 1916년의 현병주(玄丙周)의 「사개송도치부법」(四介松都治簿法)이 우리나라 최초의 고유부기 해설서였다는 것은 명백한 사실이다. 이에 대한 평가는 다양하게 나타났으며, 그 중에서도 가장 관심을 끄는 것은 첫째로 사개송도치부법은 복식부기라는 것, 둘째로 그 복식부기가 고려시대(서기918년-1392년)에 창안되었다는 주장을 들 수 있다.

이 중 복식부기가 고려시대에서 창안되었다는 설의 논리를 정리해 보면 다음과 같은 가정을 전제로 하고 있다고 보인다.

① 현병주의 「사개송도치부법」은 복식부기이다.

② 현병주의 「사개송도치부법」이 비록 1916년에 간행되었지만, 그 내용은 고려시대에 이미 사용되고 있던 치부법을 정리한 것에 불과하다.

③ Luca Paciolo가 복식부기에 관한 저서를 출판한 연도가 1494년이며 서양의 복식부기 기원이 1494년이라는 사실은 모두 알고 있으면서 사개송도치부법의 기원만은 그것의 출판연도인 1916년으로 하지 않고, 그 기원을 고려시대나 조선시대 초기로 본다.

④ 사개치부법의 기원을 고려시대 또는 조선시대 초기로 보지않는 사람들은 Luca Paciolo의 부기서를 복식부기의 원조로 본다.

이상의 두 가지 견해는 앞으로 저자가 더 검토하여야 할 문제이기 때문에 그 논의는 뒤로 미루고, 앞으로 있을 이 문제에 대한 참고를 위하여 다음에 Luca Paciolo의 부기서(簿記書) 내용을 요약해 둔다.[7]

---

7) A. C. Littleton, Accounting Evolution to 1900(片野一郎 譯), pp. 96-108에서 발췌.

① 상인은 먼저 재산목록을 작성한다.
② 비망장(매일의 대소거래를 기록하는 장부), 분개장, 원장이라는 세 가지 장부를 비치하고 기장하여야 한다.
③ 비망장은 상무관에게 제출하여 공증을 받는다.
④ 분개장은 'Per'와 'A'라는 기호를 사용하여 분개하고, 그 사이를 평행 사선(//)으로 구분한다.

Per 현금 // A ×××자본금

⑤ 분개장으로부터 원장으로 전기(轉記)한다. 한 거래의 분개는 원장의 두 개 이상의 계정에 전기되며, 분개장에다 전기된 상대편 계정의 페이지 번호를 기입하여 상호 연결을 쉽게 찾을 수 있게 한다.
⑥ 기타 필요한 때는 여러 가지 종류의 보조장을 두고 기록할 수 있으나 그 기장방법은 각자가 알아서 할 수 있다.
⑦ 원장의 맨 끝에 마련하여야 할 계정이 있으니 그것은 원장에 있는 명목계정의 잔액을 모으는 계정, 즉 집합손익계정(集合損益計定)이다. 이 계정에의 기입은 분개장을 거치지 않는다. 왜냐하면 이 계정은 다른 계정의 대차차액을 모으는 계정이지 실제거래의 기입을 하는 것이 아니기 때문이다.
⑧ 집합손익계정의 대차차액은 자본금계정에 전기한다.
⑨ 구 원장에서 대차평균되지 않고 남아 있는 모든 계정을 대차평균시키기 위하여 각 계정의 대차차액을 합계액이 적은 쪽에 기입, 대차평균시키고, 동시에 대차평균시키기 위하여 기입한 반대편에 같은 금액을 기입한 다음 새로운 연도의 기입을 시작한다.
⑩ 상품계정에의 기입은 매입시 그 매입가액을 차변에 기입하고 매출시 그 계정의 대변에 판매금액을 기입한다. 매매손익의 계산은 상품별 손익계산, 즉 한 상품이 판매완료되었을 때 매매손익을 계산하였다.
⑪ 집합손익계정에 해당하는 손익계정의 설명은 있지만 자산 · 부채 · 자본계정의 잔액을 집합시키는 결산잔액계정에 대한 설명은 발견할 수 없다.
⑫ 결산제표(決算諸表), 즉 결산대차대조표, 손익계산서에 대한 언급 또한 발견할 수 없다. 또 정기적인 결산이나 수익 · 비용의 기간배분, 즉 발생주의 개념도 발견되지 않는다.

⑬ 원장의 계정을 마감하기 전에 원장 각 계정의 차변 또는 대변잔액을 한 지편(紙片)의 차변과 대변에 기록하여 그 대차변합계의 일치 여부를 확인한다.

2. 中國의 簿記

우리의 고유치부법이 중국으로부터 전래(傳來) 또는 영향을 받은 것이 아닌지 의심하는 경우도 있을 수 있다. 이와 같은 사실을 확인하기 위하여 다음에서는 중국의 고유부기에 관하여 '곽도양'저(郭道揚 著) 「중국회계발달사강」(中國會計發達史綱)(津谷原弘 譯)[8]을 요약 · 인용한다.

(1) 單式簿記

1) 入出會計記錄法

관청회계가 사용한 치부법으로 입출이 있는 것만 기록한다. 예를 들면 다음과 같다.

入 糜小石十二石爲大石七石二斗
出 糜對石五石四斗以食卒O

총계(總計(소계(小計), 합계(合計))는 '범'(凡)이란 문자기호를 사용하여 범입(凡入), 범출(凡出), 입범(入凡), 출범(出凡)으로, 차액은 잔(殘) 또는 여(餘)란 문자기호를 사용하였다.

2) 收付簿記法

이는 민간 회계기록법이다. 이를 삼주법(三柱法)이라고도 한다.

收 － 付 ＝ 餘 (收＝收入, 付＝支出, 餘＝時在額)

[付] 記錄만 예시하면 다음과 같다.

六月十六日 付 司馬伯O一素四十二元

---

8) 곽도양(郭道揚)은 1940년 생으로 1964년 호북대학 경제계(經濟系)를 졸업한 후 곧 이 대학 교수로 취임하여 현재 중남재경대학(中南財經大學(호북대학이 명칭을 변경))의 교수로 재임중 임.

장부의 상부를 수(收), 하부를 부(付)로 나누어 기록하였으며, 또 시간의 순서에 따라 기장하였다. 이와 같은 치부법을 '서시유수법(序時流水法)'이라고도 한다.

3) 流水帳 · 謄淸帳

명·청시대의 민간치부에서 사용된 장부형식으로

① 유수장(流水帳)은 일기장(日記帳)에 해당하며 초류(草流)와 세류(細流)가 있다. 초류(草流)와 세류(細流)의 구분은 장부에 줄이 어떻게 그어져 있느냐의 차이로 구분하는 것에 불과하다.

② 등청장(謄淸帳)은 세류(細流)의 기록을 10일 또는 15일 간격으로 그 합계를 전기(轉記)하는 장부이지만 원장(元帳)과는 그 성격이 다르다.

③ 기장내용은 거의 통일되고 있어 거래일자, 수(收) 또는 부(付)라는 문자기호, 거래내용, 수량, 단가, 금액의 순으로 기입하였다. 그러나 당시의 치부방식은 천사만법(千師萬法)이었지만 위에서 소개한 방법은 그것들에서 요약한 것이라 할 수 있다. 또 이들은 단식부기의 틀을 벗어나지 못하였다.

(2) 複式簿記

1) 三 脚 帳

삼각장(三脚帳)이란 현금의 수수가 없는 거래는 복식기입(이각(二脚))이 되고, 현금수수가 있는 거래는 상대항목만 기록하고 현금수수는 생략하기 때문에 그것을 일각(一脚)으로 하면 모두 삼각(三脚)이 되기 때문에 붙여진 명칭이다. 삼각장에서 사용하는 장부는 유수장(流水帳(초류(草流)와 세류(細流))과 등청장(謄淸帳)이며 다음 세 가지 종류의 문자기호를 사용하였다.

① 현금출납(비용지출에 국한): 입(入), 출(出) 기호

② 물품의 현금매매: 수(收), 부(付) 기호(수(收)를 내장(來帳), 부(付)를 거장(去帳)이라고도 함)

③ 채권 · 채무거래: 내(來), 거(去) 기호

삼각장(三脚帳)에서는 채권, 채무액은 기록으로부터 계산할 수 있지만 현금잔액은 그러하지 못하다. 그래서 유수잔액(流水殘額)이란 편법(便法)을 취한다. 이 방법은 10일 또는 15일마다 유수장(流水帳)에서 (入＋收－出－付)로 현금잔액을 산출한 다음 그것을 현금시재액과 대조하여 맞으면 그 금액 위에 도장을 찍는다.

삼각장(三脚帳)에 의한 손익계산은 일년마다 등청장(謄淸帳)의 상단(자본과 부채가 기입되고 있으며, 그것을 제항(除項) 또는 해항(該項)이라고도 함), 즉 내장(來帳)의 기록과 하단, 즉 거장(去帳)의 각종 자산(이를 존항(存項)이라고도 함) 및 유수장(流水帳)의 현금잔액으로부터 다음 공식(公式)과 같이 손익금액을 산출한다.

이익(손실) = 존항합계 + 현금잔액 − 해항합계

2) 龍 門 帳

용문장(龍門帳)은 중국 초기의 복식부기법이며 거기에서 사용한 장부는 삼각장(三脚帳)과 같다. 다만 등청부(謄淸簿)를 총청부(장)(總淸簿(帳))라고 불러서 삼각장(三脚帳)과 구별하였다. 삼각장(三脚帳)과의 차이는 등청부(謄淸簿)의 작용에서만 찾을 수 있다.

총청부(總淸簿)에서는 유수장(流水帳)의 기록을 전기하면서 그 기록항목의 의미, 내용에 따라 '진(進)', '교(繳)', '존(存)', '해(該)'로 분류 · 기록한다. 이 때의 '진(進)'은 수익 또는 수입, '교(繳)'은 비용 또는 지출, '존(存)'은 자산과 채권, '해(該)'는 자본과 채무를 나타내는 문자기호이다.

용문장에서의 가장 기본이 되는 치부원리는 "내(來)가 있으면 반드시 거(去)가 있고, 내(來)와 거(去)는 반드시 등식을 이룬다"라는 것이다. 기장에 사용되는 문자기호도 삼각장(三脚帳)의 경우와 같이 수(收(또는 내(來))가 상단(上段)을, 부(付(또는 거(去))가 하단(下段)의 기록장소를 표시하는 기호이고, 수~내(收~來), 부~거(付~去)가 붙어 다닌다. 예시하면 다음과 같다.

流 水 帳

收 中央工業 來帳 銀五十兩　　　付 商品買入 去帳 銀五十兩
(상품 한 개를 銀 50량으로 중앙공업으로부터 외상매입하다.)

收 賣出收入 來帳 銀一百八十兩　　　付 盛記銀行 去帳 銀一百八十兩
(상품 한 개를 은 180량에 팔고 대금은 성기은행에 예입하다.)

收 現　　金 來帳 銀二十兩　　　付 運送費用 去帳 銀二十兩
(운송비용을 보유하고 있던 銀 20량으로 지급하다.)

收 賣出收入 來帳 銀四十兩　　　付 春記食品貸 去帳 銀四十兩
(춘기식품에 상품 한 개를 銀 40량으로 외상매출하다.)

總 淸 簿

進　類

收 賣出收入 來帳 銀一百八十兩

收 賣出收入 來帳 銀四十兩

　合計 來帳 銀二百二十兩

存　類

付 商品買入 去帳 銀五十兩

付 盛記銀行 去帳 銀一百八十兩

付 春記食品貸 去帳 銀四十兩

　合計 去帳 銀二百七十兩

該　類

收 中央工業 來帳 銀五十兩

收 現金 來帳 銀二十兩

　合計 來帳 銀七十兩

繳　類

付 運送費 去帳 銀二十兩

　合計 去帳 銀二十兩

매출원가의 계산방법에는 두 가지 방법이 있다.

① A상품 매출원가＝전기말 A상품재고액＋당기매입액－기망재고액

② A상품 매출원가＝A상품 매출수량×A상품 당기 최고 매입단가

A·B … 상품의 매출원가를 합하면 그 기간의 매출원가 총액이 된다. 산출된 매출원가는 총청부(總淸簿)의 해류(該類)와 교류(繳類)에 다음과 같이 기입되도록 하여야 한다.

收 當期賣出原價 來帳 銀115兩 (該類-著者)

付 當期賣出原價 去帳 銀115兩 (繳類-著者)

용무장(龍門帳)에서의 결산(결책(結冊)이라고 함)에는 진교결책(進繳結冊),[9] 존해결책(存該結冊)[10]이 있다. 이외 구체적 절차는 유수장(流水帳)에서 현금이 최종잔액을 산출하여 총청부(總淸簿)의 존류(存類)에 분류해 넣는다. 그 다음은 총청부(總淸簿) 각 항목의 최종잔액을 계산한다. 진류(進類)의 금액합계액으로부터 교류(繳類)의 금액합계액을 차감하여 기간손익을 계산, 즉 진교결책(進繳結冊, 손익계산서)을 작성하고, 이어서 존류(存類)의 금액합계액과 해류(該類)의 금액합계액을 계산하여 존해결책(存該結冊), 즉 대차대조표를 작성한다. 이 양 차액(兩 差

9) 손익계산서에 상당.

10) 대차대조표에 상당.

額)이 일치하는 것을 합용문(合龍門)이라 한다. 이를 공식으로 표현하면 다음과 같다.

進 − 繳 = 存 − 該

3) 四 脚 帳

위에서 소개한 것 이외에도 중국의 고유부기 중 가장 성숙한 복식부기에 상당하는 것으로 사각장(四脚帳)이 있었다고 하며, 그 장부제도는 대기업과 중소기업간에 차이가 있다고 한다. 사각장(四脚帳)도 용문장(龍門帳)과 기본원리는 같으나 그 내용에 약간의 차이를 보이고 있다. 그 차이점만 열거하면 다음과 같다.

① 현금거래를 제외한 모든 거래는 복식기입하며 내장(來帳)과 거장(去帳)의 기록도 행한다. 그러나 현금거래 이외의 거래는 현금거래와 구별하기 위하여 소주수자(蘇州數字)[11]를 사용하였다.

② 사각장(四脚帳)에서도 모든 항목을 진·교·존·해(進·繳·存·該)로 구분하였지만 실제 적용시에는 수·부·존·해(收·付·存·該)로 구분하였다.

③ 계정과목은 강두(鋼頭)라는 이름으로 대분류(大分類)하여 인명강두(人名鋼頭(채권·채무항목)), 물품·손익강두(物品·損益鋼頭)로 하고, 물품의 종류별 기록, 비용의 세분기록은 '집'(集)이라는 명목으로 모아서 기록하였다. 예를 들면 백미집(白米集), 비용집(費用集) 등이 그것이며 우리의 '질'(秩)에 해당한다고 본다.

④ 회계보고서도 용문장과 같이 결책으로 부르는 대신 채항결책(彩項結册), 존제결책(存除結册)이라 호칭한다. 채(彩)는 이윤을 지칭하며, 채항결책(彩項結册)은 손익계산서에 상당하며 용문장(龍門帳)의 진교결책(進繳結册)과 같다. 존제결책(存除結册)은 존해결책(存該結册)과 같은 것, 즉 제(除)는 해(該)와 같은 것으로 부채와 자본을 포괄하며, 이 책은 대차대조표와 같다.

⑤ 사각장(四脚帳)에서의 기장방법(記帳方法)도 용문장(龍門帳)의 그것과 대차없지만 대기업이 택한 장부제도에 따르면 약간의 차이가 난다. 그러나 기본원리에는 별 차이가 없다. 따라서 연도말 결산절차도 비슷하여 현금시재액을 유수장(流水帳)에서 구하는 법, 매출원가를 구하는 법, 채항결책

11) 현병주(玄丙周)가 표시한 호산(胡算) 또는 표산(標算)이라고 한 수자(數字)와 같다.

(彩項結冊), 존제결책(存除結冊)의 작성방법도 기본원리는 같다. 다만 문자기호의 차이와 장부체계의 차이에 따라 그 표현을 달리하고 있는 점, 채항결책(彩項結冊)에서 산정된 '실득이래'(實得利來)[12]를 존제결책(存除結冊)의 내장(來帳)에 전기하고, 그 실득이래(實得利來)가 순손실일 때는 존제결책(存除結冊)의 거방(去方)에 이기하는 점에서 차이를 느낄 수 있다.

이상에서 중국고유의 단식부기와 복식부기를 간략하게 소개하였다. 마지막으로 지적하고 넘어가야 할 일은 중국 고유의 치부법에서 사용된 장부명칭, 대차변을 구분하는 문자기호나 시각기호가 우리의 고유치부법이 사용한 것과 닮은 꼴이 없다는 사실이다. 다만 현금시재액을 총청부(總淸簿) 아닌 유수장(流水帳)에서 계산한 것, 소주수자(蘇州數字)의 활용에서만 한국의 고유치부법과 공통점을 발견할 수 있지만 그것도 세부적으로는 상당한 차이가 있었다. 즉 유수장(流水帳)에서 현금시재액을 계산하는 것도 유수장(流水帳)이 현금수수거래나 비현금거래를 똑같이 분개한 것 중에서 현금수수거래 분개만 주의깊게 찾아내어 그것들을 가감하여 산출한다. 반면 우리의 고유치부법에서는 전기이월에다 현금거래기록이 다른 거래기록과 명확히 구분되도록 上과 下로 표시되고 있는 것만 가감하여 그 시재액 계산을 훨씬 쉽게 할 수 있었다는 것, 소주숫자의 이용도 중국의 전통회계에서는 비현금거래의 금액표시에서만 사용한 데 반하여 우리는 단가(單價)와 합계시산의 경우에서만 사용한 것에서 뚜렷한 차이를 볼 수 있다.

중국 고유부기에서 계정과목에 '집'(集)이라는 문자기호를 붙인 것(백미집, 비용집(白米集, 費用集))은 "동일물의 집합"이란 뜻으로 사용한 것인데 현병주는 '질'(秩)을 의인화(擬人化)의 상징어로 설명하는 오류를 범한 것 같다.

제 4 절 記號論과 吏讀와 四介松都治簿法

기호(記號)란 "어떤 요소를 나타내는 다른 요소로서 그 대용물이 되는 것"을 말하며 그것이 사회나 집단에서 공통되는 규약으로서 대용물이 되는 표현이라고 인정될 필요가 있다.[13] 이를 부연하면 누가 어떤 사실을 두고 자기 멋대로의 표

12) 당기순이익.
13) 소두영 저, 「상징의 과학 記號學」, pp. 135~138.

현을 하였다면 그것을 받은 쪽은 그 의미를 알 턱이 없고, 따라서 어떤 사실을 표현하기 위하여 그 사실을 자기 혼자만 알 수 있는 암호로 표시한 것까지 기호가 될 수 없다는 의미이다.

이와 같은 기호에는 ① 언어기호(言語記號), ② 과학기호(科學記號) ③ 시각(視覺) 또는 청각기호(聽覺記號)가 있다. 언어기호(言語記號)에는 음성언어(音聲言語)와 문자언어(文字言語)가 있다. 음성언어(音聲言語)는 문자언어(文字言語) 이전에 존재한 또는 존재하는 언어이며 나중에는 문자언어(文字言語)로 통합된다. 문자언어는 정상인을 전제로 한 언어기호(言語記號)를 말한다. 정상인이 아닌 장애자, 즉 감각기관에 이상이 있는 사람을 위하여는 언어기호에 대신되는 별도의 언어기호인 수화(手話)나 점자(點字) 등이 있다. 언어기호의 대용역할을 하는 과학기호(科學記號)에는 알파벳, 로마 숫자, 아라비아 숫자, 가감승제 기호, 미적분 기호 등의 수학기호뿐만 아니라 물리학, 화학에서의 법칙이나 구조식을 표시하는데 사용되는 여러 가지 기호들이 포함된다. 시각(視覺) 또는 청각기호(聽覺記號)에는 교통표지, 상표, 간판, 문장(紋章), 모르스신호, 암호, 나팔소리, 인사하는 몸짓, 표정, 제복, 사진, 도표, 음부(音符) 등이 그 예이다.

이와 같은 기호의 생성은 삶의 주변에서, 그리고 오랜 기간에 걸쳐서 관련자들로부터 인증받음으로써 시작된다. 그러나 동일한 사안에 대한 기호에도 단 한 가지 유형의 수용이 있는 경우와 여러 갈래의 수용이 인정되는 경우가 있을 수 있다. 이 여러 갈래의 수용에서도 인정(認定)의 도가 가장 높은 것이 있을 수 있고 그 다음의 수용형태가 있을 수도 있을 것이다. 우리의 언어에서 표준말과 사투리, 그것도 각 지역별 사투리가 그 대표적인 예일 것이다.

현병주(玄丙周)의 「사개송도치부법」(四介松都治簿法)이나 현존하고 있는 여러 가지 옛 치부책에서는 각종 형태의 문자기호(文字記號), 시각기호(視覺記號) 및 과학기호(科學記號)들이 사용되고 있음을 보았고 또 앞으로도 볼 것이다. 예를 들면 去, 入, 上, 下, 內, 捧上, 給次, 加下, 上下(이상은 문자기호) 등과 △, 、, ○, 𠂇, ㄱ, ㅂ(이상은 視覺記號), 〡, 〢, 〣, 〤, …… 등(이상은 과학기호)이 그것이다. 이것들이 일반적인 언어의 표시이냐 아니면 특수한 기호에 해당하는 것이냐에 대하여는 어느 누구도 논급하지 않았고 그것들을 있는 그대로 받아들였다.

그러나 현실사회에서는 여러 가지 종류의 문자, 시각, 과학기호가 많이 이용되고 있다. 그것은 국가, 종교 또는 과학분야에서 특히 많이 사용되고 있다. 십자가(十字架), 卍, %, #, ♀, ⇳ 등 그 수는 헤아리지 못할 정도로 많다. 그러나 사개송도치부법에서 비밀유지를 위해 사용하였던 기호들이 뒤에 관용화 되었을 가능성이 높다고 본다. 그 주된 이유는 조선시대의 엄격한 신분제도와 공상(工商)업의 천시사상이 주된 원인이었을 것이다. 저자는 이들이 기호학(記號學; Semiology, Symbology) 또는 우리 고유의 이두(吏讀)의 표현이 아닌가 생각해 보았다.

우리 조상들은 문자언어의 한 가지 형태인 이두(吏讀)라고 하는 것을 가지고 있었다. 이 이두(吏讀)는 우리글이 없을 때 한문자(漢文字)로는 우리말의 술어, 접속어를 나타낼 수 없을 때 하문자의 음(音)만을 빌려 우리의 술어나 명령어로 사용한 것이다. 예를 들면 〈주의(注意)할 것〉을 〈注意向事〉, 〈이익(利益)을〉을 〈利益乙〉로 표현하는 것이다. 조선시대는 명나라의 형사법을 한국식으로 번역한 "대명률직해"가 있고 그것에 의하여 형사사건을 다스렸다. 이 대명률직해(大明律直解)에는 많은 이두가 사용되고 있다. 그러나 시대가 바뀌고 사람이 바뀜에 따라 이두표현도 적는 법이 달랐다고 한다. 그러나 오랜 기간 동안에 사용된 이두표기에는 어느 정도의 규칙성이 있어 옛 사람들이 사용한 이두표기(吏讀表記)를 모아 그 뜻을 풀이한 것이 있으니 그것이 장지영의 이두사전(吏讀辭典, 1976년 간)이다. 이 이두는 명백히 문자언어인 것이 틀림없으나 조선조의 여러 기록에서는 상당히 많이 사용되고 있기 때문에 형식상으로는 한자(漢字)이나 그 뜻이나 읽는 방법이 완전히 다른 한자(漢字)이므로 이를 별도의 특수한 문자언어로 분류하지 않으면 안 될 것 같다.

뒤에서도 언급하겠지만 조선시대에는 상공인의 자손들을 관리로 등용하지 않는다는 금고법(禁錮法)이 있었을 뿐만 아니라 상공인(商工人)을 천민(賤民)들의 직업으로 취급되었으므로 그들은 가급적으로 그 신분의 노출을 기피하였으며, 그에 따라 상공인은 자기보호를 위하여 그들이 치부책(회계기록)을 암호로 기록하므로서 타인이 그 내용을 의식적으로 알아보지 못하게 하였을 것이며, 그것마저도 기록의 목적이 달성되면 후손들이나 다른 사람에게 전해지지 못하도록 폐기하였을 것으로 추정된다. 따라서 옛 상인들이나 관부의 회계기록에서 비록 문자언어를 구사하여 기록은 하였지만 그 내용은 문자언어로 기록한 것이 아니라 위에서 언급한 암호(暗號)와 같은 문자기호(文字記號), 시각기호(視覺記號)를 사용하였다고 볼 수도 있다. 앞으로 해당사항이 있을 때마다 그때 그때 다시 언급할 것이다.

제3장

複式簿記 生成의 前提條件

제 3 장 複式簿記 生成의 前提條件

제 1 절 複式簿記의 生成條件

복식부기는 어떠한 형태, 어떠한 경로, 어떠한 단계를 통하여 발전하였는지는 모르지만 단식부기로부터 진화된 것이라고 하지 않을 수 없을 것 같다. 즉, 현금의 수시기록, 물품의 수지기록, 채권 · 채무의 성립 · 소멸기록방법들이 점차로 발전하여 복식부기를 형성하게 되었다는 것이다. 이와 같은 복식부기(단식부기도 포함)의 발전에는 반드시 그와 같은 발전을 가져오게 한 사회적 환경요인이 있었을 것이다. A. C. Littleton은 이에 대해 "복식부기란 한 사람의 발명결과도 아니고, 어떤 한 세대의 소산도 아니며 장기간에 걸쳐 발전되어 온 결과"라고 하며[1] 다음 요소들을 부기생성에 불가결한 요소로 열거하고 있다.[2]

① 서법(書法): 부기는 기록하는 것이 그 근본이다.

② 산술(算術): 부기의 기구면(機構面)은 단순한 계산의 연속으로 이루어진다.

③ 사유재산(私有財産): 부기는 재산 및 재산권에 관한 사실을 기록하는 것이다.

④ 화폐(貨幣): 모든 거래는 화폐라고 하는 공통계산단위로 표현함으로써 일원적(一元的) 계산이 가능해진다.

⑤ 신용(信用): 모든 교역이 현장에서 완전 결제된다면 기록의 필요성을 강하게 느끼지 못할 것이다.

⑥ 상업(商業): 거래의 범위가 좁은 지방에 한정되면 거래량이 적기 때문에 사람들은 부분적으로 여러 기록방법을 고안했겠지만, 그것을 하나의 조

1) Littleton, 「회계발달사」, 片野一郎 譯, p. 37.
2) Littleton, 「회계발달사」, 片野一郎 譯, pp. 22-24.

직적인 기록방법으로 체계화하기까지는 못했을 것이다. 체계적인 기록방법의 필요성을 자극한 것은 상업의 발달에 따르는 거래량의 증대이다.

⑦ **자본(資本)**: 자본이 없는 곳의 상업이란 아주 유치하고 양적으로도 얼마 안 되는 것이었을 것이고 신용거래도 나타나지 않았을 것이다.

이들 제 요소는 복식부기 생성에 불가결한 것이다. 만약 재산이나 자본이 없었다면 기록할 대상이 없었을 것이고, 화폐가 없었다면 모든 교역은 물물교환에 지나지 않았을 것이고, 신용이 없었다면 거래는 그 현장에서 모두 다 완결되고, 상업이 없었다면 재산기록의 필요성은 정부의 과세목적에서 벗어날 수 없었을 것이다. 만약 서법(書法)이나 산술 중 어느 하나가 없었다면 기록할 수단이 없기 때문에 복식부기는 성립할 수 없다. 이익을 얻기 위하여 재산을 교환하고 또 신용거래를 행하는 것 자체는 부기로 정리해야 할 자료적 요소이고 그 자료들을 표현하는 수단이 되는 것이 화폐 · 산술 · 서법이기 때문이다. 이를 요약표시하면 〈표 3.1〉과 같이 재분류할 수 있다.

위의 복식부기 생성요소 이외에 위임(위탁) 또는 대리인을 그 요소의 하나로 추가해야 한다는 주장도 있다.[3] 그것은 타인의 재산을 제 3 자가 관리운용하고 그 책임을 명확히 밝히기 위하여는 부기가 불가결의 수단이기 때문이다. 이와 같은 필

표 3.1 부기생성요소 재분류

재분류 1	재분류 2
Ⅰ. 부기가 정리할 자료	Ⅰ. 단식부기 생성요소
① 사유재산	① 서　법
② 자　본	② 산　술
③ 상　업	③ 사유재산
④ 신　용	Ⅱ. 단식부기를 발전시키고 복식부기를 생성시킨 요소
Ⅱ. 자료를 표현하는 수단	
① 서　법	① 화　폐
② 화　폐	② 상　업
③ 산　술	③ 신　용
Ⅲ. 자료를 체계적으로 표현하는 방법	Ⅲ 복식부기 생성 · 발전요소
① 부　기	① 자　본

3) Littleton「회계발달사」, 片野一郎 譯, p. 24.

요에 의해 행해지는 부기를 대리인부기라고 하며, 대리인부기에 있던 '주인계정'이 '자본주계정'으로 바뀌면서 자본주부기에로의 교량역할을 한 것이라고 한다.

이상은 부기를 생성시킬 기본적인 요소들이지만, 이들이 모두 갖추어졌다고 해서 부기가 생겨난다고는 할 수 없을 것이다. 이 요소들은 고대에도 이미 있었지만, 당시의 문명은 오늘날의 부기를 탄생시키지 못하였다. 서법(書法)도 상형문자에서 그 연원을 찾을 수 있고 산술(算術)도 가산 · 감산의 정도이기는 했겠지만, '그리스'시대부터 있었으며, 재산의 존재는 원시사회(原始社會)에서도 있었고, 신용도 고대로부터 존재했으나, 부기는 단순한 서법(書法), 산술, 재산, 신용만으로 생성되지 않았다.

상업도 인간의 기억력으로 해결될 수 있는 소규모의 제한된 지역 내의 상업은 오랜 옛날부터 있었겠지만, 자급자족으로 생활을 영위하고, 따라서 상품의 종류도 극히 제한되고 운반방법도 유치했던 상업은 복식부기를 탄생시키지 못했을 것이고, 자본도 창고에 감추어진 자본만 있고 생산적(부를 생산하는)인 자본이 없던 시대에서도 복식부기의 탄생을 기대할 수 없다.

단식부기 및 복식부기의 생성조건들은 오랜 옛날부터 갖추어져 있었지만, 그것이 부기의 탄생으로 연결되지 못한 이유를 Littleton은 "사회정세나 환경의 변화에서 사람들의 사고방법이나 욕망의 내용차이"로 설명하고 있다. 저자는 이 지적을 아주 중요한 것으로 보기 때문에 여기서 그 중요 지적을 인용하여 앞으로의 연구에 원용하고자 한다.[4)]

"서양사에서 적어도 11세기 동안은 문명의 진보가 저지당하고 있었다. 로마제국의 후기에 가면 '로마'는 정치적 이상이나 정열도 없이 황제만 책임을 지는 부패정부와 황폐한 도시에서 생활자료를 얻어 근근히 연명하면서 가렴주구에 시달리는 인민에 의해 굴러 가고 있었다. 가난, 실병, 퇴폐가 사회 전체에 충만하고 있었다. 이는 오랜 암흑시대였고 난폭한 개인주의와 귀족 · 왕가 간의 쓸데없는 당파싸움, 교육의 쇠퇴시대였으며 현세의 삶에 매력을 잃어버린 인간의 지적 생활은 사후를 준비하는 것에 심혈을 기울이는 것이었다. 이와 같은 기나긴 1,000년이 지난 뒤에 진정한 진보가 일어났다. 유럽은 이상한 종교적 열의와 봉건적인 기반과 무협적(武俠的) 이상주의를 가지고 중세기로 들어섰다. 10세기를 지나서

4) A. C. Littleton,; *Accounting Evolution* to 1900(Translated into Japanese by Katano Ichilo), pp. 28-30.

처음으로 유럽은 십자군이라고 하는 공동관심사로 서로 손을 잡는 관계가 맺어진다.

1075년 터키군은 예루살렘을 공략한다. 약 25년간 유럽의 우량분자는 성묘(聖墓)를 탈취할 교회의 궐기에 따라 일치단결하여 남방으로 이동하여 갔다. …… 여러 차례 예루살렘을 빼앗고 빼앗긴 것은 문명의 진보에 아무런 관계가 없는 것 같았지만 우연한 결과가 뒤에 가서 큰 문명을 가져다 주었던 것이다. 즉, 이와 같은 대이동에서 예기하지 못한 결과가 북부 이탈리아의 도시국가인 베니스, 플로렌스, 제노아에서 나타났다. 이 도시국가들은 그 때까지 동방제국과 교역하고 있었지만 십자군에 의하여 크게 번영했던 것이다. …… 사치스러운 동방으로부터 자기들의 소박한 시골로 돌아온 십자군의 사람들과 그 종군상인들은 더 이상 고리타분한 시골생활에 만족하지 않게 되었다. 그들은 동방 여러 나라에서 본 여러 가지 재화를 갖고 싶어했다. 그리하여 동방의 산물과 교환할 재화의 개량을 꾀하고, 나아가 민간공예를 장려하기도 했다. …… 고대문명은 구매력 없는 다수의 노예 · 농노계급을 배경으로 한 농업적 경제발전단계 속에서 생성하였기 때문에 일반적인 거래방법은 물물교환이었고 상인은 행상의 영역을 벗어나지 않았다. 그러나 중세 북부 이탈리아 주민은 농노나 지주보다는 상인계급이 많았다. 따라서 상업은 이 곳 주민의 주된 직업이었으며 부도 급속히 축적되고 그에 따라 학문예술도 번창했다. …… 1200년에서 1500년에 이르는 300년간 산술은 다른 부기생성요소(簿記生成要素)와 함께 서서히 그 사명을 다해 가고 있었다. 고대사회에는 계산능력이 거의 없었다. 그리스인이 사용한 숫자기호, 유럽이 사용한 로마자 숫자기호는 계산에 불편했다. 이 상태는 중세기에 이르러 유럽이 아라비아인에게 산술을 배우기 시작하면서부터 차츰 개선되어 갔다."

이와 동시에 片野一郎은 '좀발트'가 지적한 중세기 유럽의 유치한 계산능력과 장부의 조잡성을 다음과 같은 내용으로 소개하고 있다.[5)]

"중세 유럽의 산술 수준은 이탈리아의 산술 수준보다 200년 뒤떨어지고 있었다. 당시의 이탈리아 산술 수준은 정수계산(整數計算)에 있어서 사칙(四則)의 습득, 간단한 비례문제(比例問題)의 해답, 그리고 초보적인 안분비례(按分比例)의 영역을 벗어나지 못하였다. 이탈리아에서는 13세기에 자리와 영(零)을 가진 '아라비아'수자가 일반화하고 있었지만 독일이나 영국에서는 17세기 경에 겨우 일반화

5) A. C. Littleton, *ibid.*, pp. 34-35.

되기 시작하였다. 이런 환경 속의 계산능력은 더 말할 필요조차 없었다. 따라서 계산이 맞아야 한다는 개념은 아주 근세적인 관념이었다."

조선과 고려 양조에 공통적으로 존재한 정치 · 경제상태와 위에서 인용한 십자군 이전의 유럽 성지 · 경제상태, 그것에 더하여 상업 및 산술의 상태에서 흡사한 점이 많았다. 특히 산술과 아라비아숫자에서 독일, 영국과 조선왕조 간에는 유사한 점이 많았다.

제 2 절 우리나라 簿記生成要素 檢討

앞 절에서 부기생성요소(簿記生成要素) 일반론을 살펴보았지만 이 절에서는 그 일반이론을 우리나라에 비추어 보아 우리나라의 복식부기 생성가능성을 살펴보기로 한다. 먼저 기록대상이 될 요소들의 존재여부를 검토한 후, 그 다음에 그 대상들을 부기형태로 표현할 수단의 존재가능성을 살펴보고, 마지막으로 단식부기와 복식부기의 생성가능성과 연결해 보기로 한다.

1. 私有財産

어느 시대이건 완전 평등한 사회는 없듯이 고려와 조선시대 또한 불평등사회였던 것만은 틀림없다. 재산의 소유형태는 사유제도인 면에서는 조선과 고려시대 간에 차이가 없으나 누가 더 많은 재산을 가지며, 어떤 재산을 사유하는가에 관하여는 두 시대 간에 약간의 차이는 있는 것으로 본다.

사유한 재산의 주종은 토지와 주거였으며 때로는 노비도 인간이면서 다른 사람의 사유재산목록에 올랐으며 매매의 대상물이기도 했다. 그러나 고려시대에는 불교를 국교로 하였기 때문에 노비, 서얼(庶孼), 공상인(工商人)에 대한 차별의식은 조선시대에 비하여 심하지 않았으리라 생각한다. 토지 · 주택 · 노비의 소유자는 왕실, 사원, 서원, 양반, 중인, 양인이었고, 행정부는 왕실의 재산관리 대행기구이며, 왕명의 집행대리인에 불과했으므로 왕실 즉 행정부로 간주해도 무방하고 고려시대에서는 사원이, 조선시대에서는 서원(書院)이 중요한 사유재산의 소유자였으며, 양반, 중인, 양인 또한 사유재산의 소유주였다.

고려시대나 조선시대가 모두 국민생산의 거의 전부를 차지하였던 농업기반인 토지를 당시의 지배계층이 강점하고 있었다 하더라도 그것은 어디까지나 사유재산이란 소유형태였던 것만은 틀림없다. 농업부문 이외의 공업부문에서도 그 생산수단의 사유형태가 있을 법하지만, 당시의 공업은 수공업의 영역을 벗어나지 못하였고, 또 그것은 왕실이나 관의 수요를 담당하는 관영이었으므로 사유재산은 조선시대 후기에나 나타났을 뿐이다.

부기가 생성하려면 기록의 대상인 사유재산이 있어야 하겠지만, 관유재산의 존재 또한 기록(簿記)의 대상이 된다. 왕실재산, 사원재산(寺院財産), 서원재산(書院財産)도 기록의 대상에서 배제될 수 없다. 이와 같은 재산들에 대한 기록으로 관부의 결세(結稅; 조세부과)기록, 타작기록, 추수기록 등이 있는 것에서 부기의 생성가능성을 보여 준다.

2. 資　本

자본은 이윤을 좇아 활동하는 재산을 말한다. 이 때의 재산은 모든 재산이어야 하겠지만, 본격적인 자본이 될 수 있는 재산은 화폐재산이어야 한다. 왜냐 하면, 이윤의 기회가 있을 때 언제나 이동가능한 재산은 화폐이기 때문이다. 그렇다고 해서 화폐 이외의 다른 재산이 자본기능을 발휘할 수 없다는 것은 아니다. 따라서 부기의 대상이 될 수 있는 자본은 이윤이란 개념이 있는 곳에 언제나 존재할 수 있는 것으로 생각된다. 고려시대나 조선시대 초기에는 화폐자본이 없었을는지 모르지만 이윤을 좇는 재산은 있었을 것이라 단정해도 무방할 것이다. 그러나 화폐자본은 조선시대 중반기에 와서나 형성되었을 것으로 생각되며, 이에 관하여는 뒤의 화폐요소에서 상론할 것이다.

3. 商　業

상업은 재화나 용역을 취득하여 다른 사람에게 공급함으로써 얻은 이익으로 살아가는 사람의 직종을 말한다. 고려나 조선시대 모두 농업을 토대로 하여 성립한 왕조였고, 공·상직종은 천직시하였기 때문에 양인이나 천인(奴婢)의 직종으로 보았다. 그러나 왕실 또는 지배계급이 필요로 했던 생활필수품은 정부에 의하여 독점권이 부여된 관상(官商)인 육의전(六矣廛)에 의하여 공급받도록 되어 있었다. 이와 같은 독점권은 궁궐이나 관아의 신축·보수·도배, 국상(國喪)·제례(祭禮)·과거(科擧) 등의 국가적인 행사를 책임지고 행하는 조건으로 주어진 것이다.

고려시대나 조선시대에는 모두 다 관상(官商) 이외에도 머리나 등으로 운반할 수 있는 정도의 일용품을 가지고 돌아다니면서 판매하는 행상(行商)이 있었으므로 부기의 대상이 될 수 있는 상업은 고려시대 이래로 존재했다고 보아야 할 것이다. 그러나 상업은 복식부기의 생성에 필요한 중요 요소이기는 하지만 그것도 화폐·신용이라는 요소가 가미되어야 가능하기 때문에 다음에서는 이들을 같이 상론할 것이다.

고려시대에 수도건설(首都建設)의 삼대원칙을 ① 궁궐을 짓고, ② 도시를 구획화하고, ③ 시전(市廛)을 세우는 것으로 하였듯이, 조선시대에도 건국 이후 4대에 걸쳐 궁궐을 짓고, 도시를 구획하고, 시전(市廛)을 세우는 네 골몰하였던 것으로 파악되고 있다. 그리하여 조선시대에 한양(漢陽)의 간선도로변에 점포를 관설(官設)하여 정주상인(定住商人)을 입주하게 하여 관부(官府) 및 지배층과 주민의 경제적 수요에 부응하게 하였다.

조선시대의 상업은 고려시대보다는 현저히 발전하였지만, 그와 같은 발전에는 한계가 있었다. 그것은 조선의 국시(國是)가 농본주의와 유교를 바탕으로 한 것에서 찾을 수 있다. 농업의 장려는 상·공업의 억압으로 이어지고, 유교에 의한 관혼상제(冠婚喪祭)의 예(禮)로서 모든 가치판단의 기준으로 삼는 사회적 제약은 상공업 억제정책의 한 요인이었다. 그러므로 상공업은 문맹자, 하층민의 직업이 되고 그 종사자의 신분 때문에 그 직업도 하등(下等)시 되었다. 문헌에 의하면 조선시대의 주요 국내 상업조직은 다음과 같았다.

① **시전(市廛)과 육의전(六矣廛) 및 지방도시의 상설점포**: 왕실과 관부의 필요물품을 조달·납품하는 어용상업
② **객주와 여객(旅閣)**: 지방산물의 집화도시(集貨都市)에서 산물의 도산매, 화물보관업, 화물운송, 수탁판매, 자금대여 및 숙박업을 영위한 민간상업
③ **보부상(褓負商)**: 일용잡화, 어(魚), 염(鹽), 토기, 목기 등을 이거나 지고 산간벽지·지방도시를 돌아다니며 파는 행상
④ **공인(貢人)**: 왕실이나 관부(官府)의 수요품을 육의전(六矣廛)과 함께 독점적으로 공급하는 어용상인으로 경주인(京主人), 영주인(營主人), 읍주인(邑

主人), 면주인(面主人) 등이 그 역할을 주로 담당하였음

조선시대의 대외무역은 쇄국정책으로 말미암아 고려시대보다 별로 발전한 것이 없었다는 것이 일반적인 지적이다. 조선시대의 대외무역은 공무역과 사무역으로 구분되며 무역 대상국가는 중국, 일본이었다.

(1) 公 貿 易

중국과의 무역은 ① 조공무역(朝貢貿易), ② 중국과의 국경지대에서 이루어진 사무역이었다. 조선왕조가 명분 없는 쿠데타로 고려를 무너뜨리고 세운 국가였으므로, 조선보다는 국가의 독립성이 높았던 고려와는 달리 스스로 중국의 제후(諸侯)로 변신하여 그 인준을 받아야만 되었고, 그 결과로 매년 여러 번(동지, 설, 중국 황제의 생일) 조공(朝貢)을 바쳐야 하였다. 왕위계승, 세자책봉 등을 청할 때는 주청사절(奏請使節), 허락을 얻으면 사은사절(謝恩使節), 중국 황실이나 고관이 병들면 문안사절 등 수 많은 사절과 예물을 바쳐야만 하였다. 이와 같은 예물은 모두 우리의 특산품으로 상인을 통하여 조달하였고 육의전(六矣廛)과 공인(貢人)들에 의하여 납품되었던 것이다. 이 때의 조공 · 예물 외에 사신들의 여비조달용 물품도 있었고, 또 사행(使行)으로부터 돌아올 때 받아온 답례품, 중국 사신들이 가져온 물품의 일부도 상인들에 넘겨져 팔아야 하는 역할도 하였음을 잊어서는 안 될 것이다.

(2) 私 貿 易

1686년의 「비변사담록」(備邊司謄錄)의 좌의정 「남구만(南九萬) 보고서」에 의하면 “여마(余馬)란 본래 의주(義州)에서 책문(柵門)까지 가는 사이에 복물(卜物)을 싣고 가는 마필(馬匹)이 혹 부상하여 복물(卜物)운반에 지장이 있을까 보아 예비로 공마(空馬) 10여 필(匹)을 딸려 보내는 제도인데, 이 무렵의 여마(余馬)가 상인들의 상품운반에 이용되고 있을 뿐만 아니라, 그 수도 한 번의 사행(使行)에 1,000필(匹)이나 따라 간다” 하였고, 1700년의 「만기요람」(萬機要覽)에서도 “책문후시(柵門後市)는 사신이 중국에 갈 때 의주상인(義州商人), 개성상인(開城商人)이 은과 인삼을 가지고 몰래 사신일행에 잠입하여 책문(柵門)에서 청국(淸國)상인과 교역하는 것을 말하는데, 한 번에 은십만량분(銀十萬兩分)이 거래되었다”고 기록하고 있다. 또 1723년의 「영조실록」(英祖實錄)에 의하면 “청국(淸國)에 가는 사

신에 따라 가는 역관(譯官)과 상인이 잠상행위(潛商行爲)를 자행하여 사신들이 돌아올 때는 연복마(延卜馬)가 천필(千匹)이나 되지만, 의주(義州)의 관리들은 수세(收稅)를 노려 금하지 않는다"라고 적고 있다. 이들이 모두 사무역의 예라 할 것이다. 동래의 왜관에서 행해진 사무역도 중국과의 사무역과 대동소이하였으리라 추측한다.

(3) 手 工 業

조선시대 초기의 수공업은 관영수공업(官營手工業)으로 노비에게 각종 기술을 익혀 각 관서에 소속시켜 각종 관수물자(官需物資)를 생산하였다. 그러나 조선시대 후기, 특히 임진왜란 이후부터 교환경제가 활성화함에 따라 공물(貢物)과 관영수공업(官營手工業)은 점차 쇠퇴하고 사영수공업(私營手工業)이 빛을 보게 되었다. 농민수공업(農民手工業)으로서 직포(織布)와 대상간, 사원(寺院)에서 종이, 부채, 신발 등의 생산, 옹기 · 도자기를 생산하는 관요(官窯)와 민요(民窯), 백정에 의한 육(肉), 피물(皮物), 납촉(蠟燭(초)), 키 · 소쿠리 등 유세공품(柳細工品)의 생산 등이 사영수공업(私營手工業)과 그 제품들이다.

(4) 度 量 衡

상업을 위한 하부구조로는 도량형의 정비와 품질의 표시방법 정비가 있어야 한다. 조선의 도량형은 대명률(大明律; 明나라의 법률)[6]에 따라 관제의 말 · 저울 · 자를 사용하게 되어 있었으며 사제도량기(私製度量器)를 사용한 자, 그것을 만든 자, 검사를 제대로 실행하지 않은 관원은 모두 처벌하도록 규정되고 있었으나, 실제는 그러하지 못한 것으로 본다. 물품의 품질을 표시하는 방법 또한 포목(布

6) 대명률은 명대(明代)의 형법전이며, 우리나라에서는 대명률(大明律)을 해석한 "대명률지해(大明律直解)"가 1395년에 출판되고 1446년에 중간(重刊)되어 우리나라에서도 형법법전으로 준용(遵用)되었다. 따라서 조선시대의 도(度; 길이)는 십분(十分)을 일촌(一寸), 십촌(十寸)을 일척(一尺), 십척(十尺)을 일장(一丈)으로 하였고, 양(量)은 십작(十勺)을 일합(一合), 십합(十合)이 일승(一升), 십승(十升)이 일두(一斗), 십오두(十五斗)가 소곡(小斛), 이십두(二十斗)가 대곡(大斛)이고, 형(衡)은 십리(十釐)가 일분(一分), 십분(十分)이 일전(一錢), 십전(十錢)이 일량(一兩), 십육량(十六兩)이 일근(一斤)으로 표시되었다. 고려시대의 도량형은 중국과는 독립적인 것이었으며 자(척(尺)), 되(승(升)), 말(두(斗))은 순수 우리말로 고려시대의 용어라고 한다. 10결(結)은 100지개, 한 지개는 10다발, 1다발은 10옴큼, 벼 한 말을 뿌릴 수 있는 땅의 넓이를 1두락(斗落), 하루에 갈 수 있는 전답의 넓이를 1일경(日耕)으로 표현한 것도 모두 고려의 유제(遺制)라고 한다.

木)의 경우 삼승포(三升布), 오승포(五升布) 등의 구별이 있기는 하였으나, 그 기준보다 더 세분된 품질등급화는 이루어지지 않고 있었던 것으로 보인다. 이와 같은 사실의 입증자료는 「승총명록」(勝聰明錄)[7]이란 일기(日記)에서 우연하게 발견할 수 있었다. 이 일기내용을 간추려 보면 다음과 같다.

① **돈과 양곡을 대여받을 때(봄):** 1냥의 가치는 쌀 3말, 벼 6말에 해당합니다. 그러나 한 말의 양(量)은 한 되보다 못하고, 한 되는 한 홉보다 적습니다. 또한 품질은 매우 거칠고 잡스러우며 많은 양이 부패되어 명목은 비록 서 말이지만 실제로는 두 말에 차지 않으니, …… 이로써 농민은 지출이 늘어나 부채가 자꾸만 쌓이게 됩니다.

② **빌린 돈과 양곡을 갚을 때(가을):** 본전은 한 냥인데 갚아야 할 돈은 이관(二貫)에 이르게 됩니다. 시장에서의 한 냥의 가치는 쌀 5~6말에 해당하고, 벼 14~15말에 이르게 되며(통화가치의 하락과 물량의 과잉공급으로—저자) 말의 깊이가 곡(斛)에 이르고, 되의 크기는 말에 해당하게 되어 …… 곡식의 정려(精麗)함은 봄의 거친 상태와 크게 달라 논에 있는 곡식을 거의 쓸어 갈 지경입니다.

③ **위의 폐해(弊害)를 일소하는 방법:** 오직 가격을 안정시키는 평가지정(平價之政)에 달려 있습니다. …… 또한 춘하(春夏)의 되와 말의 양이 줄고, 추동(秋冬)의 되와 말의 양이 커지는 것은 진실로 농민들을 크게 병들게 하는 것입니다. 마땅히 경사(京司)로부터 일곡(一斛)을 낙출(烙出(쇠를 달구어 찍은 도장))하여 15말이 들어가도록 하고, 한 말은 열 되가 들어가도록 만들어 이를 각도로 분송(分送)하도록 하십시오.

위의 일기에 의하면 앞뒤가 맞지 않는 점이 있기는 하지만, 가진 자가 꾸어줄 때 사용한 말의 크기는 작았고, 반대로 받을 때 사용한 말의 크기는 컸다는 것, 즉 도량형의 문란을 말해 주고 있다. 위에서 절대로 간과해서는 안 되는 사실은 가치의 측정방법이 이원화되고 있다는 사실이다. 즉, 빌려 쓰는 것이 현금 5냥인 때 그 때 쌀 한 가마의 가격이 1냥이었다고 한다면 5냥은 쌀 다섯 가마와

---

7) 이는 구상덕(具尙德; 1706-1761)이 쓴 일기로서 1725년 7월 29일부터 1761년 8월 25일까지 만 37년간 하루도 빠짐없이 기록한 생활일기이다. 여기에 인용한 내용은 1751년에 순상(巡相) 조재호에게 올린 글의 일부이다. 구상덕은 몇 번의 과거에 실패한 지방사족(地方士族)의 후예로 경남 고성지역을 벗어나지 않았으며, 당시의 농촌참상과 노비·토지매매 및 식품가격 등에 관한 참고사항이 많이 기록되고 있다. 신뢰성은 관청일기보다 더 있을 것으로 본다.

같은 가치이다. 뒤에 갚을 때는 현금 5냥만 갚으면 되는 것이 아니라, 갚을 때 쌀 한 가마가 2냥이었다고 한다면 갚아야 할 현금(元金)은 10냥이어야 한다는 사실이다. 이와 같은 불합리를 시정하는 방법은 가격을 안정시키는 평가지정(平價之政)이 필수적이라고 적고 있다는 것이다. 이런 상황이 1751년의 지방 실정이고 보니 농민들의 생활은 짐작하고도 남는다. 이와 같은 사정은 농업에서 상·공업으로 전업하는 사람을 속출시키는 요인이 된다.

이 밖에도 도로, 치안 등 많은 요인들이 상업과 관련이 있겠지만, 그 하나하나를 논하는 것보다는 상업환경 전반을 살펴보는 것으로 복식부기의 생성과의 연계성을 보고자 한다.

1) 상공업의 생성을 촉진한 환경요인

① 관수물자(官需物資)의 확보를 위한 시전·육의전(市廛·六矣廛)에 대한 관부(官府)의 비호

② 관부(官府)와 양반(兩班)의 가렴주구로 농토를 떠난 농민과 도망노비들의 증가

③ 양반 중에서도 관부진출에 실패하고 빈곤에 시달린 실리주의자의 증대

④ 전란, 흉년, 질병 등으로 인한 관부재정(官府財政)의 궁핍으로 돈에 대한 가치관의 변화

⑤ 외획제도(外劃制度)[8]의 일부인 상인의뢰(商人依賴)에 의한 환송금제도(換送金制度)의 허용

⑥ 기술이 필요한 공업과는 달리 두뇌와 근면과 약간의 자본만 있으면 그 직업에의 진출과 퇴출이 용이하고 중노동이 필요하지 않는다는 상업의 직업상 특징

8) 조신시대의 초기에는 조세징수제도가 궁내부와 의정부의 이원징수체제(二元徵收體制)였다가 1896년에 군수징세제(郡守徵稅制)로 일원화되었다. 각 지방의 징세액이나 물품을 중앙까지 운반하였다가 다시 세출액(歲出額)을 운반해 가는 불편을 없애는 방법으로 국고에 납입하기 전의 세입에서 지방의 군수가 직접 지출하게 하는 탁지부(度支部)명령을 외획(外劃)이라고 하였다. 외획이 허용되는 경우로는 ① 駄價(운반비), ② 차입금상환, ③ 지방경비 지출액, ④ 상인의 의뢰에 의한 환송금(換送金)이 필요한 때, ⑤ 중앙관서의 관원 출장경비 등이었다. 이 중 상인의 의뢰에 의한 환송금이 필요한 때란 탁지부(度支部)에 서울의 상인이 특정지방의 상인에게 지급할 채무상환을 의뢰하는 경우를 말하며 그 해당금액을 탁지부(度支部)에 선납하면 탁지부가 해당군수에게 그 지방상인에게 세입액으로부터 직접 지급토록 명령함으로써 격지간 결제가 이루어지도록 하였다. 이는 상업의 범위를 확대시켜 상업의 발전에 기여하였을 것으로 보인다. 그러나 군수는 탁지부에 대하여 그런 명령을 할 수 없었다.

⑦ 군수가 지방상인에게 상업자금을 대여하고, 그 금액만큼을 중앙에 납부하여야 할 지방관서의 납부금을 대납하게 하는 제도. 이는 군수가 자기의 독단으로 중앙에 납부하여야 할 의무상당액 또는 물품을 지방상인에게 대여하고 대여 받은 상인은 그것으로 영업하여 중앙의 거간(居間)으로 하여금 그 지방의 납부의무를 이행하게 하는 방법을 개발했던 것이다. 이에 의하여 격지간의 송금을 원활히 하고 중도도난의 위험도 회피할 수 있었다. 이는 모두 화폐제도의 결함과 교통 및 치안의 불안과 관련된 제도였지만 다른 한편으로는 이것이 상업의 발전을 촉진한 요소로도 작용하였다고 본다.

⑧ 공납제도와 중국에 대한 연례방물(年例方物(冬至, 正朝, 聖節)), 사은 · 주청방물(謝恩 · 奏請方物)의 관부조달과 사행수행원(使行隨行員)들의 여비조달을 위한 잠상행위(潛商行爲)

2) 상공업 생성의 저해요인

① 고려시대부터 실시된 상공업자에 대한 금고법(禁錮法): 유수한(柳壽恒)의 「우서」(迂書)에는 다음과 같은 글이 있다고 한다.[9)]

雖其祖先 係是三韓功臣 若自高祖以下內外祖先 或有工商則並錮子孫 此實自古所未有之法也(祖上이 비록 三韓의 功臣이었다 하더라도 高祖 이후의 내외조상 중에 혹시 공상업에 종사한 자가 있으면 그 자손은 모두 禁錮하니 이는 실로 옛날에 없던 법이다).

② 양반, 중인, 양인, 노비라는 엄격한 신분계급과 사·농·공·상인이라는 직업의 귀천구분이 공·상업을 말업(末業), 천업(賤業)으로 양인이나 노비의 전속물로 인식한 것

③ 고려의 불교중심 문화가 가졌던 무욕사상(無慾思想), 조선의 유교문화가 가졌던 명분주의, 허례허식주의, 적서(嫡庶)의 차별, 기술천시, 비현실적인 공리공담(空理空談), 공상 · 예술천시(工商 · 藝術賤視)로 국민의 생명 ·

---

9) 姜萬吉 著, 「조선후기 상업자본의 발달」, p. 7과 16 참조; 禁錮란 죄(罪)를 범한 자, 신분에 허물이 있는 자들은 벼슬자리에 등요하지 않는다는 것을 말한다. 「迂書」의 저자 柳壽恒은 1694에 출생하여 1755년에 정쟁으로 처형된 사람이며, 저술시기는 그의 禁錮시절이었던 1729년에서 1737년 사이로 추정된다고 하고 있다.

재산보호는 커녕 가렴주구로 국가보존도 하지 못한 무능한 정부

④ 농업을 대본(大本)으로 삼은 고려 · 조선시대의 경제정책: 자급자족을 장려하고, 어용상인인 육의전(六矣廛)에는 상업전매특권(商業專賣特權)을 부여하면서, 다른 한편으로는 일반상업의 자유를 극도로 제약하고, 또 그 관용상인에게까지도 무거운 상세(商稅), 납공(納貢), 국역부담(國役負擔)을 시킨 사실

⑤ 원시적 통화정책(原始的 通貨政策): 물물교환을 할 때 교환에 의하여 얻고자 하는 재화의 소지자와 그 소지자가 원하는 재화의 일치가 매우 어렵고, 그 교환가치의 평가합의에 이르는 것도 어려울 것이다. 물품화폐(物品貨幣)에 의한 거래도 물물교환보다 크게 다를 바 없었으므로 조선은 여러 번에 걸친 상평통보(常平通寶(銅錢))를 발행하여 그 통용을 장려하였으나, 사주(私鑄)가 성행하고 관부(官府) 스스로도 명목가치가 실질가치를 웃도는 당백전(當百錢), 당오전(當五錢), 백동화(白銅貨)를 남발하여 탁지부(度支部)까지도 돈을 운반하는 부지군(負持軍)[10]의 10리당(里當) 태가(駄價)기준을 정하여야 했고, 큰 상인의 하루 수입액을 헤아리는 데 3일이 걸리고, 또 돈의 가치와 위조통화를 판별하는 감정전문가를 고용해야만 한 사실[11]

⑥ 교통 및 운반도구의 미발달: 사람과 우 · 마(牛 · 馬)가 다닐 수 있을 뿐 우 · 마차(牛 · 馬車)가 통행가능한 길도 드물었고, 운반도구도 지게가 주된 수단이고, 말과 소의 등에 실어 나르는 것이 그 다음이고, 그 이외는 모두 사람의 머리 위에 얹어 운반하는 것이 전부였음.[12]

⑦ 통일 안 된 도량형: 殆至村村不同이, 家家不同尺이라 표현할 정도로 도량형이 문란했음.[13]

---

10) 지게로 나르는 인부.

11) 1896년 4월 28일자 독립신문 社說: "… 첫째는 무거우니 운반하기 어렵고, 둘째는 돈 세기가 어려운 즉 바쁜 장사하는 사람이 하루를 가져야 1,000냥 가량을 겨우 헬 터이니 1,000냥이래야 겨우 40원이니 만일 상사가 흥왕하고 백성이 부요하게 되면 한 사람이 하루에 100원어치 거래가 있을 지경이면 이틀 반은 가져야 그 돈을 헬 터인 즉 그런 우스운 일이 어디 있으리오 …"라고 한탄하고 있으며, 일본측이 작성하기는 하였지만 "한국화폐정리보고서"에 의하면 화폐에 粗製 · 僞造가 많아 이를 감정하는 영업이 생겨나고 있음을 지적하고 있기도 한다.

12) 1896년 5월 9일자 독립신문 논설에서도 이 현상이 상업의 저해요인으로 지적하고 있음.

13) 1896년 12월 10일자 독립신문 논설에서도 이를 통탄하고 있음.

⑧ 자본형성을 저해한 사회관습: 조선의 지배계급은 그들의 권력을 악용하여 남의 재산을 약탈하고 남의 여자를 겁탈하여 개인의 배를 불리기에 급급하였고, 그렇게 모은 재화를 무위도식하는 식객(주로 동일씨족)을 위하여 비생산적으로 소비하므로 자본형성을 불가능하게 하였음.[14)]

이상과 같이 고려 · 조선시대의 상업발전에 도움이 되는 여건과 저해하는 여건들을 간추려 보았지만, 이와 같은 제 여건의 보다 더 세분된 시간대별 양상까지를 알기는 어려웠다. 또한 이런 제 요건들과 복식부기 생성과의 관련성도 직접적으로 인식할 수 없는 아쉬움이 있기는 하지만, 그래도 이들 제 요인이 조선 고유부기의 생성과 관련이 있을 것이라고 추측된다. 그러나 조선시대의 상업관련 문헌에서 언급되고 있는 '부상대가(富商大賈)', '대량의 자본축적'이 어느 정도의 것이었는지 분간할 수 없었다. 다만 복식부기(複式簿記)가 성립하려면 꼭 필요하리라 예상되는 공동출자와 그에 따르는 이익분배에 관한 회계기록이 1880년대에 와서 조금씩 나타나고 있었다.

경제사나 상업사를 연구하는 분들이 조선의 부상대가(富商大賈)와 대량의 자본축적이 있었음을 언급하고 대외무역의 융성를 소개하고 있음에도 불구하고, 개항(開港)이 되자 마자 청국상인(淸國商人)과 일본상인에게 힘도 쓰지 못하고 밀려 나고, 육의전(六矣廛) 상인들이 설립한 특립제일은행(特立第一銀行)이 그 개업시기 · 업무내용도 알려지지 않은 채 사라졌음은 그 역사서술이 왜곡된 것이 아닌가 생각된다. 제대로 된 배당기록이 발견되는 고문서는 1820년 또는 1880년대의 "각포간수본전회계"(各圃間數本錢會計)가 최초이고 그를 이어서 1899년의 대한천일은행(大韓天一銀行)이 두 번째였음을 볼 때 소규모적인 공동사업은 1820년대(또는 1880년대)에 있었고 비교적 큰 민간의 공동출자는 대한천일은행(大韓天一銀行)이 설립된 시기 또는 그 몇 해 전(1897년의 馬車株式會社)에서만 찾아볼 수 있을 뿐이다.

---

14) 1896년 12월 10일자 독립신문 사설: "조선사람들이 세계에서 못난 인종이 아닌데도 불구하고 지금은 세계에서 제일 허약하고 제일 가난한 나라인데 … 그 까닭인 즉 官人들이 백성 중에 혹 돈 있는 사람이 있으면 그 사람을 어떻게 몰던지 몰아 필경 그 사람이 그 재산을 다 잃고 가끔 그 재물 때문에 패가망신하는 사람이 많이 있으며 … 그러한 즉 제물을 모우고 싶은 생각이 적어지기도 하거니와 모울 수가 없는 것이 뜯기는 곳이 하도 많아 견딜 수 없고, 제일 많이 뜯기는 사람은 勢 없는 사람이 勢 있는 사람에게 뜯기는 것, 세 있는 사람은 일가에게 뜯기고 공연히 남의 집에 와서 할 일 없이 먹고 있는 …."

4. 信 用

신용이란 거래가 즉석에서 완결되지 않고 일정 기간에 걸쳐 미결상태, 즉 진행상테로 있다가 완결되는 경우를 말한다. 모든 상거래가 즉석에서 완결된다면 그것을 기록할 필요를 별로 느끼지 않을 것이다. 농업을 천하의 대본으로 삼는 농업경제하에서 생을 영위해 온 농민들은 일정 장소에서 영구히 정착하여 움직일 수 없는 토지에 얽매여 있어야만 하기 때문에 그들을 상대로 한 조세나 부역은 거의 어김없이 집행될 수 있었다. 또한 정부나 지주들의 양곡대여 및 금전대여 또는 외상매출대금의 회수도 거의 어김없이 집행될 수 있었으리라 생각한다.

유목민족과는 다르게 조선시대와 같은 토착농업 경제시대에는 신용이란 개념 자체를 발견하기 힘들었을 것이고, 다만 소작인들에 대한 지주들의 양곡대여와 같은 신용거래는 있었으리라 짐작한다. 그러는 동안 화폐경제가 보편화하고, 농업도 상품농업에 눈을 뜨고, 상업이 점차적으로 발전하게 되면 필연적으로 신용거래 또는 양곡과 함께 금전의 대여거래도 생겨나지 않을 수 없었을 것이다. 자급자족시대의 양곡대여는 내년 또는 금년의 추수를 담보로 한 대여이기 때문에 순수한 의미의 신용은 아니고, 특정인의 인격만을 믿고 외상매출을 한다거나 금전대여를 하는 신용, 즉 진정한 신용은 화폐경제가 보편화할 때 이루어질 수 있다. 그 중에서도 출자사원과 근로나 기술출자사원이 어우러지는 고도의 신용거래 등은 1900년까지의 우리나라에서는 찾아보기 힘들었다. 신용거래는 채권·채무와 관련이 되나 본격적인 신용거래가 이루어질 때까지는 채권만이 주축이 되었을 것이고, 그 거래량도 인간의 기억한계를 넘어섰을 때 부기의 대상이 되었을 것이다. 역사적으로 부기의 대상이 될 요인들이 있었다 하더라도 그것을 기록할 수 있는 수단이 있어야 하기 때문에 다음에는 자료를 표현하는 수단인 서법, 화폐, 산술을 살펴보기로 한다.

(1) 書 法

서법이란 글씨의 모양, 예를 들면 해서(楷書), 행서(行書), 초서(草書), 전서(篆書), 예서(隷書) 등 글씨체를 가리키는 표현이 아니라, 문자로 기록하는 방법을 말한다. 문자로 기록하는 것은 기록한 내용을 영구보존하여 자기 자신은 물론이고 다른 사람에게도 그 내용을 알리려는 생각일 것이다. 그리하려면 다수인이 동일한 뜻으로 이해하는 문자와 기록으로 남기는 도구인 종이가 있어야 할 것이다.

우리나라의 문자는 한자를 중심으로 생각하지 않을 수 없어 그 역사를 보면 기원을 정확히 알 수는 없지만, 기원 십수세기 전인 商나라 때 이미 사용되었다고 한다. 우리나라에는 한자가 언제 들어왔으며, 한자가 들어오기 전에는 우리나라 고유의 문자가 없었는지 의문이 많다. 그러나 저자가 입증하려는 서법이란 사개송도치부법(四介松都治簿法)과 관련이 있으므로, 한자의 우리나라 전래나 우리나라 고유문자에 관한 고증을 까마득한 옛날로 거슬러 올라갈 필요가 없다. 우리나라의 움직일 수 없는 문자기록으로는 「고려대장경」(高麗大藏經, 1011), 「삼국사기」(1145), 「삼국유사」(1285)를 들 수 있고, 사개송도치부법(四介松都治簿法)의 생성요인과 관련시킬 수 있는 서법만으로 보면 고려시대에도 이미 부기가 성립될 수 있었다고 추론하는 것으로 충분하다고 본다.

(2) 算術(算法)

산법(算法)이란 숫자를 쉽게 조직적으로 조작하는 방법으로서 이는 고대에는 존재하지 않았다. 수를 나타내는 기호에는 한자, 로마자, 호산수자(胡算數字), 아라비아 숫자를 들 수 있고, 그 조작은 가감승제법, 기하 등을 말하며, 쉽고 조직적이란 표현은 누구나 쉽게 이해할 수 있도록 짜여진 계산방식(예: 곱하기 · 나누기)을 의미한다. 복식부기 · 단식부기를 막론하고 회계는 개인 또는 기업의 재산 · 부채의 증감을 양적으로 기록하는 것이므로 숫자 없이는 불가능하고, 또 가감승제를 하여야만 의미 있는 양적 표현이 가능해지기 때문에 산법(算法) 없는 회계는 존립불가능하다.

그러면 우리나라의 산법(算法)사정은 어떠했던가? 고려시대나 조선시대에서는 그 범위가 제한되기는 하였지만 이미 산법(算法)이 있었고, 그 산법(算法)이 성인(聖人)으로서 갖추어야 할 육례(六禮)[15]의 하나였던 점을 고려할 때, 복식부기를 성립시킬 수 있는 산법(算法)은 고려 · 조선시대에 존재하고 있었다고 보아도 무방할 것이다. 특히 조선시대에서는 그 조건이 더 성숙하였던 것으로 보아야 할 것이다.

김용운 · 김용국 교수의 소론(所論)에 의하면 "옛날은 … 간단한 셈도 제대로

15) 禮, 樂, 射, 御, 書, 數.

못하는 사람이 대부분이었다. '셈한다'는 일은 매우 신기한 기술이기도 했다. … 옛날에는 '산사(算士)'도 그런 종류(변호사 · 회계사 · 세무사)의 훌륭한 직업인이자 지식인이었던 것이다. 조선시대는 폐쇄적인 관인제도(官人制度)와 수학교육이 일반에게 보급되지 않았기 때문에 한국의 독특한 산사(算士)의 집단이 형성되었다. 산학(算學)의 과거 합격자명단인 산학입격안(算學入格案), 산학선생안(算學先生案)에 의하면 연산군 이후 조선시대 말까지 무려 1,400명에 달하는 수학자(數學者)가 배출되었다"고 서술하고 있다.[16)]

이와 같은 산원(算員)은 조선시대의 조세의 대종이었던 전세부과(田稅賦課)를 위한 농지측량(農地測量)[17)]의 필요에서 출발하였으나 양전(量田)은 20년에 한번씩 하도록 규정되고 있었지만 경비문제와 민폐문제(民弊問題)로 거의 실시가 오래도록 중단되고 있었으며 실질적인 산원(算員)의 직무는 국가의 전곡(錢穀)관리와 회계기록(會計記錄)이었다.[18)]

고려시대에도 산사고시(算士考試)가 있었으며 또 그 때까지 수학책으로 중국 주시대(周時代, 559~595)에 만들어진 「구장산술」(九章算術), 송나라 말엽부터 원나라 초기(1200~1300)에 걸쳐 저술된 수학책 「수학계몽」(數學啓蒙), 「양휘산법」(揚輝算法), 「상명산법」(詳明算法)이 있었음을 고려할 때 아마도 그것이 고려에도 수입되어 산법(算法)이 특수계층에게 알려져 있었을 것으로 추측할 뿐이다.

조선시대에서는 남병길(南秉吉, 1820~1869)이 「구장술해」(九章術解)이라는 책을 저술하였지만, 그것은 앞의 「구장산술」(九章算術)에 약간의 주석을 붙인 것에 지나지 않았다. 그러나 조선시대 후기에 들어서면서 홍정하(洪正夏, 1864~?)의 「구일집」(九一集), 남병길(南秉吉)의 「산학정의」(算學正義), 이상혁(李尙爀, 1804~1889)의 「산술관견」(算術管見) 등 뛰어난 저술도 있어서 일본의 수학자가 "조선에도 그야말로 전인미답의 경지가 개척되었다"고 감탄했다고 한다.

한편, 조선시대에는 재정담당 중앙부서인 호조가 있었고, 그 하위부서로 산학원(算學院)이 있었다. 이들 각각의 직종과 정원은 다음과 같았다.

---

16) 김용운 · 김용국, 「세계수학문화사」, pp. 33-91.

17) 이를 양전(量田)이라 하였음.

18)조익순 · 정석우, "조선시대의 산원(산사 · 계사 · 회사)제도에 관한 연구," 「한국회계학회의 회계저널」, 제 9 권 제 4 호(2000), p. 106.

호조(戶曹)

판서(判書)(정이품): 1인

참판(參判)(종이품): 1인

참의(參議)(정삼품): 1인

정랑(正郎)(정오품): 3인

좌랑(佐郎)[19](정육품): 3인

산학원(算學院)

산학교수(算學敎授)(종육품): 1인

겸교수(兼敎授)·별제(別提)(종육품): 각 1인

산사(算士)(종칠품): 1인

계사(計士)(종팔품): 1인

산학훈도(算學訓導)(정구품): 1인

회사(會士)(종구품): 2인

중앙 각 부서에 파견한 산원(算員)(計士): 60명

복식부기(四介松都治簿法)의 기원이 고려시대라는 설과 관련된 산법(算法)으로 특기할 것이 두 가지 있다. 그 첫째는「선화봉사 고려도경」(宣和奉使 高麗圖經) 권 23 '잡곡'(雜俗) 중의 '각기'(刻記)항과 두 번째로 '주반'(珠盤)의 역사이다.

> 麗俗無籌算. 官吏出納金帛. 計吏以片木持刃而刻之. 每記一物, 卽刻一痕, 己事 則棄而不用. 不復留以待稽考. 其政甚簡. 亦古結繩之遺意也(고려에는 산법(算法)이 없었다. 관리가 황금과 포목을 출납할 때는 계산담당자가 나무토막에다 칼로 금을 그어 계산을 하는데, 물건 1개당 금을 하나씩 긋는다. 청산이 끝나면 나무토막은 버리고 뒤의 참고를 위한 보존은 하지 않는다. 이와 같은 산법(算法)은 아주 간단하며 옛날의 결승법(結繩法)을 따른 것이라 할 것이다).[20]

19) 좌랑(佐郎) 이상의 관리는 모두 유학자 출신이었으며 산학원은 모두가 산원(算員)으로 충용되고 있었으며, 그 신분은 모두 하층계급 출신으로 514일만 근무하면 한 계급씩 올라갔으며 종 6품에 이르면 퇴관(退官)하도록 되고 있었음.

20) 고려도경(高麗圖經)은 송(宋)나라 사신으로 고려에 온 서경(徐兢)이 1123년에 쓴 견문록이다. 이에는 당시의 고려 사정을 다방면에 걸쳐 서술하고 있으며 그 중 몇 가지는 앞에서 이미 소개하였지만 여기서 소개한 각기(刻記) 이외에도 참고할 만한 것들이 소개되고 있어 그 중 일

이와 같이 「고려도경」(高麗圖經)에서는 고려시대(12세기 초)까지 산법(算法)이 없었던 것으로 적혀 있기는 하나, 산원제도(算員制度)가 고려시대에도 있었기 때문에 이러한 원시적인 산법(算法)이 중앙관서에서까지 적용되었을리는 만무하다고 수학사(數學史)는 전하고 있다. 그러나 민간과 지방관서에서는 그와 같은 원시적인 산법(算法)이 적용되었을 가능성을 배제할 수 없다.

한편, 주반(珠盤)은 중국의 산목계산기(算木計算器; 계산막대)를 거쳐 발전한 것이지만 조선시대에는 주반(珠盤)을 이용하여 계산을 하였다는 기록은 없다. 중국이 산목(算木)을 주반(珠盤)으로 바꾼 이후에도 한국에는 여전히 전통적인 방법을 지켰지만, 조선 후기에 이르러 상업사회의 일각으로부터 이 전통이 무너지기 시작하여 주반(珠盤)에 의한 계산이 시작되었다. 그러나 일본은 읽기, 쓰기, 주반(珠盤)셈을 시민교육의 목표로 삼았고, 임진왜란을 통해 일본으로 건너간 주반(珠盤)이 일본에서 계산기로 활발히 이용되었을 뿐만 아니라, 그것이 우리나라로 역수입된 결과가 되었다. 조선시대에 주반(珠盤)이 그 역할을 하지 못한 이유는 첫째가 기술천시의 사회분위기와 주반(珠盤)이 중요시될 만큼 서민생활 속에 상행위(商行爲)가 파고들지 못하였으며, 중국이나 일본만큼의 상업활동이 활발하지 못하였기 때문이다. 그러나 서당 등에는 학생마다 자기가 읽은 책의 수(또는 같은 책을 읽은 횟수)를 등록하는 산목(算木)을 비치하고 있었음을 생각할 때 당시의 셈의 수준을 짐작할 수 있고, 또 상행위가 아닌 유학(儒學)을 배우는 장소에서 이용된 산목(算木)이 그 사회의 공인된 계산기로 인정된 것임을 알 수 있다.

현병주(玄丙周)의 「사개송도치부법」(四介松都治簿法)이나 대한천일은행(大韓天一銀行)의 회계문서(會計文書)에 등장하고 있는 산법(算法)에 사용된 숫자를 아라비아 숫자와 대비해 보면 다음과 같다.

아라비아 숫자: 0, 1, 2, 3, 4, 5, 6, 7, 8, 9

한자 숫자: 一, 二, 三, 四, 五, 六, 七, 八, 九, 十

부를 다음에 추가하다. 권 19 민서(民庶)에서는 "사민(四民)의 직업 중 유(儒)가 가장 귀하고 문맹을 수치로 알고 있다. 주군(州郡)의 토산품은 모조리 상납되고 상업은 근거리(하루에 왕복가능한 거리) 안에서 이루어졌으며, 각자가 가지고 있는 물건을 교역하는 것이있으나 가진 물건이 없어도 별로 걱정하지 않았다." 또 권 19 공기(工技)에서는 "고려의 공기(工技)는 아주 정교하였고 그 산품은 모조리 상납되었다 … 듣건대 거란군의 포로가 수만명이 있었고 그 10인 중 1인은 공기(工技)소지자여서 그 중 정교한 자를 택하여 왕부(王府)에 살게 하여 그 기술을 활용하였다고 한다."

壹, 貳, 參, 肆, 伍, 陸, 柒, 捌, 玖 拾

胡算數字: 〡 〢 〣 〤 〥 〦 〧 〨 〩

사개송도치부법(四介松都治簿法)에서는 한자수치에 의한 금전이나 물량표시를 하였고, 단가표시는 호산수치(胡算數値)로 일기 내에서 사용하였으며, 거합문(去合文)이나 입합문(入合文)을 시산(試算)한 것은 일기의 난외(欄外)에 호산숫자로 표시하고 있다.

一千五百七兩五分을 호산(胡算)으로 표시하면 다음과 같다.

〡〥〧〥 밑에 단위를 알아볼 수 있도록
百 兩 分 한자로 표시하여야 함.

이 숫자표시방법은 합계액을 여러번에 걸쳐서 시산을 한 다음 정확한 합계액이 확인되면 그것을 그 기록장소의 테두리 밖에다 호산(표산, 소주숫자)으로 기록함으로서 한문자에 의한 숫자기록에 편의를 주었을 뿐 일반적으로는 거래수량과 금액만 기록하면 단가는 저절로 알 수 있는 것이므로 기록할 필요가 없다. 그럼에도 불구하고 사개송도치부법에서는 거이 예외없이 거래수량과 금액 사이에 단가표시를 하고 있는 것을 보면 당시의 수학수준으로는 그 추산이 어려웠기 때문에 그 단가를 일일히 기입하였던 것으로 추측한다. 여기서 주목할 일은 한자나 호산(胡算)에서는 자리수를 나타낼 때 사용하는 '0'이 없었다는 점이다.

(3) 貨 幣

복식부기에서 가장 필수적인 성립요건의 하나는 화폐의 보편적인 유통이다. 고려시대의 화폐는 대체로 물품화폐와 금속화폐로 나눌 수 있고, 물품화폐는 포·미(布·米)가 주축이었으나 포(布)가 더 많이 유통되었다. 포화(布貨)로서 표준역할을 한 것은 질이 나쁜 마포(麻布)인 추포(麤布)와 품질이 중간 정도인 오승포(五升布)였다. 고려시대의 금속화폐는 성종 15년(996)에 철전을 주조하여 유통되도록 했지만, 그 결과는 신통하지 못했다. 그러다가 숙종 2년(1092)에 철전관을 두어 금속화폐의 유통을 장려하였고, 5년 뒤에는 해동통보(海東通寶) 등 전화 1만 5,000관을 주조하여 문무백관에게 나누어 주어, 용전의 이익을 알도록 노력하였으나, 도시 이외에서는 여전히 포·미(布·米)가 화폐역할을 했던 것 같다.

표 3.2 1923-1425의 동전의 교환가치

유통시기	동전의 교환가치
1423년	棉布1疋＝銅錢 20文
1425년 6월	棉布1疋＝銅錢 300-400文
1425년 7월	棉布1疋＝銅錢 600-700文

이와 같은 사실은 조세·공부(租稅·貢賦) 및 녹봉(綠俸)이 모두 현물이었다는 것으로 입증되며, 나아가서는 고려사회는 교환경제가 발달하지 못한 자급자족사회였음을 말해 주는 것이다.[21]

조선시대 전기에서도 교환의 주된 수단은 포화(布貨)였으나 저화(楮貨)(닥 껍질로 만든 종이에 관인을 찍은 것)가 등장한다. 저화(楮貨)와 포화(布貨)는 경합되는 화폐였다. 태종 3년(1403) 이전의 저화(楮貨)의 유통촉진책은 포화(布貨)의 유통금지령과 같았고, 1403년의 저화유통금지(楮貨流通禁止)는 포화(布貨)의 유통촉진책이었던 것이다. 1423년의 동전(朝鮮通寶)발행과 1425년의 동전발행 중지의 2년간만 제외하고는 저화(楮貨)와 병용되기도 하다가 어느 하나만 유통되기도 하는 난맥상을 보이기도 했다. 1506년부터 1544년까지는 포화(布貨)만 유통되었다고 한다. 아주 짧은 기간이기는 하였지만, 1423~1425년간 동전의 교환가치를 〈표 3.2〉로 보면 그 동전유통이 1445년 이후 이루어지지 않았던 이유를 이해할 수 있을 것 같다.[22]

1445년부터 조선의 새로운 동화(常平通寶)가 발행되는 1625년까지는 저화(楮貨), 포화(布貨), 미화(米貨), 은화(銀貨)가 혼용되던 시기였으며, 특히 이 기간은 임진왜란(壬辰倭亂, 1592-1598)이 휩쓴 시기이기 때문에 화폐·기타 모든 분야가 무질서하기 짝이 없던 시기였다. 그러다 조금 정신을 차린 1625년에야 새로운 동전이 주조·발행되었으나, 다시 정묘호란(丁卯胡亂)으로 그것마저 중단되었다고 한다. 정묘호란 후에도 동전주조·유통에 관한 논의가 거듭되다가 1633년에 다시 동전을 주조하기로 하고 상평청(常平廳)에서 동전을 주조·유통시켰으나 그 효과는 별로 없었고 1678년에 발행된 상평통보(常平通寶)로부터 본격적인 금속화폐시대가 열렸다.

21) 박용운, 「고려시대사(상)」, pp. 246-248.
22) 한국은행, 「한국의 화폐」, p. 35.

그러나 동전주조권의 중앙집중화 · 지방화 등 일관되지 못한 정책의 빈번한 변경과 그 틈새를 탄 남조(濫造), 사주(私鑄) 등이 성행하여 통화가치의 폭락을 면할 수 없었다. 1633년 직전까지만 해도 수속(收贖)[23] 및 관청수수료를 동전으로 받다가 정묘호란(丁卯胡亂)으로 중단되었으며, 1651년 다시 수속 · 면천시(收贖·免賤時) 동전(銅錢)을 받기 시작하였다. 1655년에는 대동미(大同米) 1結: 8斗 중 1~2斗를 동전(銅錢)으로 수납하고 공가(貢價)의 5분의 1, 고역가 · 호조료포(雇役價 · 戶曹料布)의 3분의 1을 동전(銅錢)으로 지급하도록 하였으나, 계속되는 주전가치(鑄錢價値)의 하락으로 1689년에는 제반신역(諸般身役)을 포(布)로만 수납하기로 하였다.[24]

조선 중반기의 법화(法貨)인 상평통보(常平通寶)를 통하여 조선의 화폐경제사정을 판단하는 중요한 하나의 지표는 상평통보(常平通寶)의 가치, 즉 동전 1문(文)의 무게(동(銅)의 함량)동향이다. 「한국(韓國)의 화폐(貨幣)」가 전하는 바에 의하면 동전 1문(文)의 연도별 변천은 〈표 3.3〉과 같다.[25]

이상으로 미루어 보면 우리나라에 금속화폐가 일정한 범위에서나마 정상적인 궤도에서 유통되기 시작한 것은 1650년대 이후의 일이었으며, 그것의 전국적 유통은 1678년 이후부터의 일이었다.[26]

금속화폐의 유통이 증대함에 따라 일어난 사회적 변화는

① 동전주조업이 유기 · 무기산업(鍮器 · 武器產業)을 유발하였고

② 토지도 상품화하였고

③ 농업도 자급자족 영농에서부터 상품영농으로 유도되었고

표 3.3 동전 1文의 무게

(동의 함유량)

연 도	무 게
1678	2錢 5分
1742	2錢
1752	1錢 7分
1800	1錢 2分

23) 죄를 면하기 위하여 바치는 돈을 거두는 것.
24) 한국은행, 「한국의 화폐」, p. 41.
25) 한국은행, 「한국의 화폐」, p. 43.
26) 홍희유, "송도사개문서에 반영된 송상들의 도가활동," 「역사과학」(1962), p. 52.

④ 뇌물제공의 수단이 편리해져서 중앙 · 지방관료를 빠르게 부패시켰고
⑤ 상품교환경제를 발전시켜 대상인(大商人)을 출현시켰고, 나아가서는 그들의 사회적 신분을 상승시켰으며
⑥ 사회적 위신척도가 재부화(財富化) 경향을 낳았고
⑦ 도적의 대상물로 동전이 적합하였기 때문에 도적이 성행하게 되었다.

여기다 세도정치(勢道政治), 삼정문란(三政紊亂)[27]으로 인한 국가재정 고갈, 그로 인한 민란(民亂)의 다발(多發), 천주교를 위시한 서세동점(西勢東漸) 등 어려운 여건들이 겹치지만, 그래도 1730년부터 1860년까지는 화폐경제가 계속적으로 확대되어 간 시기로 분류되고 있다.

당백전(當百錢)이 유통되기 시작하는 대원군시대까지 200년간의 법화(法貨)는 중간에 몇 번의 중단시대가 있었기는 했지만 상평통보(常平通寶), 즉 동전이었으며 그 표현단위(表現單位)는 상평통보(常平通寶) 1매(枚)가 1분(分), 10분(分)이 1전(錢), 10전(錢)이 1냥으로 불리었다. 이 상평통보(常平通寶)는 동전(銅錢)으로 표현되기도 하고 때로는 엽전(葉錢)이라고 불리기도 했다.

대원군의 경복궁(景福宮) 재건자금 조달수단으로 '당백전(當百錢)' 주조가 1866년에 관주(官鑄)로 시작하여 상평통보(常平通寶)인 동전 100문(文)(1냥)으로 통용되도록 하였다. 뒤에는 사주(私鑄)가 성행하여 그 가치가 현저히 떨어져 당백전(當百錢)이 동전 5-6문(文)에 불과하게 되고 그레셤의 법칙에 의하여 양화(동전)는 퇴장되어 갔다. 따라서 당백전(當百錢)의 유통촉진책으로 관(官)의 출납에서는 당백전(當百錢) 2, 동전 1의 비율로 하도록 하고 또 모든 공사(公私)거래에서는 1냥 이하의 거래는 동전을 사용하고 1냥 이상의 거래는 당백전(當百錢)을 사용하도록 강요하였다.

1868년에는 당백전(當百錢)의 유통이 금지되고 청국통화(淸國通貨)를 수입하여 법화(法貨)로 통용시켰다가, 1874년에는 청전(淸錢)의 통용을 금지하고, 1876년 개항에 따라 선진 각국의 근대화폐(近代貨幣)가 유입 · 통용되고, 1883년에는 '당백전' (當百錢)이 남발(濫發)되어 당이선(當2錢)으로 가치가 하락하여 통화혼란을 야기하였다.

1888년에는 신식화폐인 1환짜리 은화와 적동화(赤銅貨) 5분(分), 10분(分)

---

27) 전정(田政), 군정(軍政), 환곡(還穀)의 세 가지 행정이 안동(安東) 김씨(金氏)들에 의하여 문란해진 것.

짜리가 발행되었으나, 그것은 시험주화에 불과했을 뿐 실제 유통은 되지 않았다. 1892년 이후 본위화폐(本位貨幣)가 사실상 부재한 상태에서 보조화폐인 2전 5푼의 백동화(白銅貨)가 남발(濫發)되었다. 이로 말미암아 백동화(白銅貨) 인플레이션이 일어나 국민생활은 도탄에 빠지고 상거래(商去來)는 마비상태에 이르렀다. 그러나 이와 같은 현상은 당시 일본군의 통과지역이었던 경기 · 황해 · 평안 · 강원 · 충청도에 국한되었고, 전라 · 함경 · 경상도에서는 일본화, 백동화(白銅貨)를 거부하고 엽전인 동전만을 고수하였다. 이 당시의 상황을 기술하고 있는 「한국화폐정리보고서」(韓國貨幣 整理報告書, 1907)에 의하면 다음과 같이 당시의 화폐사정을 전하고 있다.[28)]

"화폐정리(貨幣整理) 전의 통화상황은 각 개항장과 기타 2, 3의 도회지에서 일본 통화 및 제일은행권(第一銀行券)이 유통되므로 근근히 국제무역의 매개를 했을 뿐 그 외는 거의 무정부상태여서 일단 위 소구역을 나서면 불편하기 그지없는 엽전(常平通寶-저자)과 구백동전(舊白銅貨)를 수수(授受)하지 않을 수 없고, 그들 화폐에는 조제(粗製)의 위조한 것이 섞여 있는 경우가 많아 그들(舊白銅貨)의 수수(授受)의 경우 일일이 감정을 하지 않을 수 없고, 따라서 감정을 업으로 하는 영업이 생겨나고 거액거래에서 이들을 고용 · 감정계산을 시키지 않을 수 없어 그 불편함을 형언할 수 없었을 뿐만 아니라 …."

이는 일본인들이 작성한 보고서이기 때문에 당시의 화폐사정을 왜곡표현할 위험성이 있기는 하지만, 1896년의 우리나라 '독립신문'(獨立新聞) 논설(주 11)을 보아도 위의 인용사정이 그리 잘못된 것이 아니지 않느냐 하는 생각을 가지게 한다.

이상과 같은 고려 및 조선시대의 화폐사정으로 미루어 복식부기의 생성가능성을 논하기는 어렵지만 저자 나름대로의 그 가능성 추론해 보면 다음과 같다.

① 고려시대의 화폐사정은 이질재화(異質財貨)들을 통일적인 화폐로 표현하는 것, 통일적인 화폐가치에 의한 손익계산은 불가능하였으리라 추정한다. 그러나 물량단위에 의한 단식부기는 가능하였을 것이다.

② 조선시대에 들어 왔어도 화폐의 전국적인 유통은 1650년 내지 1678년 이후의 일로 그 이전은 이질적인 상품을 통일적인 가치척도로 표현하는 것은 어려웠을 것으로 생각한다.

③ 1678년 이후의 조선시대에는 화폐의 전국적인 유통이 이루어지고 있었

28) 한국정신문화연구원 소장, 「한국화폐정리보고서」(1907년(?)), p. 19.

으므로 이질적인 상품을 동일한 가치척도로 표현하는 데는 지장이 없었으리라 생각한다. 즉 1650년 내지 1678년 이후는 사개송도치부법(四介松都治簿法)의 핵심인 상·하개념(上·下概念)[29]이 성립될 수 있었고, 금궤(金櫃)를 중심으로 한 거·입개념(去·入概念)이 성립될 수 있어서 거래의 이면성(二面性)이 유도될 수 있었다고 본다.

지금까지 부기 생성요인인 상업, 사유재산, 신용, 자본, 서법, 산법(算法), 화폐에 대한 고려 및 조선시대의 사정과 역사를 살펴보았지만, 우리나라의 부기가 개성을 중심으로 생성되었다는 것이 일반화한 결론이기 때문에 특히 개성과 관련 있는 사실들을 추가적으로 살펴보아야 할 것이다.

개성상인이 인삼과 은을 통한 일본과 중국과의 중개무역으로 국내에 은과 인삼이 절귀(絕貴)하였다고 한 것과 같이 개성상인은 대외국무역(對外國貿易), 특히 인삼무역에서 많은 이익을 얻었고, 그것은 일본에 가장 가까운 동래상인과 중국 접경의 의주상인(은의 수출)을 지배·장악한 개성상인에 의해 이루어졌기 때문이다. 1738년의 「승정원일기」(承政院日記, 영조 14년(1738) 7월 18일條)나 「비변사등록」(備邊司謄錄, 정조 10년(1786) 1월 7일條) 등에서 자주 언급되고 있는 '松·灣商買賣買之 當有一定之規'라든가 '灣商·松商互相符同' 등으로 미루어 보더라도 양 지역의 상인과 개성상인 간에는 횡적으로 긴밀한 관계에 있었던 것 같다. 여기서 만상(灣商)이란 의주상인을 의미한다.

이와 같은 중개무역과 국내상업에서 축적된 상업자본은 인삼재배와 포삼(홍삼)제조에도 투자하게 된다. 조선왕조 정부가 중국에 가는 사신일행의 여비와 그곳에서 물품구입을 위한 자금으로 인삼을 가져가게 한 것은 세종조의 금은면공(金銀免貢) 이후부터였다고 하지만, 그 당시의 인삼은 자연삼으로 충당하기가 매우 어려웠으므로 17세기에 들어와서 재배삼으로 당시의 인삼수요에 충당하였다고 한다.

따라서 인삼재배농장(蔘圃)이 필요했고 시설투사, 종자, 삼포관리(蔘圃管理) 및 홍삼제조시설 투자가 필요했고, 그 재원이나 재배·증포소(蒸包所) 후보지로 개성상인 및 개성이 최적이었던 것이다. 이렇게 하여 생산된 포삼(包蔘)의 중국 수출은 의주상인이 전담하였으며, 이와 같은 사실은 「포삼신정절목」(包蔘申定節目)에서 "灣商之別將松人之包主 卽古規也古例也"라 한 것으로도 충분히 입증된

29) 현금수입·지출개념.

다. 여기서 포주(包主)는 홍삼제조소인 증포소주인(蒸包所主人)을 말하고, '별장'(別將)은 중국에의 홍삼수출권을 가지고 있던 포삼별장(包蔘別將)을 가리키는 것이다.[30)]

요컨대, 조선왕조 후기에 있어서 개성이 인삼의 인공재배와 홍삼으로의 가공업 중심지가 된 것은 그 곳의 토양과 기후가 인삼재배에 적당했기 때문이기는 했지만, 무엇보다도 인공으로 재배되기 전부터 개성상인들이 인삼의 국내외 상업의 주도권을 가지고, 그것으로 상업자본을 축적할 수 있었기 때문이었다. 즉, 개성상인이 인삼무역과 도가상업(都賈商業)을 통하여 축적한 자본을 인삼의 재배와 가공업에 투입한 것이다. 이상의 사정으로 보아 개성상인에는 복식부기를 탄생하게 하는 데 필요한 자본축적이 18세기 후반부터 이루어지고 있었다고 보아도 무방할 것 같다.

두 번째의 주요 사실로는 상행위(商行爲)에 있어서의 위·수탁관계에 관한 것이다. 회계기록은 채권·채무에 대한 자기기억을 위해 기본적으로 필요하였겠지만, 보다 더 근본적인 필요성은 공동사업이나 위탁과 수탁관계의 대리인사업에서의 이익분배 및 책임이행보고(責任履行報告)에서 찾을 수 있다는 것이 공통적 의견이다. 여기서는 고려나 조선시대에 공동사업이나 대리인사업이 있었는지, 있었다면 언제, 어떤 형태의 것이었는지를 알아보기로 한다.

1811년 평안도에서 일어난 홍경래난에 개성상인의 차인(差人)이 박천진두(博川津頭)에 와 있다가 추도(楸島)에 와 상업활동을 하고 있었고 당시의 개성상인인 송방(松房)은 비단 평안도에만 산재해 있었던 것이 아니라 삼남지방, 특히 전라도 지방은 개성상인들의 가장 중요한 활동무대로 되어 있었다. 지방에 장기간 체류하면서 상업에 종사하고 있었던 그들은 매년 연말이면 귀향(歸鄕)하여 과세(過歲)한 다음 다시 목적지로 떠나는 것이 통례로 되어 있었는데, 그것은 상업의 결과를 결산하고 새해의 준비를 갖추는 데에 그 목적이 있었다는 것이다.

개성상인들 중에는 자기의 자본으로 자영하는 상인들도 적지 않았으나, 부상대가(富商大賈)들로부터 자본을 차입하거나 전주(錢主)의 차인(差人)으로서 지방에 파견되어 영업하는 상인들도 적지 않았다. 따라서 그들은 연말을 계기로 귀향하여 주인이나 자본주(資本主)와 함께 연간 상업결과를 결산하여야 하였다. 바로 이런 요구에서도 송상들의 연말귀향풍습이 이룩될 수 있었다.[31)] 이와 관련하여

30) 강만길, 「조선후기 상업자본의 발달」, pp. 124-127.

다음의 「천일록」(千一錄)의 기록내용은 매우 중요한 것으로 판단된다.

"民俗勤以樫嗇 專以興販爲務 故雖三尺之童 莫不分祈錙銖 惟利是趍多狙詐之習 … 商賈行業者 遍于八路 每於歲末 如期還家 而過歲旋發 蓋以無此規則 逐利輕別家人 無相見之期 故官令使之定期而然也"

위 「천일록」(千一錄) 인용문 중 "每於歲末 如期還家 而過歲旋發"과 가인(家人) 및 관령(官令)을 홍희유의 해석과 같이 "상업의 결과를 결산하고 새해의 준비를 갖추는 데 그 목적이 있었다"라든가 "주인이나 자본주와 함께 연간 상업결과를 결산하여야 하였다"라고 해석할 수 있겠는가라는 의문이 생긴다. "이(利)를 좇아 가인(家人)과 헤어지는 것을 가벼이 여겨 서로 만나는 시기가 없었으므로 관(官)의 령(令)으로 이와 같은 만남을 정기화한 것은 당연한 일이다" 중 가인(家人)은 주인이냐 자기 처냐, 상견(서로 만나는 것)의 상대방이 부모처자냐, 주인 또는 자본주냐, 관령(官令)이란 결산보고를 하라는 령(令)이냐 아니면 가족만남을 하라는 령(令)이냐의 의문이다.

그러나 홍희유와 같은 풀이도 전혀 불가능한 것은 아니므로 그의 해석에 따른다면 여기에 명백한 위탁과 수탁관계를 엿볼 수 있다. 이에 관한 홍희유 씨의 설명을 들어 보기로 한다.

"개성상인들은 그 사용인으로서 차인(差人), 서사(書師), 수사환(首使喚), 사환(使喚) 등을 고용하였다. 개성에서의 상업사용인제의 발생역사는 자세하지 않으나 이미 이른 시기부터였다고 인정된다. 상업사용인으로서의 차인제도(差人制度)는 19세기 초에 평안도지방에도 존재하고 있었다. 차인(差人)은 일명 방아(房兒)라고도 하였으며, 그는 주인의 대리자 또는 방조자로서 영업상 제기되는 중요한 일을 담당·집행하는 고급사용인이었다. 영업주의 신용을 얻어 차인(差人)으로 된 사람은 주인의 직접적인 지도하에 상업에 종사하거나, 주인으로부터 자본을 융통하여 독자적으로 지방행상 또는 금융업에 종사하였다. 그들은 주인으로부터 정액의 월급을 받거나 그렇지 않으면 자기 책임하에 손익계산을 하고 이익분배에 참가하기도 하였다. 이들은 대개가 지방에서 영업에 종사하다가 정기적

31) 홍희유, "송도사개문서에 반영된 송상들의 도가활동", 「역사과학」(1962. 6), p. 51.; 홍희유가 논거로 인용한 「천일록」(千一錄)은 수원유생 우하영(禹夏永; 1741-1812)이 쓴 농업경영 지침서이다. 거기에는 전국 각 지방민의 특성, 기후, 토질 등이 자세히 기록되어 있다.

으로 귀환하면 자기 주인에게 사개치부법(四介治簿法)에 의한 회계보고를 하였다. 특히 자기 책임하에 손익계산을 하면서 독자적으로 활동하는 차인(差人)들은 회계기록에 기초하여 이익분배에 참가하였다."[32]

홍희유의 차인제도 해설(差人制度 解說) 이외에도 조선총독부의 조사자료에서도 비슷한 해설을 볼 수 있다.

> "차인(差人): 자금대여 또는 상인의 지배인으로 주인의 신용을 얻은 자가 독립하여 지방행상 및 금융에 종사하는 자로 자기계산으로 상행위를 하는 것으로 보면 독립상인이나 주인으로부터 자본 또는 화물의 융통을 받고 주인에 복종하는 면에서는 사용인이다."[33]

이상과 같은 차인(差人)은 주인에 대한 보고나 이익분배를 위하여 기록(회계)이 필수적이었을 것이고, 이와 같은 상황이 복식부기를 탄생시킬 가능성을 증대시켰을 것이다. 서사(書師)는 사개치부법(四介治簿法)에 의한 장부처리에 전적으로 종사하는 전문가로서 월급제에 의해 고용되는 것이 통례였으나 때로는 이익분배에도 참가하였다.[34]

그러나 불행하게도 공동사업에 관한 회계문서로는 다음에 소개할 "각포간수본전회계"(各圃間數本錢會計), "마차회사 회계문서"(馬車會社 會計文書), "대한천일은행(大韓天一銀行) 회계문서"를 제외하고는 이렇다 할 것을 발견하지 못하였다. 심지어는 전계(廛契), 박물계(博物契), 육의전(六矣廛)마저도 공동사업형태는 있었던 것으로 설명되고 있으나, 이는 이윤추구를 위한 사업체가 아니라 독립상인들의 상호부조를 위한 조합에 불과하였을 뿐 이익분배를 위한 공동사업은 아닌 것으로 보인다.

세 번째로 그들의 재능을 살펴보기로 한다. 재능이란 어느 한 개인의 재능을 말하는 것이 아니라 그 사회를 구성하고 있는 사람들의 재능을 의미하며, 그것은 복식부기방법을 고안해 낼 수 있는 재능을 말하는 것이다. 개성상인의 첫번째 재능으로는 앞에서 인용한 「천일록」(千一錄)의 앞부분, 즉 "그들의 풍속은 근면하고 인색하면서 오직 물건을 많이 판매하는 것에 전력하였다. 그러므로 삼척동자라

32) 홍희유; 위 논문, pp. 56-57.
33) 조선총독부; "조선인의 상업," 「조사자료」 제11호, p. 14.
34) 홍희유; 앞 논문. pp. 56-57.

하더라도 아주 적은 금액의 이(利)만 있으면 달려가는 습관을 모두가 따르도록 권장하였다"에서 근 · 노(勤 · 勞)와 상재(商才)에 뛰어남을 알 수 있다. 또한 개성상인은 협동정신에 투철했고, 신용을 존중한 상업도덕을 갖고 있었다. 이와 같은 근 · 노(勤 · 勞)와 상재, 협동정신과 신용존중의 상도덕은 그들에게 부(富)를 가져다 주었을 뿐만 아니라, 그들의 번뜩이는 상재의 소산인 차인제도(差人制度), 시변제도(時邊制度) 및 환제도(換制度)를 창출하게 하였다.

개성상인들의 협동정신은 ① 고려의 멸망으로 조선에의 출사(出仕)를 단념한 개성시민들은 상업으로 입신하는 도리밖에 없었으며, ② 상인계급의 천시에 공동대응할 뿐만 아니라 관(官)의 가렴주구에 대한 공동대응, ③ 동병상련(同病相憐)에 의한 상호부조(相互扶助) 등에서 유래되었으며, 이것이 또한 그들로 하여금 근면과 노력으로 망국의 한, 계급의 한을 극복하려고 했으리라 쉽게 짐작할 수 있다. 이와 같은 협동정신이 발로된 것이 각종 전계(廛契), 박물계(博物契)[35] 그리고 도가(都家)[36] 등이다.

개성상인의 정신은 신용의 존중에 있다고 한다. 계(契)에의 가입심사, 상업사용인(差人 · 書師)을 독립시킬 때의 판단기준, 환전거간(換錢居間)에의 금전대여 때 상인으로서의 신의(信義)를 가장 중요한 판단의 기준으로 삼았다. 이와 같은 신용존중과 상호신뢰가 바탕이 되어 차인제도(差人制度)가 생길 수 있었고 환(換)[37]제도와 시변제도(時邊制度)가 생겨날 수 있었던 것이다.

이상과 같은 개성상인들의 재능, 즉 근면, 아주 적은 이(利)도 좇아가는 상인정신, 상호협동, 신용존중 등이 하나로 합하여 그들은 사개치부법(四介治簿法), 차인(差人), 시변(時邊), 환(換)이란 4대 상업수단을 창출한 것이다. 이들 중 앞의 두 가지는 이미 언급하였기 때문에 시변(時邊)과 환(換)에 관해서만 간략히 설명하기로 한다.

시변(時邊)과 환(換)은 개성상인의 활동이 본격화한 이후에 생겨난 제도로 시변(時邊)은 현재의 '콜(call)'제도와 비슷한 것이고, 환(換)은 지금의 환어음과 같은 것으로 추정된다. 이 제도의 생성배경은 이미 앞에서 지적한 바와 같이 개성상인이 개성을 본거지로 하여 다수의 상인[38]이 전국 각지에 출상(出商)하여 여러

35) 중개업자(仲介業者) 조합.
36) 계사무소 겸 공동창고(契事務所 兼 共同倉庫).
37) 약속어음과 같은 것.
38) 조선총독부의 추계는 2,300~1만명.

번의 상거래로 또는 각지 상호간의 통상교역을 거의 독점적으로 수행하는 과정을 반복함에 따라, 자금이동은 필요 불가결했던 것이다. 이런 거래과정에서 시기를 놓칠 수 없는 거래성립에 따라 갑작스러운 자금수요가 발생하고 운반도중의 위험과 휴대에 불편한 금속화폐의 중량을 극복하는 격지 간의 자금결제수단이 절실히 필요했으리라 짐작된다. 이와 같은 필요를 해결하는 방법으로 개성상인들은 그들의 총본부인 개성에 자금수수를 원활하게 할 수 있는 어떤 장치를 생각하지 않을 수 없었으며 그 산물이 시변(時邊)과 환제도(換制度)이다.

시변(時邊)은 원금(元金)에 이자(利子)를 붙여 주거나 붙여 받는 제도이며, 차인(差人)에게 주인이 자금을 대하(貸下)할 때나 환전거간(換錢居間)이 자금의 공급과 수요를 중개하고 수요자가 공급자에게는 이자를, 거간(居間)에게는 수수료를 지급하는 경우이고, 전주가 차인(差人)에게 대하(貸下)하는 경우는 의변(義邊)[39]이라 하여 금리지급형(金利支給型)과 순이익반분형(純利益半分型)이 있었다고 한다.

환(換)이란 금전의 지불을 위탁하는 서간(書簡)[40]을 말하며, 예를 들면 부산상인이 경성에서 받은 금전을 부산까지 휴대하는 불편을 피하기 위하여 그 돈을 경성의 객주[41]에게 맡기고 부산의 객주 앞으로 환(換)을 써 받아 부산에서 그 환을 객주에게 제시하여 현금을 받는 수단이다. 이 환(換)은 때로는 환간(換簡)이라고도 하였으며, 이와 비슷한 것으로 어험(魚驗)이라는 지불약속증서도 많이 활용된 것으로 역사는 전하고 있다.

이상의 시변(時邊)이나 환제도(換制度)는 모두 신용을 바탕으로 생겨날 수 있는 것이고, 또는 상호협동의 산물이라 할 수 있다. 더욱이 신용을 확실히 보장하기 위한 계산제도가 그들 사이에서는 불가피했으며, 이와 같은 조건을 충족할 수 있는 천재적인 재능이 있었음을 입증하고도 남는 구체적 증거이다.

이 이외에도 단편적이기는 하지만, 각종 논문[42]에서 개성상인에 관한 기록을 발췌하여 봄으로써 그 시대적인 상황판단을 하는 데 참고하고자 한다.

---

39) 의리(義利)가 붙은 대하(貸下).
40) 현재의 메모에 해당함.
41) 객상(客商)들을 위한 매매주선과 여객업(旅閣業)을 겸영하는 자.
42) 발췌의 대상 저서 · 논문은 다음과 같다.
① 강만길 "조선후기 상업자본의 발달"
② 홍희유 "앞에서 인용한 논문
③ 허종호 "우리나라에서의 화폐지대의 발생에 대하여," 「역사과학」(1964. 4).
④ 장국종 "17세기 금속화폐의 유통에 대하여," 「역사과학」(1961. 6).

① 1124년 서경(徐兢)의 「고려도경」(高麗圖經): 왕성(王城; 개성)에는 방시(坊市)가 없었다. 광화문부터 부급관(府及館)까지 민가(民家)를 장랑(長廊)으로 가리고 낭간(廊間)을 방(榜)으로 구획하고 영통(永通), 광덕(廣德)과 같은 방문(房門)을 달아 놓고 있었지만, 그 속에는 저자가 없고 벼랑과 쓰레기들로 가득 메워져 쓸모없는 곳을 보기만 좋게 만들었을 뿐이다.
고려의 풍속에는 상설점포(常設店鋪)가 없고, 낮에만 장사하고 자기가 가진 것만 교역할 뿐 화폐로 거래하는 법도 없었고, 오직 저포(紵布)나 은병(銀甁)으로 가치기준으로 삼았다. 일용으로 쓰이는 물건으로 필(匹)이나 양(兩)에 미달하는 적은 것은 그 무게를 달아 쌀로 보상하였다. 그래도 국민들은 불편을 깨닫지 못하였다.

② 1629년 이덕형(李德泂)의 「송도기이」(松都記異): 고려시대의 남은 풍속이 거의 없어졌는데, 오직 장사하고 이익을 좇는 습관만은 전에 비하여 더욱 성해졌다.

③ 1725년 「비변사등록」(備邊司謄錄): 개성유수 이집(李潗)은 한 보고에서 개성상인이 국내의 인삼산지마다 채집되는 인삼을 모두 매점하고, 그것을 일본에 수출하여 은(銀)과 교환하며 또 그 은(銀)을 모두 중국에 가져가 행상(行商)하므로 국내에는 은(銀)과 삼(蔘)이 절귀(絕貴)하다 하였다.

④ 1738년 「승정원일기」(承政院日記): 당시 인삼을 왜관(倭館)에 피집(被執)하는 동래상인 중 수위에 있는 자는 김찬흥(金贊興)인데, 그는 본래 개성상인이며 그뿐 아니라 동래상인 모두가 개성상인이었다.

⑤ 1788년 「비변사등록」(備邊司謄錄): 개성상인들이 지물(紙物)의 대중국무역(對中國貿易)에 착안하여 전국의 제지사찰(製紙寺刹)을 경제적으로 장악, 품질 좋은 지물(紙物)을 매점, 중국에 수출한다고 지진공시인(紙塵貢市人)들이 이를 금지하도록 호소한 사실을 기록하고 있음.

⑥ 1810년 「비변사등록」(備邊司謄錄): 개성상인들이 강진(康津)과 해남(海南) 등지에 진출하여 제주도(濟州道)에서 건너오는 양태(涼台)[갓]를 매점, 전매(轉買)함으로써 서울의 양태전(涼台廛)이 상품구득(商品求得)에 곤란을 겪는다는 기록

⑦ 1812년~1815년의 「사개문서기록」(四介文書記錄): 개성상인들이 길주, 단천, 경주 등 전국 각지에서 그 지방의 특산물인 직물을 매집하였다는 기록

제3절 總 括

지금까지의 논의에서 약간의 중복된 인용은 있었지만 우리나라의 부기 생성 요건들을 하나하나 살펴보았으므로 여기서는 이들을 종합평가하고 이 장을 마치려고 한다. 먼저 단식부기의 생성요소로서의 서법(書法), 산법(算法), 사유재산(私有財産)은 고려 · 조선시대에 단식부기를 생성시키는 데 충분한 조건을 모두 갖추었다고 단정할 수 있다.

다음에는 단식부기를 발전시키면서 복식부기도 생성시킬 요소인 화폐, 상업, 신용에 관한 평가이다. 고려시대에도 금속화폐가 있었다고는 하지만 「고려도경」(高麗圖經)이 적고 있는 바와 같이 일반인이 화폐로 거래하는 법이 없었던 것으로 보이며, 조선시대에 넘어와서도 금속화폐의 유통을 시도하기는 하였지만, 본격적인 화폐거래의 일반화는 1678년부터이고 그 중 개성은 1643년부터 화폐거래가 일반화한 것으로 전하고 있다. 그러나 계속되는 통화가치의 하락과 대량상거래에는 매우 불편한 통화였기 때문에 복식부기 생성에는 크게 공헌하지 못하였을 것으로 생각된다.

고려·조선시대는 모두 다 상·공업을 비천시(卑賤視)하였기 때문 그 발전의 기반이 박약하였다고 하지 않을 수 없다. 개성상인이 융성을 보게 된 것은 인삼의 인공재배를 시작한 1720년경부터였고 그것에 의한 자본축적은 1800년경부터 시작되었으리라 추측한다. 조선시대의 지배계급이었던 사대부는 중앙 · 지방의 구별없이 하급민의 생사여탈권을 가지고 있었기 때문에 상공업자의 자본축적도 그와 같은 체제하에서 대규모화는 가능하지 않았을 것으로 추정한다. 그러나 상인들은 자기방위수단으로서 계(契), 도가(都賈), 차인(差人) 등을 이용한 공동사업과 의변(義邊), 환제도(換制度) 등이 있기는 하였지만 당시의 사회적 제약 때문에 대규모 자본으로 발전하지 못한 것으로 추정된다. 그러나 그 정도의 자본, 공동사업, 의변 및 환제도만으로도 복식부기의 생성에는 지장이 없었으리라 짐작하며 여기에 개성상인의 재능을 인정하여야 할 것 같다.

제 4 장

玄丙周; 四介松都治簿法의 전부

제 4 장 玄丙周; 四介松都治簿法의 전부

이 장(章)은 현병주의 사개송도치부법을 정리하여 한국고유치부법을 이해할 수 있도록 설명과 비판을 가할 것이다. 또 이 장은 분절(分節)하지 않고 전장을 사개송도치부법의 설명에 이용할 것이다. 먼저 현병주의 저서에 서술되고 있는 서문과 제1장의 통론에서 중요부분을 간추려 소개하면 다음과 같다. 가급적 원문 그대로 인용하므로 좀 이색적인 표현도 보일 것이므로 이해하기 바란다.

> "… 무릇 文簿를 보면 재멋대로 임시적인 방법으로 記帳하니 그 記法에 규칙이 없어 甲의 文簿를 乙이 알아보지 못하고, 乙의 그것을 丙 또한 이해 못하는 실정이었다. … 東方에는 학술적인 簿記로 전해져 내려오는 것이 없는 줄 알았더니 松都에 일종의 商業簿記가 있었으니 이 또한 아직 학술적으로 전해지지 않아 식자들이 아쉽게 생각하여 … 혁신하는 사람들이 새로운 각오로 이를 풀이하였다. … 나는 簿記를 대충 이해한 사람으로 이 책을 편집한다."(서론에서 인용)
>
> "治簿法이란 지금의 簿記를 말하는 것이고 옛날부터 전해 내려온 朝鮮簿記는 官廳文簿를 除外하면 통일된 簿記가 없었으니 朝鮮商業家는 각자가 독자적으로 만들어 낸 千差萬別의 기상문부가 있었지만 근근히 자기만 알고 기억할 뿐, 그것을 타인에게 인계하여 … 인수자는 그 내용을 해석하지 못하였으니 어찌 그것을 簿記라 할 수 있겠는가. 조선에도 가치 있는 簿記式을 동양 상업의 개척자였던 송도 상업가가 발명하였으며, 그것을 四介治簿法이라 하여 이미 사용하고 있다. 그것은 遙遙히 이탈리아 베니스府에서 발명한 신식부기와 符合한다. 보조부의 구별, 貸借一覽表 등 몇 가지는 차이가 있지만 主要簿의 근본원리는 추호

도 차이가 없다."(통론에서 인용)

위의 인용 부분에서 지적하여야 할 주요 사실들을 열거하면 다음과 같다.

① 부기(簿記)라는 용어가 서(序)에서 10번, 통론(通論)에서 12번 사용되고 있다.

② 현병주(玄丙周)는 스스로 부기(簿記)를 대충 이해한다고 하고 있다

③ 조선부기(朝鮮簿記)는 부기(簿記)라 표현하고, 사개치부법(四介治簿法)은 치부법(治簿法)이라 표현함으로써 양자를 구별하였다.

④ 사개치부법(四介治簿法)은 신식부기(新式簿記)와 부합(符合)하고, 조선부기(朝鮮簿記)는 관청문부(官廳文簿)를 제외하면 모두 혼자만 알 수 있는 것일 뿐 통일된 부기(簿記)가 아니라고 하였다.

⑤ 장부는 주요부와 보조부로 구분하였으며, 대(貸), 차(借)란 용어도 사용하고 있다.

⑥ 보조부의 구분도 대차일람표 등 몇 가지는 신식부기(서양부기-저자)와 차이가 있지만 주요부의 근본원리는 추호도 차이가 없다.

우리나라 보다 서양의 문물을 수십 년 먼저 받아들인 일본은 서양의 기술이나 학문상의 용어도 그들 나름으로 먼저 정식화(定式化)하였으며, 우리는 그들의 통치 하에서 의식적 또는 무의식적으로 그들의 용어를 답습해 오다가 우리나라의 독립과 함께 각종 용어의 개혁작업을 실시하였으나 부기(簿記), 대(貸), 차(借)는 받아들이고, 감정(勘定), 사역(仕譯) 등은 계정(計定), 분개(分介)로 바꾸었다. 그러나 계정(計定)이나 분개(分介)는 앞에서 열거한 1916년 이전의 옛 회계문서 중의 하나인 김대희(金大熙)의 응용상업부기학(應用商業簿記學)에서 1908년부터 우리의 용어로 사용되고 있었다.

현병주(玄丙周)는 그의 저서에서 장부를 주요부와 보조부로 구분하고, 다음과 같이 세분하고 있다.

主要簿: 日記帳, 分介帳,〔捧次帳(資産帳)〕,〔給次帳(負債帳)〕, 저금통장, 통장(외상물품 · 차입을 기입)

元帳(帳册)

決算表

附 掌記

補助簿: 現金出納帳, 物品去來帳, 委託物處理帳, 魚驗收支帳, 會計帳(일부

거래 결산), 損益計算帳(전부 교환 대차를 시산한 것)

복식부기를 이해하고 있는 사람이면 누구나 이 장부분류에는 오류가 많다고 직감할 것이다. 가능한 한 이 장에서는 현병주의 사개치부법을 그의 기술내용 그대로 소개하는 것이 본래의 목적이기 때문에 지금 그의 장부분류 착오를 지적하지 않으면 기회가 없을 것 같아 그 내용을 다음에 지적해 두고자 한다.

① 일기장(日記帳)과 분개장(分介帳)이 서로 다른 것인지 여부를 모르고 있다. 현병주(玄丙周)는 그의 저서 제14장에서 "송도일기장(松都日記帳)은 신식부기의 일기장(日記帳)과 분개장(分介帳)을 합한 것"이라고 설명하고 있다. 그렇다면 왜 분개장을 독립 장부로 열거하고 있는지 알 수 없다.

② 그리고 사개치부(四介治簿)에서 원장(元帳)으로 인식되고 있는 봉차장(捧次帳)과 급차장(給次帳)을 주요부에 열거해 놓고, 거기에 더하여 원장(元帳)(장책(帳册))을 주요부에 또다시 열거하고 있는 것도 그의 착오라고 생각된다. 왜냐하면 그의 저서 중 봉차장(捧次帳)의 실례(實例)에서는 외상장책(外上長册)으로, 급차장(給次帳)은 타급장책(他給長册)으로 표시함으로서 급차장, 봉차장, 원장이란 장부는 찾아 볼 수가 없다. 그의 저서의 내용과 그의 장부분류표상의 불일치는 그의 신식부기에 대한 이해 부족에서 온 것으로 보인다.

③ 저금통장, 통장을 주요부로 분류하고 있는 점은 현병주의 장부에 관한 이해정도를 평가하는 데 중요한 지표로 볼 수 있다. 장기(掌記), 결산표 등이 주요부에 열거되고 있는 것도 이색적이다. 실례(實例)에서는 일기(日記)와 외상장책(外上長册)·타급장책(他給長册)으로 양분되는 장책(長册), 그리고 회계책(會計册)(결산시에 사용함)을 그의 저서 내용에서 주요부로 사용하고 있으면서 앞의 분류표에서는 회계책(會計册)을 보조부로 분류하고 있는 회계장(會計帳)과 어떻게 다른 것인지 설명하고 있지 않기 때문에 독자들에게 어휘상의 혼란을 가져다 줄 가능성이 높다.

이와 같은 혼란스러운 장부의 분류에 더하여 주목하여야 할 사실은 현병주(玄丙周)가 분개장(分介帳)이라는 용어를 사용하고 있다는 사실이다. 1909년에 출판된 김대희(金大熙)의 「응용상업부기학」(應用商業簿記學)이 일기를 분개라고 표현한 것과 일맥상통하는 것이라 할 수 있다.

사개치부법(四介治簿法)이나 기타의 우리나라 고유치부법에서는 많은 종류의 기호 또는 암호를 사용하고 있어 기장자 이외의 사람은 이해하기 어렵다. 현병주(玄丙周)도 그의 저서에서 송도일기(松都日記)와 장책(帳冊)에서 사용하는 문자와 부호를 예를 들어 설명하고 있다.

上과 下: 일기의 입금기록 행(行)의 말미에 上, 출금기록 행의 말미에 下
예) 입금거래: 信成號 入 資本金 一萬五千圓 上
출금거래: 白蔘秩 去 白蔘十斤文 代金 九十圓 下

入과 去: 물품이 들어 온 행이면 초두에 入, 나간 행이면 초두에 去
예) 외상매입: 白信明 入 白蔘十斤文 代金 九十圓
白蔘秩 去 白蔘十斤文 代金 九十圓

還入과 還給: 환입은 대여금의 회수, 환급은 차입금의 상환을 나타냄

過入과 過去: 과입은 이익이 나는 것, 과거는 손실이 나는 것을 나타냄

秩[1]: 물품, 어음, 이익, 公用과 같은 계좌를 人名이나 유형물로 만든다는 표시

文: 돈(錢)

餘: 잔액

次: 卽이나 方과 같다.

直放과 買得: 현금매출과 현금매입을 표현할 때

標算(胡算): 標算(胡算이라고도 함)[2]: 물건의 단가를 나타낼 때 사용한 계

1) 질(秩)은 같은 성질의 물건이나 문서나 사람을 한데 묶어서 표시한다는 뜻을 나타내는 용어이다. 예를 들면 양반과 서인(庶人)의 명단을 적을 때 양반은 양반으로 묶고 서인은 서인대로 묶어서 적을 때, 사인질(士人秩), 서인질(庶人秩)이라고 구분한다거나, 개축한 시설물, 보수한 시설물을 구분하여 표시하고자 할 때는 개축질(改築秩), 수보질(修補秩)이란 표제 다음에 각각의 시설명칭을 적는 것, 80세의 노인과 90세의 노인에게 상을 줄 명단을 만들 때, 80세노인질(八十歲老人秩), 90세노인질(九十歲老人秩)이란 표제 다음에 그 이름을 적었으며, 사무의 인수 · 인계 때 물품과 문서 목록을 문서질(文書秩), 잡물질(雜物秩)이란 표제 다음에 각각의 이름을 적는 것 등 그 실례를 수없이 많이 볼 수 있다. 이런 면에서 보면 질(秩)이란 용어가 물건이나 무형물을 사람으로 본다는 의인설(擬人說)과 연계시키는 것이 무리가 아닌가 하는 생각이 든다.

2) 호산(胡算) 또는 표산(標算)이라는 산용(算用)수자는 옛날의 우리나라 수학책에서 널리 사용되고 있었다. 곱하기와 나눌 셈을 할 때 한문자에 의한 숫자에 의하지 않고 피승수나 승수를 호산으로 표시하여 계산하도록 예설(例說)이 되고 있다. 이 때에는 자리 수를 맞추기 위하여 0을 사용하였음을 보여 주고 있다. 조태구(趙泰耈; 1660-1723)가 1718년에 저술한 「수서관견」(籌書管見)이나 홍정하(洪正夏; 1684-?)의 「구일집」(九一集)을 참고하기 바란다.

산용 수치 〡(一), 〢(二), 〣(三), 〤(四), 〥(五), 〦(六), 〧(七), 〨(八), 〩(九)

鐙子: ㄩ(일기에서 한 거래의 분개임을 나타내는 기호)

列旗: 才(일기에 기입된 내용이 청산되있음을 표시할 때)

打点: 、(일기와 장책 간의 전기대조가 완료되었다는 표시)

行劃: ∆(채권 채무가 소멸되었음을 나타내는 표시)

內: 장책의 상단(차변에 상당 함)과 하단(대변에 상당 함)에서 그 반대의 대와 차를 구획하는 표시)

時在: 잔고를 뜻 함.

合: 합계

實: 차액

會計: 捧次(자산과 비용)와 給次(부채와 수익)의 합계를 계산하는 것.[3)]

이상이 현병주(玄丙周)가 예시하고 있는 사개치부(四介治簿)에서 사용하는 문자와 기호의 전부이나 뒤에서 보는 바와 같이 우리 고유치부법에서 사용한 문자와 기호는 이보다 훨씬 더 많다. 이와 같은 특수문자와 기호들은 언어학에서 말하는 기호에 해당한다고 보고 다시 언급하게 될 것이다.

다음에는 그가 예를 들어 표시한 분개(分介)를 다음의 세 가지 유형에 따라 재편성 해 보기로 한다. 이와 같은 분개는 일기장에서 행하여지며, 이 때의 일기장은 현금출납장 기능과 원장의 현금계정기능도 동시에 수행한다.

1) 入金去來

① 현금출자거래: 信成號 入 資本金 一萬五千元 上

② 현금판매거래: 皮物秩 入 二種 皮物 30張 合 一百九元 上

③ 어음채권회수: 於音秩 還入 金乙先捧金 一百四十元 上

④ 이사·구전수입거래: 利子秩 入 劉辛雄條 三朔邊利 先上金 十三元 五十錢 上

3) 현병주(玄丙周)는 그의 저서에서 봉차장(捧次帙)(자산부(資産部))이라 표기하고 그 옆에 타급장책(他給長冊)이라고 토를 달았으며, 급차장(給次帙)(부채부(負債部))라 표기하고 그 옆에 외상장책(外上長冊)이라고 토를 달았다. 이는 그의 명백한 착오이다. 봉차장(捧次帙)이 외상장책(外上長冊), 급차장(給次帙)이 타급장책(他給長冊)일 것이기 때문이다.

2) 出金去來

① 당좌예입거래: 第一銀行 去 當座預金 八千五百元 下

② 현금매입거래: 白蔘秩 去 白蔘 10斤文 代金 九十元 下

③ 비용지출거래: 公用秩 去 空冊 10部 價金 一元 五十錢 下

④ 부채상환거래: 於音秩 還給 權禮得 條 三帖紙 價給 三百五元 下

⑤ 선급 또는 대여거래: 鄭戊敬 去 兎山紬 300疋 染工中 先給金 八十元 下

3) 現金의 授受가 따르지 않는 去來

① 외상매입거래: 白信明 入 準木1500筆 文 代金 一千三百五十元
白木秩 去 準木 1500疋 文 代金 一千三百五十元

② 외상판매거래: 布屬秩 入 北布 90疋 ‖ 代金 一百八十元
宋庚守 去 北布 90疋 ‖ 代放金 一百八十元

③ 어음거래: 於音秩 入 2月 1日 給次金 三百五元
權禮得 去 紙價 零條二月一日給次 魚音給 三百五元
(權禮得의 外上買入金을 於音으로 갚다)
金乙先 入 安亢羅價 本月11日 推次 自己於音 一百四十元
於音秩 去 金乙先 本月11日 出次金 一百四十元
(김을선으로 부터 외상대금조로 어음을 받다.)

④ 일부만 현금의 수수가 따르는 거래:
權禮得 入 見樣紙 15塊×±代金 七百○五元
見樣紙秩 去 同物15塊×±代金 七百○五元
權禮得 去 見樣紙價 中 直錢給金 四百元 下
(권예득으로부터 견양지를 매입하고 대금 중 400원은 현금으로 지급)

이상의 일기, 즉 분개는 표산만 제외하고 모두 다 위에서 아래로, 그리고 오른쪽에서 왼쪽으로 기록한 것을 편의상 횡서를 하였다. 이 일기에는 전기(轉記)대조를 하였다는 표시로 타점(打点)을, 전기하기 전에 청산된 일기에는 열기(列旗) 표시를 하고 있다. 또 수량과 금액은 모두 다 한자로 표기되고 있으나 그 중 수량만은 저자가 아라비아 숫자로 표시하였으며 또 현병주(玄丙周) 자신이 0을 한자의 숫자 사이에 끼워 넣고 있지만 이는 현병주(玄丙周) 이전의 한국 고유부기에서는 그 예를 찾아 볼 수 없다.[4)]

이상의 일기(분개)원리를 요약하면 다음과 같다.

① 현금이 들어오는 거래: 계정(計定)밑에 입(入)을 적고, 기록의 끝에 상(上)을 기록함(입(入)과 상(上)이 따라 다님).

② 현금이 나가는 거래: 계정(計定)밑에 거(去)라 적고, 기록의 끝에 하(下)라 기록함(거(去)와 하(下)가 따라 다님).

③ 거(去)는 자산의 증가, 부채의 감소, 비용의 증가를, 입(入)은 자산의 감소, 부채의 증가, 자본의 증가, 수익의 증가를 표시하며, 상(上)은 현금자산의 증가를, 하(下)는 현금자산의 감소를 의미하는 표기임. 현금의 수수가 따르는 거래의 분개는 한 줄의 기록으로 끝나는 것이 원칙임.

④ 현금의 수수가 따르지 않는 거래: 두 줄 이상의 기록으로 이루어지며 첫째 줄에서는 먼저 계정(計定)을 적고 그 밑에 입(入), 거(去)가 먼저 기록될 수도 있음을 적은 다음에 거래내용을 적으며, 두 번째 줄에서도 계정(計定)을 먼저 적고 그 다음에 거(去)(첫째 줄에서 거(去)로 표기되었으면 둘째 줄에서는 입(入)으로 기입)를 적고 그 다음에 거래내용을 적는다. 이 두 줄의 기록이 한 거래의 분개임을 나타내기 위하여 반드시 두 기록의 아래를 등자(鐙子)로 묶는다. 여기서는 상(上)과 하(下)가 절대로 사용되지 않는다.

⑤ 분개장인 일기책은 날짜별로, 일기 즉 분개를 행하면서 그 날의 첫 번째 기입을 "前日現金殘高 ×××圓 上"으로 적고, 그 날의 맨 끝에다 "時在金 ×××圓"이라 적으면서 하루의 분개를 끝낸다. 매일의 시재금계산은 전일 현금잔고에다 상(上)으로 표기되고 있는 금액을 모두 합하고, 그 합계액에서 하(下)로 표기된 금액을 모두 차감하여 계산한다. 따라서 일기장은 분개장과 현금출납장 및 원장의 현금계정을 겸하고 있다.

⑥ 매월 말에 가서는 그 달의 일기기록 중 '입'(入)으로 표기된 금액의 합계와 '거'(去)로 표기된 금액의 합계를 산출하여 난외(欄外)의 공간에 과학기호인 표산으로 다음과 같이 기록한다.

4) 아라비아 숫자가 우리나라에 도입되어 사용되기 시작한 연시는 명백하지 않다. 그러나 아라비아 숫자의 0인지 아니면 단순한 계산단위의 표시로만 사용된 것인지는 알 수 없지만 앞에서 인용한 두 권의 수학책(趙泰耇와 洪正夏)에서는 1600년대에 벌써 계산단위로 0을 사용하고 있다. 그러나 그것은 표산(標算 · 胡算)에 의한 곱셈과 나눗셈에서만 사용되었지 한자표기의 숫자 사이에서는 사용되지 않고 있었다.

거(去)	입(入)
〢 〤 〡 〤 〡 〨	〢 〣 〦 〣 〢 〨
萬 十錢	万 十錢

이상과 같은 일기(분개)의 기장방법에서 주목할 사실은 사개치부법에 의한 일기는 단순한 분개장으로 그치지 않고 거래의 분개와 현금출납장 및 현금계정이라는 세 가지 역할을 수행하는 것이므로 이를 삼중기능치부법이라 할 수 있다.

다음에는 현병주(玄丙周)의 원장(長册)과 결산(決算)의 방법을 살펴보기로 한다. 그는 원장에 해당하는 장책을 장책(帳册)으로 표기하였다가 곳에 따라서는 장책(長册)으로도 표기하는 난맥상을 보이고 있다. 장책(長册)을 타급장책(他給長册)과 외상장책(外上長册)으로 구분한 현병주(玄丙周)는 일기책(日記册)으로부터 전기(轉記)한 타급장책과 외상장책의 내용을 상세히 예시하고 있으나 여기서는 그 중 몇 가지만 인용한다.

장책기록도 일기와 같이 위에서 아래로 내려쓰면서 오른쪽에서 왼쪽으로 기록하였지만 여기서는 횡서(橫書)한다. 앞의 일기장에서와 같이 장책에서도 기록의 첫 머리는 언제나 계정과목(計定科目)을 적고 있다. 다만 장책에 기록된 계정과목은 그 계정의 증(增)과 감(減)을 기록하는 장소이기 때문에 상당한 공간이 주어져 있으며, 증과 감을 기록하는 장소, 즉 차변(借邊)과 대변(貸邊)은 입(入) 또는 거(去)와 내(內)로 구분하였다. 차변잔액계정의 차변은 '거'(去), 그 대변은 '내'(內)로 구분하고, 대변잔액계정의 대변은 '입'(入), 그 차변은 '내'(內)로 구분하고 있다는 뜻이다. 이 때의 '내'(內)는 "… 으로부터 차감"(deduction from …)을 의미하며, "…"에는 '거'(去), '입'(入) 또는 'above'를 대입하면 그 의미가 성립하는 표현이다. 예를 보면 다음과 같다.

他給長册

△權禮得 入 丙辰正月初二日 見樣紙15塊×±代金 七百0五元
　　　　　內 丙辰 正月 初 二日 見樣紙 價 中 卽錢 給 四百元
　　　　　又 二月 初一日 給次 於音給 三百0五元
△於音秩 入 丙辰正月初二日 本於音 二月 一日 給次 三百0五元
　　　　　內 丙辰 正月 十二日 給 三百0五元

外上長册

布屬秩 去 丙辰 正月 初 三日 慶布七百疋 |一 代金 初 八日 本金 七百七十元. 初 六日 各種 布屬價 合金 三千元

內 丙辰 正月十二日 安東布 一百疋 價合 五百五十元. 十三日 北布 九十疋 ‖ 代金 一百八十元. 十四日 慶布 一百疋 代金 一百十五元. 十七日 公春 一千八百七十五尺 文 代金 三百五十六元 二十五錢.

白蔘秩 去 丙辰 正月 初五日 同物 30片10斤文 代金 九十元

於音秩 去 丙辰 正月 初七日 金乙先 正月 十一日 出次 於音 一百四十元. 初八日 崔丙奎 正月 二十一日 出次金 九百元. 十六日 白壬周 二月 晦日 出次金 一千元.

內 丙辰 正月 十八日 金乙先 於音 捧金 一百四十元.

△鄭戊庚 去 丙辰 正月 初 九日 兎山紬 三百疋 染工中 先給金 八十元

內 丙辰 正月 十八日 入 八十元.

위의 권예득(權禮得), 어음질(於音秩), 백삼질(白蔘秩) 등은 원장의 계정과목에 해당하며, 이들 각 계좌에의 기입을 보면 다음과 같다.

① 각 계좌 아래에는 입(入) 또는 거(去)가 기록되고, 그 다음에 거래일자, 거래내용, 금액이 기입됨

② 입(入), 거(去)로 시작한 거래 중에서 일부가 청산되었을 때는 그 내용을 앞의 거(去)나 입(入) 밑에 기입한 부분과 구분(partition)하다는 뜻인 '내'(內)라는 글자 밑에 청산된 거래일자, 거래내용, 거래금액을 적는다.

③ 입(入) 또는 거(去) 밑에 기입된 금액의 합계와 내(內) 다음에 기입된 금액의 합계가 일치할 때는 계좌명(計座名) 위에 △표를 함. 이 두 합계가 일치하지 않을 때는 그 차액을 계산하여 그것을 호산(胡算(標算))으로 계좌의 여백에 기록하고 있다.

④ 외상장책의 계좌는 거(去)로 시작하는 데 반하여 타급장책의 각 계좌는 입(入)으로 시작된다. 따라서 외상장책의 거(去)는 차변을 나타내는 것이고, 그 다음에 나타나는 내(內)는 대변을 나타내는 것이며, 타급장책의 입(入)은 대변을, 그 다음에 오는 내(內)는 차변을 나타내는 것이다.

⑤ 현병주가 설명하고 있는 사개치부법에서의 장책(원장)은 두 개의 원장제도를 기본으로 하고 있다. 이 두 원장제도에서 볼 수 있는 특징의 하나는 같은 사람의 인명계좌와 어음계좌는 외상장책과 타급장책에 각각 등재될 수 있다. 외상장책상의 갑(甲)계정이나 어음계좌는 채권과 받을어음이란 자산이고, 타급장책에 등재된 갑(甲)계정과 어음계정은 채무와 지급어음인 것이다.

⑥ 일기책으로부터 장책으로 전기할 때는 상(上)과 하(下)가 생략되었고, 그 대신 내(內)가 새로 등장한 셈이다.

⑦ 계정과목 위에 △를 한 것은 거(去)와 내(內)의 표기 아래 기록된 거래금액의 합계액이 일치한다는 표시이므로 결산할 때는 그 대상에서 제외된다.

⑧ 일기책의 기록으로부터 외상장책이나 타급장책에 있는 해당 계좌에 전기가 끝나면 해당 일기의 상부에 타점(打點)을 하여 전기가 끝났음을 표시한다.

⑨ 외상장책이나 타급장책의 어디에도 '현금'(現金)계정은 없다. 현금의 시재액은 일기장에 있기 때문이다.

다음에는 현병주(玄丙周)의 사개치부법(四介治簿法)에서 설명하고 있는 결산(決算)절차를 알아본다.

① 회계책(會計册)의 작성이 결산절차의 시작이다. 회계책은 4개의 요소로 구성되고 있다. 제1부가 '급차질'(給次秩), 제2부가 '봉차질'(捧次秩), 제3부가 '이익질'(利益秩), 제4부가 '소비질'(消費秩)이 그것이다.

② 외상장책과 타급장책에 있는 각 계좌 위에 호산(표산)으로 표시된 대차차액을 회계책(會計册)이라는 장부에 옮겨 적는다. 이 회계책으로 외상장책과 타급장책의 각계좌의 대차차액을 옮겨 적을 때는 외상장책의 계좌는 봉차질(捧次秩), 타급장책의 그것은 급차질(給次秩)이라는 제목 밑에 그 계좌명과 잔액을 적는다. 이 때 봉차질의 맨 끝에는 일기장의 마지막에 기록되고 있는 '시재현금'(時在現金)을 추가로 기입하여야 한다. 여기까지의 절차는 '잔액시산표의 작성'에 해당하지만 급차질에 이기된 금액합계와 봉차질에 이기된 금액합계를 산출 기입함으로써 대차평균여부를 확인한 절차는 없었던 것으로 파악되었다. 외상장책에 기록된 계좌들의 차변잔

액(去殘額)은 모두가 봉차(捧次)에 해당하고, 타급장책에 수록된 계좌들의 대변잔액(入殘額)은 모두 다 급차(給次)에 해당함을 뜻한다. 외상장책으로부터 봉차질로 이기(移記)된 계좌는 자산과 비용에 속하는 계좌이고, 타급장책으로부터 급차질로 이기된 계좌들은 모두 부채, 자본, 수익에 속하는 계좌임이 확인되었다. 급차질 · 봉차질 · 포속질 · 백삼질 · 공용질 · 이자질 등의 표기에서의 질(秩)은 "동질물의 집합"이라는 의미로 사용되고 있는 용어임을 알 수 있다. 바꾸어 말하면 질(秩)이란 물품 · 명목계정에 인격을 부여한 표현어가 아니라 동일물의 집합이라는 것이다.

③ 결산절차의 다음 단계는 '제 2 부 부(附) 재물기(在物記)'이다. 이 과정은 상품실사를 행하여 각 상품계정의 잔액을 수정하는 절차이다. 봉차질(捧次秩)이라는 세목 밑에 기록되고 있는 계정 중 상품계정에 상당하는 백삼질 · 포속질 등의 기말 재고수량을 먼저 파악한다. 포속질은 통제계정이므로 그것의 실사는 보조계정별로 행하고 있다. 이와 같이 파악된 수량은 시가(時價)가 하락한 것은 시가로, 기타의 경우는 원가에 의하여 평가하여 그 합계액을 기록한다. 평가한 상품은 종류별로 평가액을 기록하여 다음 연도의 일기장으로 이기함과 동시에 다음 연도의 외상장책의 해당계정에 전기한 것 같다. 이 재물기의 란 위에는 각 상품의 매매이익을 표산으로 기록하고 있으나 그것이 어떻게 산출되었는지에 관하여는 아무런 설명이 없다. 다만 각 상품의 매매이익 기록으로 추산해 보면 각 상품계정의 기말 실사액이 그 계정잔액을 초과하는 금액을 매매이익으로, 반대의 경우를 매매손실로 계산하였음을 알 수 있다. 상품 매매손익계산의 과정을 〈표 4.2〉에서 표시하었다.

④ 다음의 결산절차는 이익질(회계책 제 3 부) 및 소비질(회계책 제 4 부)의 작성이다. 재물기에 분류기록되고 있는 계정 중 매매이익을 나타내고 있는 계정(재물기의 각 계정에 표시되고 있음)의 이익, 이자수입 등을 '이익질'이란 제목 밑에 기록하고 그들의 합계액을 적고 그 바로 밑에 '내'(內)라고 표기하고 있다. 소비질에는 봉차질이란 제목 아래에 기록되고 있는 계정 중 비용에 속한 계정잔액을 기록, 그 합계액을 적은 다음 '제'(除)라 기록한 후 '순이익문'을 산정 기록하고 있다.

⑤ 위의 회계책(會計册)의 성격을 무엇으로 볼 것인가? 위에서 소개한 모든

과정은 일기장과 장책의 밖에서 이루어지고 있으나 현병주의 장부분류표에서는 회계장을 보조부로 분류하면서 그 성격을 "일부거래를 결산한 것"이라고 하고 있으나 실제상으로는 회계장이 아니라 '회계책'으로 이름이 붙혀져 있어서 혼란에 빠지지 않을 수 없다. 위에서 실제로 사용되고 있는 내용으로 판단하건대 회계책은 수정전시산표, 재고조사표, 상품매매손익계산, 손익계산표를 모아 놓은 것으로 생각된다.

⑥ 회계책의 결산절차가 끝나면 '결산장'의 작성으로 넘어가고 있다. 이 결산장은 "시산(試算)의 실례"라고 명백히 밝히고 있다. 〈표 4.3〉에서 예시되고 있는 바와 같이 회계책의 이익질과 소비질 중 '순이익금'에 상당하는 금액은 자본금계정의 대변인 '입'(入)란에 기입되도록 분개하면서 그 기록의 맨 끝에 '상'(上)을 기록하고 있다. 비용계정이었던 공용질도 '환상(還上) … 상(上)'으로 분개되고 있다. 매매이익을 나타내었던 모든 상품계정은 '거(去)·과입(過入) … 하(下)'로 분개되었으며, 이자질만 '거(去) … 하(下)'로 분개되고 있다. 왜 여기서 '상'(上)과 '하'(下)가 사용되었는지에 대한 설명은 어디에서도 찾아 볼 수 없었으며 현금계정에 영향을 준 흔적도 찾아 볼 수 없었다. 그런데도 불구하고 '거'(去)의 합계와 '입'(入)의 합계는 서로 일치하였다. 이로 미루어 보아 결산장에서는 집합손익계정 대신에 현금계정 또는 현금수지로 본 결산분개를 한 장부임이 명백하다. 그렇다고 한다면 회계책의 이익질, 소비질과 이 결산장은 어떻 면에서 차이가 있으며 또 그 전후가 바뀐 것이 아닌가 하는 의문도 생긴다.

⑦ 결산의 마지막 절차로 후록복부(後錄復簿)라는 것을 한다. 후록복부는 결산 후 새 일기책과 장책을 만들고, 그 중 장책에 새로운 계좌를 개설하는 과정이다. 이 때 먼저 번 장책에 잔액을 가졌던 계좌는 새로운 장책에 등재를 하여야 하는데 이는 일기장의 기입으로부터 전기되도록 하고 있다. 현병주(玄丙周)의 이 과정(復簿例)은 많은 모순을 포함하고 있으므로 다음에서 그의 실례를 그대로 소개한다.

이상의 결산절차를 현병주(玄丙周)의 저서에서 인용·표시한다. 단 독자의 이해를 돕기 위하여 일기장은 생략하고 일기장으로부터 전기된 장책의 내용을 T형 계정으로 바꾸어 표시하고, 그 이후의 절차도 변형을 하여 표시한다.

다음 〈표 4.1〉은 회계책의 제1부와 제2부를 표시한 것이고, 〈표 4.2〉는 "회계책 제2부 부 재물기"와 회계책 제3부와 제4부를 합친 것이다. 〈표 4.3〉은 현병주의 결산장의 분개와 그것을 현대식 분개로 분개한 것을 오른쪽에 표시한 것이다.

〈표 4.3〉의 결산장은 명백히 일기(분개)이나 그것이 원장(장책)으로 전기된 흔적은 찾아 볼 수 없었다. 만약 이 분개를 현금계정에 전기한다고 한더라도 그 계정잔액에 영향을 주지 않지만 사실과는 멀어진다. 무리하게 풀이한다면 집합손익계정 대신 현금계정을 이용한 결산분개가 그 내용이라 할 것이다.

결산장에서 가장 이해하기 어려운 부분은 이 '후록복부'부분이다. 그의 설명

표 4.1 회계책 제 1 부(급차질)과 제 2 부(봉차질)

(1) 給次秩		(2) 捧次秩	
信成號 급차금	14,600원	제일은행 당좌예금 잔액	7,150원
방인준 급차금	9,000원	公用秩 봉차금	4원50전
채급이자질 급차	13원50전	家舍秩 去文	180원
皮物利文	19원	申義植 去文	50원
		見樣紙(紙物의 오기?) 去文	705원
		布屬秩 去文	2,568원75전
		白木秩 去文	1,353원
		白蔘秩 去文	90원
		紬物秩 去文	2,507원
		於音秩 去文	1,900원
		機張藿 去文	276원
		生苧秩 去文	147원
		雜貨秩 去文	245원
		宋庚守 去文	180원
		劉辛雄 去文	207원70전
		洪癸化 去文	237원50전
		笠子秩 去文	80원
		網巾秩 去文	38원75전
		時在現金	5,712원50전
	23,632원50전		23,632원50전

* 회계책(會計册)(여기서 현병주는 결산할 때 사개(四介)를 나누는 예(例)라고 하면서 다음의 급차질(給次秩), 봉차질(捧次秩), 이익질(利益秩), 소비질(消費秩)을 분립(分立)시키고 있음을 유의하여야 할 것이다).

표 4.2 회계책 제 2 부 재물기(在物記) · 제 3 부 · 제 4 부

(3) 利益秩(편의상 在物記와 합쳤음)			
매매대상물품	계정잔액	재고액(실제잔액)*	차액(매매이익)※
布屬秩	(去) 2,568원75전	2,740원	171원25전
紙物秩	(去) 705원	705원	0
白木秩	(去) 1,353원	1,353원	0
白蔘秩	(去) 90원	90원	0
紬物秩	(去) 2,507원	2,534원75전5리	27원75전5리
機張藿	(去) 276원	276원	0
生苧秩	(去) 147원	180원	33원
雜貨秩	(去) 245원	300원	55원
笠子秩	(去) 80원	80원	0
網巾秩	(去) 38원 75전	38원75전	0
			287원 5리

* 재물기(在物記)에 있는 금액임. ※ 이 금액은 앞의 각 계좌명 위에 호산으로 표시되고 있음.

	利益文	287원 5리	
	皮物利文(피물질의 內 잔액)	19원	
	利子文	13원50전	
	合文	319원50전5리	內
(4) 消費秩	公用文	4원50전	除
	純利益文	315원 5리	

에 의하면 "결산 후 새로이 기사(記事)의 성질에 따라 순차적으로 일기에 전기하고 제류장책(諸類長冊)에 전서(轉書)복위(復位)시키는 예이다"라고 하고 있는 것으로 유추해석하면 후록복부는 개시기입에 해당한다고 생각하지만 〈표 4.4〉에서 보는 바와 같이 '입'(入)항목과 '거'(去)항목의 금액합계가 일치하도록 분개한 다음 새로운 장책으로 전기하도록 하고 있다. 이 때의 분개대상은 판매용 상품계정과 비용계정뿐이고 그것도 원래의 외상장책 해당계정의 '내'(內; 대변)에 전기하여야 할 것을 타급장책에다 새로운 계정(자산 및 비용계정)을 만들어 전기하는 것이라고 설명하고 있다. 그런 다음 또 〈표 4.5〉과 같은 분개를 하여 외상장책의 해당계정에 전기하도록 분개하고 있다. 이는 명백한 모순 또는 착오이나 여기까지는 이런 것이 사개송도치부법이라고 이해하고 넘어 가는 도리 밖에 없다.

이상의 일기(분개)의 대상은 상품과 수익 · 비용 · 자본계정에 한정되고 있다

표 4.3 결 산 장

玄丙周의 시산 실례		분개방식에 의한 기록			
(1) 信成號 入 이익문	315.005원 上	(차) 현금	315.005원	(대) 자본금	315.005원
(2) 公用 還上文	4.50원 上	(차) 현금	4.50원	(대) 잡비	4.50원
入合	319.505원	入金合計			319.505원
(3) 布屬秩 去 過入文	171.25원 下	(차) 포속상품	171.25원	(대) 현금	171.25원
(4) 紬物秩 去 過入文	27.755원 下	(차) 주물상품	27.755원	(대) 현금	27.755원
(5) 生苧秩 去 過入文	33원 下	(차) 생저상품	33원	(대) 현금	33원
(6) 雜貨秩 去 過入文	55원 下	(차) 잡화상품	55원	(대) 현금	55원
(7) 皮物利子 去 過入文	19원 下	(차) 피물이익	19원	(대) 현금	19원
(8) 債給利子秩 去 文	13.50원 下	(차) 수입이자	13.50원	(대) 현금	13.50원
去合	319.505원	出金合計			319.505원

* 결산장(決算帳)(현병주는 결산할 때 가장 중요한 것으로 이익이 발생한 계좌가 무엇이며, 그 금액이 얼마인가를 계산하여 입(入)과 거(去)를 정리하고, 비용에 속한 계좌는 되돌린 다음 모든 입(入)과 거(去)가 일치함을 확인하여야만 지금까지의 계산이 정확함을 입증하는 것이라 하고 있다. 현병주는 이와 같은 절차를 시산(試算)이라 표현하고 있다).

표 4.4 후록복부를 위한 분개-1(대변)

제1권상의 시재현금	5,712.50원	
見樣紙 入	705원	
布屬秩 還入	2,568.75원	
白木秩 還入	1,353원	
白蔘秩 還入	90원	
紬物秩 還入	2,507원	※ 入과 還入의 구분기준이 불명확함
生苧秩 還入	147원	※ 機張藿 276원이 누락된 것으로 보임
雜貨秩 還入	245원	
笠子秩 入	80원	
網巾秩 入	38.75원	
公用秩 入	4.50원	
信成號 入 會計利益金	315.005원	

* 후록복부(後錄復簿)(현병수는 후록복부를 결산이 끝난 후에 분개를 하여 외상장책과 다급장책에다 새로운 계좌를 만드는 것으로 해석하고 있다). 이 때 장책에 새로 계좌를 만드는지 아니면 결산 전의 계좌 중 여백이 있는 것은 그 곳을 연속하여 사용하는 것인지 명백하지 않으나 사개치부법에서 사용한 계좌의 모양으로 추측컨대 관련 있는 모든 계좌를 새로 만든 것이 아닌가 추측한다.
* 일기(日記)(제1권의 일기책에 여백이 없으면 제2의 일기책을 만든다. 그러나 연도 표시만은 바꾸어야 한다).

는 점, 즉 인명계정(채권, 채무계정 포함)은 개시분개의 대상이 되고 있지 않다는 것이다. 비록 위의 두 가지(入과 去) 분개에서 대차가 평균되었다 하더라도 그것은 아무런 의의도 인정할 수 없다. 왜냐하면 새로운 원장에 넘어가야 할 계정은 자산, 부채, 자본에 속하는 계정잔액만이지 비용과 수익에 속하는 계정은 전년도에 대차평균되어 버렸기 때문에 이월할 것이 없다는 것은 상식인데도 불구하고 현병주는 위의 모순된 후록복부에서 그에 관하여 아무런 언급을 하고 있지 않다는 것도 이해할 수 없다. 뿐만 아니라 이 분개에서만 등자(鐙子)표시와 타점(打點)표시가 이용되고 있지 않은 점에 관하여도 아무런 설명이 가해지고 있지 않다.

뿐만 아니라 위의 복부(復簿)를 위한 일기(분개)에 있어서 거(去)와 입(入)의 합계가 일치하지 않아 개시 기입의 분개에서 대차가 불균형을 이루는 결과로 나타난다. 다행이 이는 기본원리의 모순에서 오는 것이 아니라 인쇄상의 잘못(機張藿 入 276원 누락)으로 판명되기 때문에 허용되기는 하지만 부채에 속하는 계좌를 등재한 장책에 자산에 속하는 계좌를 등재해 놓고 그것을 앞으로 어떻게 처리할

표 4.5 후록복부를 위한 분개-2 (차변)

皮物秩 去 會計利益金	19원	(이는 외상장책의 利益秩에 전기되고 있음)
利子秩 還給	13.50원	(이도 외상장책의 이익질에 전기되고 있음)
布屬秩 去 慶布	660원	(포속질은 통제계정이고, 경포는 그 보조원장 계정임)
同 去 北布	1,000원	
同 去 安東布	450원	
同 去 公春	630원	(포속질 합계는 결산시의 실제잔액인 2,740원임)
紙物秩 去 見樣紙	705원	
白木秩 去 準木	1,353원	
白蔘秩 去 白蔘	90원	
紬物秩 去 色紬	700원	(색주는 보조원장의 계정과목으로 보아야 할 것임)
同 去 鐵原紬	600원	
同 去 安亢羅	936원	
同 去 德亢羅	158.755원	
同 去 眞絲	140원	(주물 합계는 결산시의 실제잔액인 2,534.755원임)
魚藿秩 去 機張藿	276원	
生苧秩 去 生苧	180원	
雜貨秩 去 雜貨各種	300원	
笠子秩 去 笠子	80원	
網巾秩 去 網巾	38.75원	

것인지 아무런 설명을 하지 않은 것은 이해할 수 없다.

이상에서 설명한 결산절차에 관한 현병주의 실수는 어떻게 설명하고 합리화하여야 좋을지 모르겠다. 일기(분개)와 장책(원장)까지의 설명은 비교적으로 잘 하였으면서 결산절차의 설명으로 들어오면서부터 횡설수설하는 모양새를 보이고 있는 것 같아 안타깝다.

현병주(玄丙周)는 그의 저서 마지막 부분에서 장기(掌記)를 설명 · 예시하면서 그것을 "일부거래의 결산을 행한 보조부"라고 정의하고 있다. 그리고 그는 장기를 급차장기(給次掌記)와 봉차장기(捧次掌記)로 나누어 예시하고 있다.

給次掌記

方仁準 會計

入 丙辰 정월 초 1일 任置金 2,000원

초 6일 신의식 推次어음 7,000원

合 9,000원 內

去 丙辰 정월 초 6일 3,000원

동일 133.23원

合 3,133.23원 除

實餘給次 5,866.77원也

計主 信成號 印

捧次掌記

劉亨雄 會計

去 丙辰 정월 14일 麼布100필 대금 115원

債給 병진 3월30일 捧次金 150원

合 265원 內

入 丙辰 정월 14일 현금 57.50원

57원50전 計除

實餘捧次 207.50원也

計主 信成號 印

제 5 장

玄丙周 四介松都治簿法 以前의 會計文書에 대한 實證的 分析 – 官府文書

제 5 장 玄丙周 四介松都治簿法 以前의 會計文書에 대한 實證的 分析－官府文書

제 1 절 官府文書와 私人文書

관부문서는 조선시대의 관청회계문서를 지칭하는 용어이다. 고려시대의 관부회계문서가 이 장에서 취급되지 않는 이유는 고려시대의 관부회계문서가 단 한건도 남아 있지 않기 때문이다. 사인문서는 민간인 또는 민간단체의 회계기록, 그 중에서도 상인(商人)들의 회계기록을 말한다. 조선시대의 관부문서는 지금의 행정부에 해당하는 의정부의 회계문서와 왕과 왕실의 회계문서로 대별되며, 의정부의 회계문서는 그 대부분이 지금의 재무부에 해당하는 호조(戶曹)가 관할한 중앙 각 부서와 각 도(道)·군(郡)·현(縣)의 회계기록들이다.

사인문서(私人文書)는 조선시대의 상인형(商人型) 회계문서, 공동사업(共同事業)회계문서, 관·사 겸용(官·私兼用)회계문서로 구분된다. 상인형 회계문서로는 대금업(貸金業), 광산업(鑛山業), 중개업(仲介業) 등의 회계문서를, 공동사업회계문서로는 인삼재배업(人蔘栽培業), 은행(銀行), 교통·준설업(交通·浚渫業) 등의 회계문서를, 관·사 겸용회계문서로는 면주전(綿紬廛)과 같은 육의전(六矣廛)의 회계기록을 들 수 있다. 이 회계문서들은 모두 다 기장연도를 간지(干支)로 표기하고 있기 때문에 그 연도를 정확한 서기연도로 환산할 수 없는 경우가 많다. 그러나 회계문서의 기록내용 등으로 미루어 보아 서기연도를 추정할 수 있는 경우는 그 추정연도에 따라 분류할 것이다. 그 중에서도 사인회계문서는 조선이 개항(開港)한 1876년을 기준으로 하여 그 이전의 회계문서와 그 이후의 회계문서로 구분할 필요가 있다. 왜냐하면 개항과 함께 밀려들어 온 서양문물과 함께 서양의 복식부기도 들어 왔을 가능성이 있기 때문이다. 특히 일본의 제일은행이 조선에 들어 온 1878년은 복식부기가 조선에 들어 왔을 가능성을 뒷받침하는 중요한 사건이다.

관부회계문서도 사인회계문서와 같은 연도구분에 따라 개항 직후의 것과 그 이전의 것으로 구분할 수 있겠으나 관부문서는 예나 지금이나 단식부기이기 때문에 그와 같은 구분을 해도 별로 의미가 없을 것이다. 관부회계문서 중 가장 오래된 것은 1725년의 군향색받자책(軍餉色捧上册)이고, 규장각이 발행한 「한국고문서해제-사부 3」(韓國古文書解題-史部 3)에 수록되어 있는 관부회계문서만도 300여 종(1400책)을 웃돌 정도로 많다.

이 장은 관부회계문서를 실증적으로 분석하는 것이므로 왕실회계문서와 의정부(행정부)산하의 회계문서들 중 대표적인 몇 개만 분석의 대상으로 삼을 것이다. 그리고 관부회계문서는 그 기록원리가 거의 동일하기 때문에 연대의 앞뒤를 가리지 않고 특색에 따라 분석의 대상으로 선택할 것이다. 관부회계문서들은 모두가 단식부기적인 치부원리를 벗어나지 못하고 있기 때문이다.

관부회계의 장부제도는 다음과 같은 삼책(三册)제도였던 것이 명백하다.

① 받자책(捧上册): 전곡수입기입장(錢穀受入記入帳)

② 차하책(上下册): 전곡불출기입장(錢穀拂出記入帳)

③ 회계책(會計册): 전곡수불기입장(錢穀受拂記入帳)

회계책(會計册)은 받자책(捧上册)의 기록내용과 차하책(上下册)의 기록내용을 요약하여 전기(轉記)한 회계기록일 때도 있었지만 때로는 받자책(捧上册)과 차하책(上下册)을 회계책(會計册) 하나로 통합(統合)한 단일장부제도를 보일 때도 있었다. 뿐만 아니라 이 회계책(會計册)은 때로는 받자책(捧上册)의 봉(捧)과 차하책(上下册)의 하(下)를 따서 봉하부(捧下簿), 봉하회부(捧下會簿) 등의 책명으로 작성되기도 하였다. 이는 조선시대 관부회계가 가졌던 장부제도의 기본골격이지만 장소와 시기에 따라 많은 변형도 볼 수 있다.

관부회계문서에는 지금의 표현으로 '관료주의'의 그림자가 짙게 드리워져 있는 것을 볼 수 있다. 그 좋은 예를 받자(捧上)란 용어(받들어 올린다는 뜻)와 차하(上下)라는 용어(위에서 아래로 내려 준다는 뜻)를 사용한 것, 하급관료들이 행정통제의 목적으로 작성한 회계문서는 流音(흘림이라 읽음)이라 하여 날림체(草書)로 썼으나 상부결제용 회계문서는 반드시 정자(正字)로 기록한 것을 비롯하여 유식함을 나타내기 위한 것으로 보이는 이두(吏讀)의 사용이 많은 것들을 들 수 있다.

다음 절에서 분석대상이 될 관부회계문서는 왕실의 것으로 ① 봉하일기(捧下日記), ② 명례궁회계책(明禮宮會計册)을, 의정부측 회계문서로는 ① 강원청차하흘림(江原廳上下流音), ② 상평청받자책(常平廳捧上冊), ③ 금품출납(金品出納), ④ 기타의 각종 관부회계문서를 일괄하여 그 기장원리만을 총괄한 것이 포함될 것이다.

제 2 절 官府會計文書의 分析 · 檢討

관부의 회계문서에는 그 종류나 형태가 너무나 다양하여 분간을 잡기가 힘들다. 그러나 공통적인 사항은 그 기록이 단식부기에 해당하고, 그 문서들이 거의 대부분 받자(捧上) 차하(上下), 제(除), 시재(時在), 가하(加下)라는 기호문자(記號文字)를 공통적으로 사용하고 있다는 점이다. 물론 이에 대한 예외도 있기는 하지만 그 정도는 그리 심하지 않다.

1. 捧下日記

봉하일기는 1900년부터 1906년까지의 내장원(內藏院)[1]의 금전수지 기록이다. 다음 (문서 5.1)에서 보는 바와 같이 이들 봉하일기 중 유독 광무10년(1906년)의 것은 지면의 위쪽에 봉상(捧上)과 일자(日字)를, 아래쪽에 차하(上下)와 일자(日字)를 명기하고 수지내용을 적고 있다. 그 이전 연도의 수지기록도 위쪽에 수입(捧上)을, 아래쪽에 지출(上下)을 기입하고 있다.

이 일기의 받자(捧上)부에는 1월 2일의 전연도로부터 이월된 금액과 다른 곳으로부터 넘어 온 금액을 기록하고 그 합계액을 기록한 것이며, 그 일기의 차하(上下)부에서는 이천량, 육백량, 이백량, 칠십량, 일천오백량, 육량, 십육냥이 기입되고 있으나 동일 날짜의 차하기록은 다음 쪽으로 이어지고 있다. 1월 2일의 차하합계도 기입되고 있어 이로서 받자합계와 비교하여 그 날의 차액을 계산할 수 있도록 하고 있다.

이 봉하일기의 또 다른 기입특징은 사개송도치부법(四介松都治簿法)이 사용하고 있던 여러 가지 기호와 같거나 비슷한 것을 많이 사용하고 있다는 점이다. 일기를 원장에 전기한 표시인 、(타점; 打點), 청산되었다는 표시인 夂(열기; 列旗), 등자(鐙子), 입(入), 내(內), 이하 여백 또는 완결을 뜻하는 ㄱ을 확대한 표시 등

1) 왕실의 재정을 전담한 부서.

문서 5.1 봉하일기(捧下日記)

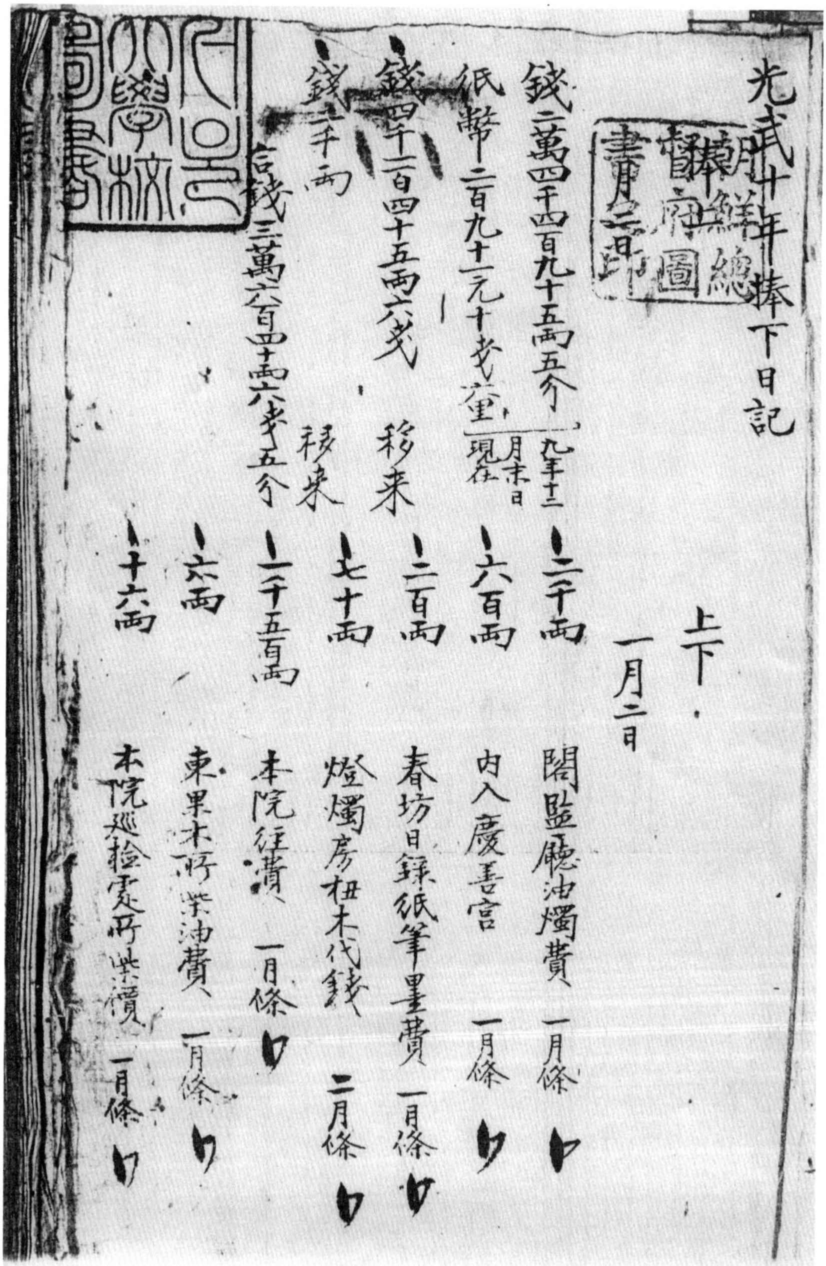

이 그 예이다. 특히 이 봉하책에서 인상적인 것은 기입한 한 금액의 명세를 적을 때는 필요에 따라 내(內)를 5㎝ 정도까지 옆으로만 길게 늘려 표시하고 그 밑에 명세를 적고 있는 점이다. 이와 같은 표시는 사인(私人)회계에서 흔히 볼 수는 있지만 관부(官府)회계문서에서는 특이한 것이다.

이 봉하일기가 관부회계문서이기 때문에 받자(捧上), 차하(上下)라는 표현을 고수하고 있다는 점과 이 일기를 전기한 원장에 해당하는 장부가 별도로 있었을 것이라는 사실(이 사실을 입증하는 기록은 이 봉하일기의 곳곳에서 찾아 볼 수 있다)은 지적하여야 할 것 같다.

2. 明禮宮會計冊

명례궁은 지금의 덕수궁으로 왕실의 사고(私庫)이며 왕후의 소유로 서궁이라

문서 5.2 명례궁회계책(明禮宮會計冊)

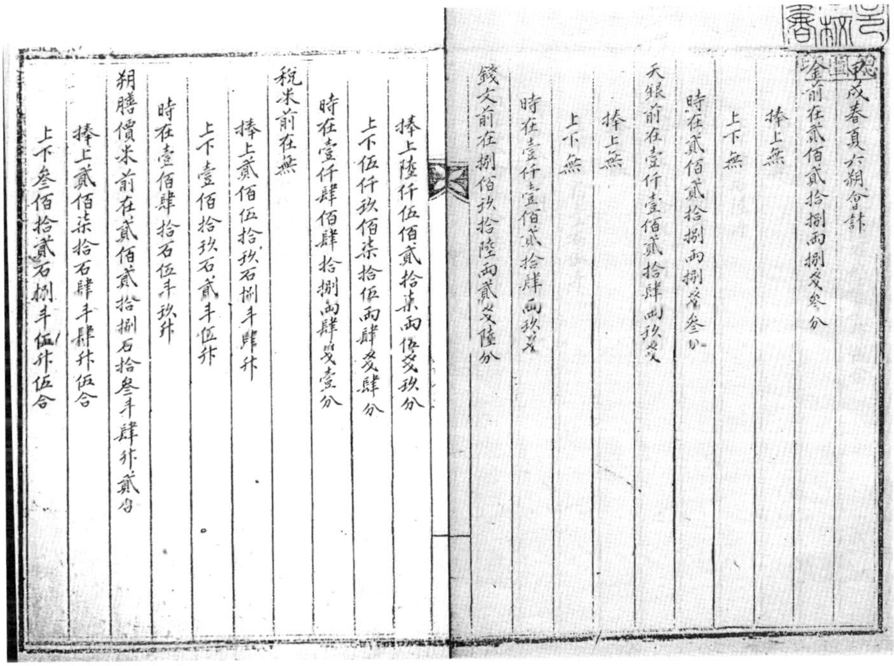
甲戌春夏六朔會計
金前在貳佰貳拾捌兩捌戔參分
捧上無
上下無
時在貳佰貳拾捌兩捌戔參分
天銀前在壹仟壹佰貳拾肆兩玖戔
捧上無
上下無
時在壹仟壹佰貳拾肆兩玖戔
錢文前在捌佰玖拾陸兩貳戔陸分
捧上陸仟伍佰貳拾柒兩伍戔玖分
上下伍仟玖佰柒拾伍兩肆戔肆分
時在壹仟肆佰肆拾捌兩肆戔壹分
稅米前在無
捧上貳佰伍拾玖石捌斗肆升
上下壹佰拾玖石貳斗伍升
時在壹佰肆拾石伍斗玖升
朔膳價米前在貳佰貳拾捌石拾參斗肆升貳合
捧上貳佰柒拾石肆斗肆升伍合
上下參佰拾貳石捌斗伍升伍合

고도 불리웠다. 명례궁회계책은 총 106책으로 1792년부터 1906년까지 100여 년 간의 회계기록이다. 명례궁 회계책 외에 명례궁받자책(明禮宮捧上冊)이 120책, 명례궁 차하책이 106책이 있다. 명례궁 회계책은 앞에서 이미 지적한 바와 같이 관부회계에서는 받자와 차하를 하나로 묶은 책이다. 명례궁회계책의 일부를 표시하면 앞의 (문서 5.2)와 같다.

갑술년은 1814년이거나 1874년일 것으로 추정되며 그 연도의 전반기회계기록으로 상사의 결재를 받기 위한 것으로 추정된다. 이 회계책의 기록에서 알 수 있는 바와 같이 그 기장원리는 (前在＋捧上－上下＝時在)이고, 때로는 (前加用＋捧上－上下＝加用)이라는 단식부기 형식으로 요약할 수 있다. 이 기록의 목적은 금·은·전(錢)·녹두 등의 현재 잔고를 파악하려는 것으로 보인다. 이 때의 가용(加用)은 음수(－)이고 위의 계산식을 현대어로 바꾸면 (전기이월＋당기수입－당기지출＝기말재고)이라는 기본 틀이 된다. 여기서 수입을 초과한 지출은 어디로부터 된 것인지 알 수가 없다.

3. 江原廳上下流音

강원청은 선혜청(宣惠廳)[2]의 하부 지방관서이며, 대동법시행(大同法施行)의 실험지역(實驗地域)으로 선정된 강원도, 경기도에서의 대동법 시행결과를 보고 대동법 시행을 확대해 나갈 방침이었다. 이 강원청차하흘림(江原廳上下流音)은 강원청의 1년간 지출예산으로 책정되었던 쌀·포목·돈의 액수와 수량을 기록하고, 그 실제 지출(예산집행)의 일자와 그 사실을 기록한 회계장부이다. 흘림(流音)이란 지출예산 원부에서 자기소관 지출예산을 베껴낸 것이란 뜻이기 때문에 강원청의 지출예산 담당관이 예산통제를 위하여 선혜청의 예산원부에서 자기 담당부분 것만 베껴 낸 다음 실제 지출내용을 그 예산액 밑에다 지출사실과 지출일자를 기록해 나간 회계장부이다.

(문서 5.3)에서 보는 바와 같이 "차하흘림(上下流音)은 관부회계문서 중에서도 사개송도치부법에서 사용한 문자기호나 시각기호를 제일 많이 사용하고 있

2) 조선왕조는 지방특산물을 공물로 바치게 한 폐단을 없애기 위하여 대동법(大同法)을 제정·공포하고 모든 세금과 공물(貢物)을 쌀(대동미)과 포목(布木, 대동목)과 전문(錢文)으로만 받도록 하였다. 이 대동미·대동목을 관장한 중앙관서를 선혜청이라 하였다.

문서 5.3 江原廳上下流音

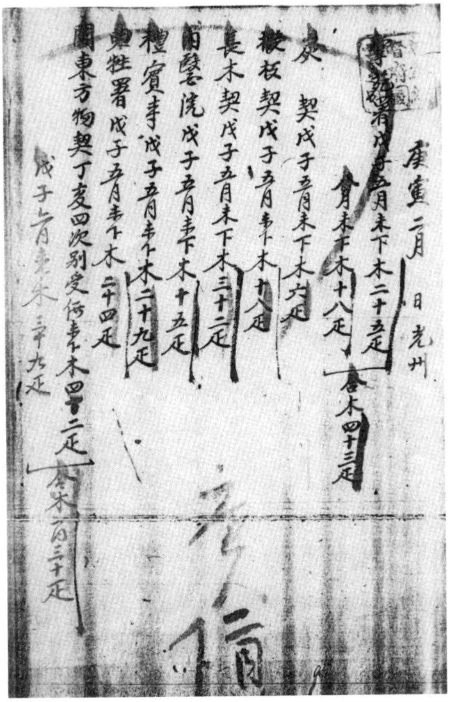

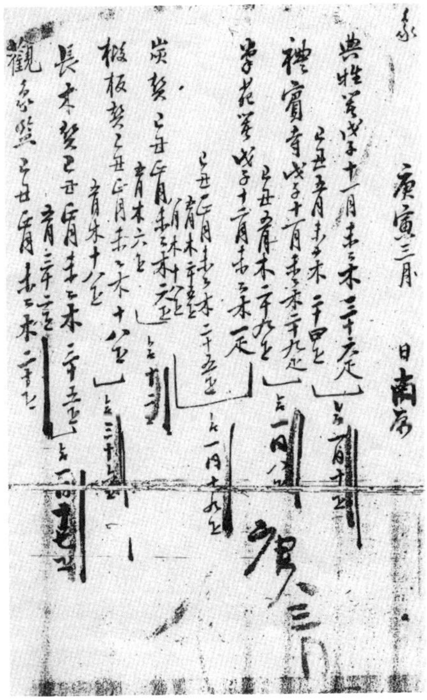

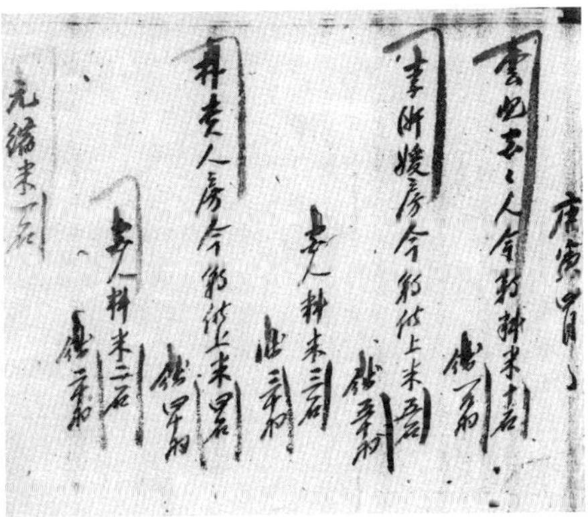

다. 그 이유는 명확하지는 않으나 당시의 예산집행관리는 비교적 하층의 사람들로서 개성이나 기타 지역에서의 상업종사자들이었을 가능성을 말해 주고 있는

것으로 추측한다. 이 차하흘림(上下流音)에서 사용된 문자 및 시각기호를 보면 ① 열기(列旗), ② 타점(打點), ③ 하·상 또는 차하(下·上 또는 上下), ④ 청산기호(Δ), ⑤ 등자(鐙子)(ㄩ) 등을 볼 수 있다. 다만 이 차하흘림에서 사용한 상(上)과 하(下)는 현금의 수입과 지출을 의미하는 것이 아니라 물품의 수입과 불출을 의미하는 것으로 사용하고 있는 점이 사개송도치부법과 틀리는 점이다. (문서 5.3)의 내용을 정자(正字)로 옮겨 보면 다음과 같다.

庚寅 二月 日 光州

• 掌苑暑 戊子 五月未下木 二十五疋
六月未下木 十八疋] 合 木四十三疋

• 炭 契 戊子 五月未下木 六疋

• 椵板契 戊子 五月未下木 十八疋

• 長木契 戊子 五月未下木 三十二疋 庚人二月二十五日 下

• 內醫院 戊子 五月未下木 十五疋

• 禮賓寺 戊子 五月未下木 二十九疋

• 典牲署 戊子 五月未下木 二十九疋

• 關東方物契 丁亥 四次別受價 未下木 四十二疋
戊子 六月未下木 三十九疋] 合 木一同三十一疋

庚寅 三月 日 南原

• 典牲署 戊子 十一月未下木 三十六疋
己丑 五月未下木 二十四疋] 合 一同八疋

• 禮賓寺 戊子 十一月未下木 二十九疋
己丑 五月未下木 二十九疋] 合 一同八疋

• 掌苑署 戊子 十二月未下木 一疋
己丑 五月未下木 二十五疋
五月未 二十五疋
八月未 十六疋] 庚寅 三月二十一日 合 一同十九疋 下

⋮

庚寅四月 日

丶雲峴宮宮人 今朔料米十石 、錢百兩

丶李淑媛房 今朔供上米五石 、錢五十兩
丶宮人料米三石 、錢三十兩
丶朴貴人房 今朔供上米四石 、錢四十兩
丶宮人料米三石 、錢二十兩
丶元縮米 一石

이 차하흘림의 치부목적은 다른 일반 관부회계문서와는 다르다. 앞에서 지적한 바와 같이 금전 · 곡물의 재고(在庫)와 그 과정을 기록한 일반관부회계목적과는 달리 관부의 채무이행의 내용을 파악하는 것이 그 목적이었다.

기장방법은 ① 국고(國庫)가 지고 있는 채무의 상대방의 이름, ② 연월(날짜까지는 기록하지 않았음), ③ 채무부담 연월과 그 내용, 양, 금액, ④ 하단의 여백에 채무이행 연월일을 주서(朱書)하였다. 전년도로부터 이월된 국고채무는 미하(未下)로 표기하고 당연도의 국고채무는 ①-④까지의 내용을 기록하였다.

차하흘림(上下流音)상에 보이는 각종 계(契)는 지방사람들이 납부할 공물(貢物)을 원활히 조달하여 상납하기 위하여 조직된 공동체로서 납부할 물품별로 조직되고 있었다. 전생서(典牲署), 내의원(內醫院) 등은 중앙행정기관의 명칭이다. 전생서는 왕실의 제향(祭享) 때에 사용하는 희생양(犧牲羊) · 돈(豚) 등을 기르는 관서이고 내의원은 궁궐 내의 의약담당부서였다.

4. 常平廳捧上冊

상평청은 조선시대의 토지 · 부역 · 불사의 수급을 맡아 본 중앙관서로서 상평청 받자책은 날자 순서에 따라 각 지방성부로부터 받아들인 물품 · 수량 · 가액 또는 물품대신 받은 금전액을 기입한 다음에 받자인(捧上印)으로 마감을 하고 있다. 그 다음에는 그 업무를 담당한 부서인 낭청(郎廳)을 기록하고 있다. 월말에는 1개월간에 받아들인 금전, 기타 물품의 합계를 산출 · 기록하고 그 작성책임자인 산원(算員), 즉 회계사(會計士) 및 서리(書吏)가 연명(連名)하고 산원이 서명(署名)하고 있다. 예시하면 다음의 (문서 5.4)와 같다. 여기서는 한 달의 합계액을 기록한 다음 그 정확성 확인의 표시로 타점(、)을 한 것 외는 별다른 특징을 발견할 수 없다.

문서 5.4 상평청 받자책(일부)

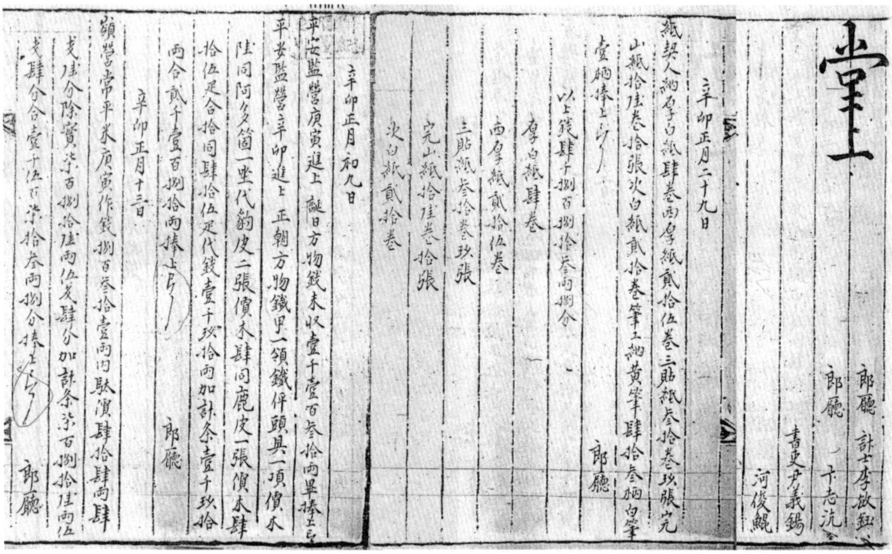

상평청 받자책의 기장 목적은 지방관서로부터 받은 물품이나 금전을 기록하여 월별로 그 총량을 파악하는 수단이기도 하였지만 그것보다도 미납 지방관서를 색출하는 도구로 이용되었을 가능성이 더 많았을 것으로 보인다.

5. 金品出納

이 회계문서는 기록내용으로 보면 관청회계문서이나 그 기장형식은 사인회계문서와 비슷한 점이 많아 특히 여기에서 다루기로 한다. 이 기록은 경진(庚辰) 6월 1일 이전부터 기록되어 온 흔적이 농후하지만 실제의 기록은 경진 6월 1일(1820년 또는 1880년)부터 시작되고 있다. 그 중 6월 2일의 기록내용을 (문서 5.5)로 예시한다.

이상의 기록내용과 그 다음의 기록으로 미루어 보면 중궁전(中宮殿)과 세자궁(世子宮)으로부터 내탕금(內帑金)을 받아 그것으로 중궁전 · 세자궁에 꽃 장식을 한다거나 그림을 그려 붙이거나, 가무(歌舞) 등을 베푸는 일을 관리하면서 그 내

문서 5.5 금품출납

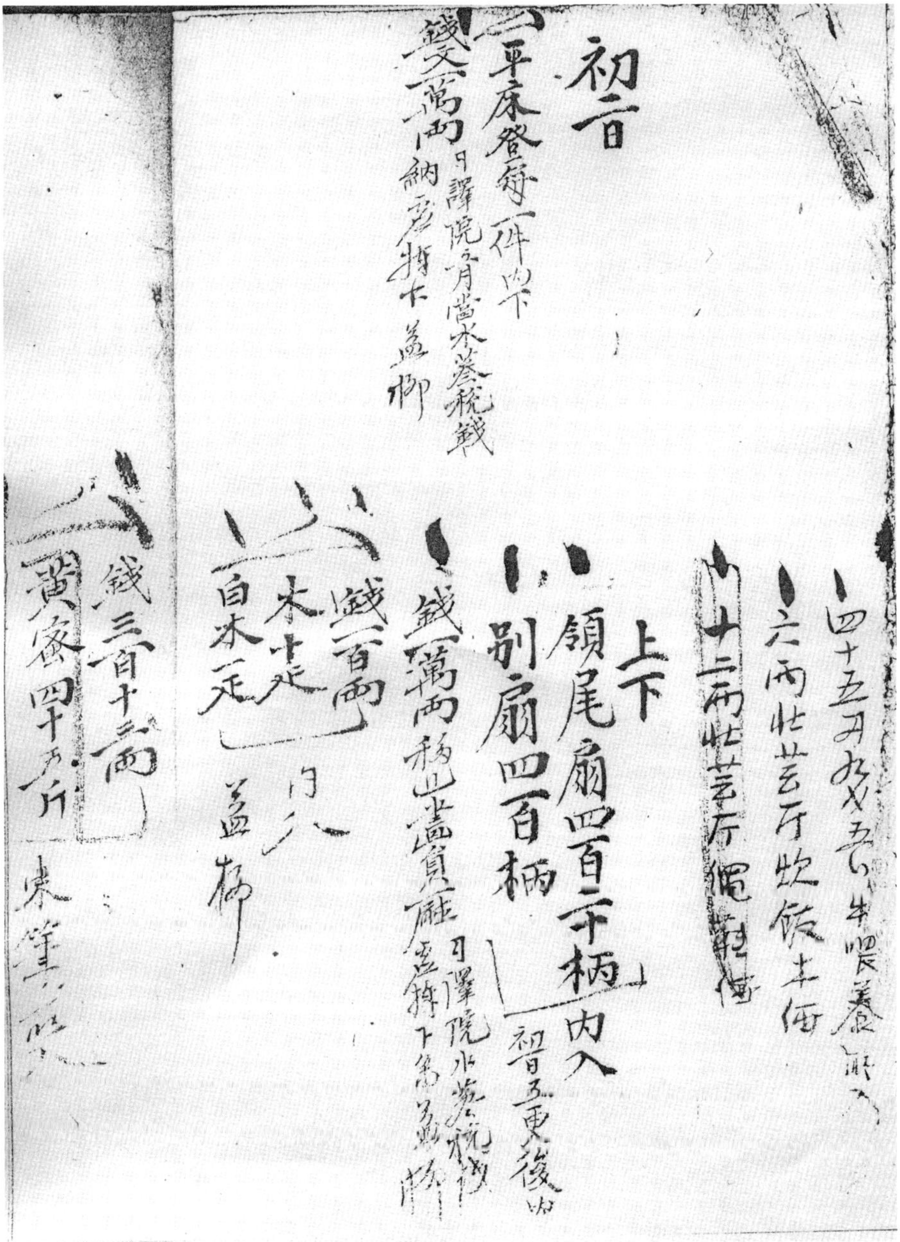

용을 기록한 회계문서가 이 금전출납이라고 생각된다. 왜냐하면 이 기록 중에는 장예청(壯藝廳) · 화원청(畵員廳) · 가무별감(歌舞別監) · 화동(花童) 등 기록이 있고, 수삼세(水蔘稅)의 징수권이 사역원(司譯院)에 있었다는 사실, 계사(計士)의 호칭이 보이는 점으로 이 기록은 적어도 1880년 이전의 것(1820년의 것일 가능성이 높다)이 확실하다. (문서 5.5)에서 본 바와 같이 이 금전출납에는 사개치부법에서 사용된 문자기호인 上·下, 시각기호인 행획(△), 타점(、), 등자(㇗) 등이 있었다.

6. 각종 官府會計文書의 記帳原理

관부회계문서는 그 종류가 다양하고, 기장방식도 다양하여 일일이 그것들을 검증한다는 것은 그다지 의미가 없다고 보고 다음에는 그 중 대표적이라 판단되는 몇 가지 회계책의 기장 특색만 요약 표시하는 것으로 조선시대의 관부회계문서의 기장원리만을 적출 · 표시하는 것으로 대신하고자 한다.

회계책(會計册):(중앙관서): 前有在＋捧上－上下＝時遺在

각사전곡회계(各司錢穀會計):(중앙관서): 前在＋捧上－上下＝時在

받자책(捧上册):(중앙관서): 받자(捧上)의 품명, 내용, 수량을 기입 후 기상합계(己上合計)

차하책(上下册):(중앙관서): 차하(上下)의 품명, 내용, 수량을 기입 후 기상합계(己上合計)

미봉책(未捧册):(중앙관서): 도별(道別) 미납액, 그 사유, 금액, 도총계(都總計)

봉하비총책(捧下比摠册):(중앙관서): 받자(捧上) · 차하(上下) · 잔여(殘餘)를 전년도와 대비

회계마감성책(會計磨勘成册):(평안도): (捧上秩·合)－(下記秩·合)＝實在(加下)

전곡마감성책(錢穀磨勘成册):(함경도): (前在＋加入－上下＝實時在量)

봉하성책(捧下成册):(함경도): 捧上－合下－加下＝遺在量

용하성책(用下成册):(충청도): 일별(日別)지출액, 그 내용, 그 날의 지출 총액

회계성책(會計成册):(강원도): 前留＋還分－加入耗＝留庫合

도회계책(都會計册):(경상도): 前在＋加入－下＝在

별비전용유재성책(別備錢用遺在成册):(경상도): 前在＋加入－用下＝實在錢

제 3 절 官府會計文書의 治簿原理 解釋

조선시대의 관부회계문서는 그것이 왕실의 것이든, 의정부의 것이든 모두 다 단식부기에서 한 발자국도 벗어나지 못하였다고 단정할 수 있지만 그래도 나름대로의 체계와 조직을 가지고 있었다. 단식부기의 영역을 벗어나지 못하였다 함은 회계장부가 시종일관 각종 전곡의 출납 및 현재잔고를 파악하는 데 초점이 맞추어져 있었고 때로는 미수 국고수입, 미지급 국고채무의 파악을 위한 회계도 있었음을 의미한다.

그러나 회계문서에 사용된 문자기호나 시각기호는 중앙과 지방정부, 상급관리와 하급관리간에 상당한 차이를 발견하였다. 중앙과 고급관리는 상인들의 회계장부에서 사용한 문자기호나 시각기호의 사용이 희소하였는 데 반하여 지방 및 하급관리들의 회계문서에서는 그와 같은 경향이 현저히 적었다. 이하에서는 위에서 검토한 것을 토대로 하여 조선시대의 관부회계문서의 치부원리를 여러 각도에서 종합한다.

1. 帳簿體系

조선시대의 관부회계 장부체계는 세 가지 장부체계를 기본으로 하고 있었다.

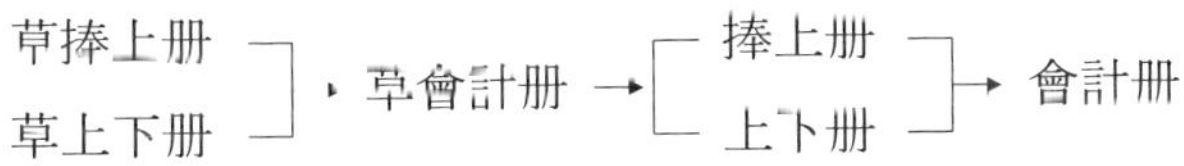

이 중 초받자책(草捧上冊), 초차하책(草上下冊), 초회계책(草會計冊)은 각 관부의 회계담당자가 자기의 업무관리 차원에서 기록한 것이고, 그 필체는 날려 쓴 초서가 일반적이고, 그 초책을 기초로 하여 상부보고용으로, 그리고 알아보기 쉬운 정자(正字)로 작성한 회계문서가 받자책(捧上冊), 차하책(上下冊)이며 이 두 책을 통합한 것이 회계책(會計冊) 또는 회계도록(會計都錄)이다. 수입은 수입대로 거래발생 일자에 따라 초받자책에 기록하고, 지출은 지출대로 초차하책에 기록하였다가 10일, 15일, 1개월 등 단위로 수입의 합계, 지출의 합계를 회계책으로 이

기(移記)하고 있었다.

조선시대의 관부회계는 이 삼책제도(三冊制度)를 중앙관서에서는 비교적 잘 지켰지만 지방으로 가면 성책(成冊)이라는 용어를 많이 사용하였고 또 그 장부명칭도 다양하였다. 그 제일 대표적인 것이 금품출납(金品出納)이란 장부 명칭이다

이와 같이 회계장부의 명칭이 중앙관서를 제외하면 통일되지 않았으며, 기록방법과 사용한 문자기호도 기본적인 흐름은 같았지만 구체적으로 사용한 문자는 앞에서 본 바와 같이 다양하게 나타났다. 여기서 간과해서는 안될 사실은 관부회계문서에서도 당시에 사인(私人)회계에서 형성되고 있던 시각기호(視覺記號)를 상당히 많이 차용(借用)하고 있었고, 이로인해 관부회계에서도 문자기호가 정착되기 시작하였음을 느낄 수 있었던 점이다.

2. 조선시대 官府會計의 基本原理

조선시대 관부회계의 기본원리는 앞에서도 이미 지적한 바와 같이 금전이나 물품의 출납을 기입하는 단식부기구조인 것이 명백하다.

前在 ＋ 捧上 － 上下 ＝ 時在

(전기이월＋당기수입－당기지출＝기말잔고)

이와 같은 계산원리는 회계책에서만 나타나고, 받자책(捧上冊)이나 차하책(上下冊)에서는 나타나지 않는다는 사실을 앞에서 보았다. 받자책이나 차하책은 거래의 발생일자 순서대로 기록되지만 회계책은 거래사실 발생일자 순으로 기록되지 않는다. 중국의 회계에서는 거래사실 발생일자별로 기록하는 것을 유수법(流水法)이라 표현하는데 그 표현을 따른다면 조선의 회계장부(會計帳簿)에서는 받자책(捧上冊)과 차하책(上下冊)이 유수법을 따랐다 할 수 있으나 회계책만은 유수법에 따라 기장되지 않았다는 점에서 중국의 관부회계와 그 궤를 달리하였다 할 것이다.

중국의 관부회계는 송대(宋代) 이후 사주식(四柱式)이라는 것을 기본으로 하였으며 그 영향으로 민간회계에 사주식 홍장(四柱式 紅帳)을 생성하게 하였다고 한다. 사주(四柱)란 ① 전기이월(舊管), ② 당기수입(今收), ③ 당기지출(支), ④ 기말재고(見在)를 가리키는 말이다. 그러나 우리는 구관(舊管)을 전재(前在)로, 금수

(今收)는 우리 고유의 이두(吏讀)인 받자(捧上)로, 지(支)도 우리 고유 이두(吏讀)인 차하(上下)로 표기하였으며, 견재(見在)는 시재(時在)로 표기함으로써 우리의 고유성을 살렸다.

이와 같은 비교는 비단 중국하고만 할 것이 아니라 다른 나라하고도 할 필요가 있다. 어떠한 나라의 단식부기와 비교하더라도 중국과 우리의 표현상의 차이와 같은 용어상의 차이는 있지만 그 기장원리인 (전기이월+당기수입−당기지출=기말재고)는 세계적으로 공통적일 것이다.

특이하게도 강원청 차하흘림(江原廳上下流音)은 국가의 채무로 확정되었지만 지급하지 못하고 있는 것을 미하(未下)로 표기하고 있고, 후에 그것을 지불하였을 때에 미하(未下)라고 적힌 밑에 지급일자와 차하(上下)를 기록한 것을 보면 근대적인 발생주의(發生主義)회계를 연상케 하는 것 같다.

제6장

玄丙周의 四介松都治簿法 以前의 會計文書에 대한 實證的 分析 -私人(商人) 會計文書

제 6 장 玄丙周의 四介松都治簿法 以前의 會計文書에 대한 實證的 分析 - 私人(商人) 會計文書

제 1 절 私人(商人) 會計文書의 分析 · 檢討

조선시대는 직업의 귀천을 사농공상(士農工商)으로 차등화하고, 신분(身分)을 양반 · 중인 · 양인 · 노비로 차별화하여 사족(士族)들이 지배한 사회였다. 조선시대의 혈통은 종모법(從母法)에 따라야 하였으므로 비록 사족의 자손이라 하더라도 그 어머니가 첩이었으면 그 자식들은 서자(庶子)로 낙인되어 입신출세에 많은 제약을 받아야만 하였다. 이와 같은 사회에서는 천한 신분의 사람들이 살기 위하여 천한 직업을 선택하지 않을 수 없었을 것이다.

사인회계문서(私人會計文書)는 조선시대에 천대받던 계층의 직업인들이 작성한 것으로 그것의 공개와 보존은 자기의 천한 신분과 직업을 노출시키는 것이었으므로 ① 가급적으로 다른 사람이 알아보지 못하도록 기록할 것 ② 기억을 확실히 하고, 후일의 증거를 위하여 기록은 하되 그 목적을 충족한 다음에는 가급적으로 빨리 폐기처분 하리라고 추정하여도 무리가 아닐 것이다. 거듭된 전란과 민란, 그리고 일제강점시대에 있었던 일본인들에 의한 매집 · 강제반출 등으로 남아 있는 회계문서가 많지 않다. 이런 점을 생각하면 현존하는 아주 적은 사개문서의 중요성을 다소 과대평가하여도 무리가 아닐 것이다.

이상과 같은 사정으로 현존하는 일반 상인들의 회계문서 수량은 현존하는 관부회계문서의 그것과는 비교할 수 없을 만큼 적다. 상인들의 회계문서인 사인(私人)회계문서는 그 수가 적다는 것보다 더 심각한 문제는 완전한 회계문서, 즉 동일연도의 분개장, 총계정원장, 결산서가 완전히 보존된 것이 없다는 사실이다. 지금은 북한에 존재하는 사개문서들에 희망을 걸어보는 것이 유일한 길이다. 1899년부터 1905년까지의 대한천일은행의 회계문서가 그나마 거의 완전한 상태로 남아 있기는 하지만 그것에도 상당한 결본(缺本)이 있어 앞뒤의 관계를 파악할 수 없는 경우가 많다. 이 회계문서가 세상에 알려지게 된 것은 다행이 해방이후인, 1959년의 "한국상업은행육십년지"의 발간이 계기였으며 이후 그 내용이 세인의 주목을 받기 시작하였다.

대한천일은행의 회계문서를 최초로 분석 · 검토한 것도 저자 중의 한 사람이었으며 그 뒤를 이어 행해진 타 교수들의 연구결과로 많은 점이 보완되었다. 그 후 저자는 각 대학 도서관 등 여러 도서관을 돌아다니며 옛 회계문서를 샅샅이 뒤져서 많은 것을 입수할 수 있었다. 그 중요한 것을 열거하면 다음과 같다.

① 장책제일(掌册第一), 칭생집(稱生集), 방원당(方圓堂), 합성관(合成觀)

② 직산일기(稷山日記)

③ 공자삼회계(孔子三會計)

④ 마차회사 회계문서(馬車會社會計文書)

⑤ 각포간수본전회계(各圃間數本錢會計)

⑥ 육의전회계문서(六矣廛會計文書)

⑦ 금전도록(金錢都錄)

이상의 회계자료에 대한 이해를 도울 수 있는 주변자료를 수집하려고 노력하였으나 별로 소득을 얻을 수 없었다. 저자가 직접 발견한 것은 아니지만 일본의 신호대학(神戸大學)이 소장하고 있는 우리 고유치부책들은 저자가 새로운 시각에서 심층분석(深層分析)할 것이다. 이들 이외의 회계문서도 분석 · 검토하겠지만 지금 예시한 회계문서 중 새로 발견한 회계문서와 일본 신호대학(神戸大學) 소장의 우리 고유치부책들은 우리의 고유한 회계의 새로운 측면을 보여주고 있기 때문에 집중적으로 이들 회계문서를 분석 · 검토하려고 생각한다.

다음에서 검토할 사인회계문서는 가급적으로 연대순서에 따라 검토하려고 하나 고문서(古文書)들이 거의 대부분 그 기록연도를 간지(干支)로 표기하고 있기 때문에 연대순서의 판단에 착오가 있을 수 있음을 미리 말해 둔다. 이하에서 검토할 사인회계문서는 다음과 같다.

① 송준동(宋準東)의 논문과 홍희유의 저서에 인용된 타급장책(他給長册)

② 홍희유의 논문에 인용된 타급장책과 외상장책

③ 일본 경도대학(京都大學) 및 우리나라 규장각 소장의 면주전(綿紬廛) · 지전(紙廛) 등의 회계문서

④ 일본 신호대학(神戸大學) 소장의 일기(日記) 제이(第二), 외상(外上) · 타급장책(他給長册) 병부제일(并付第一), 선복기(船卜記)

⑤ 고려대학교 대학원 도서관 소장의 칭생집(稱生集) · 방원당(方圓堂) · 합성관(合成觀)

⑥ 규장각 소장의 각포간수본전회계(各圃間數本錢會計)

⑦ 규장각 소장의 직산일기(稷山日記)

⑧ 규장각 소장의 마차(馬車)주식회사 회계문서

⑨ 우리은행 소장의 대한천일은행 회계문서

⑩ 국사편찬위원회 소장의 공자삼회계(孔子三會計)

⑪ 국사편찬위원회 소장의 세음(細音)

⑫ 규장각소장의 책명 없는 일기 · 장책 겸용 문서, 타급장책(他給長册)

⑬ 고려대학교 대학원 도서관 소장의 금전도록(金錢都錄)

⑭ 한국정신문화연구원이 수집한 영암 남평 문씨 관련 고문서

⑮ 한국전력공사 소장의 한국전기회사 결산서

⑯ 한국정신문화연구원 소장의 장책 제11

1. 송준동의 논문과 홍희유의 저서에 인용된 他給長册

송준동은 1939년의 「식은 조사월보」에 발표한 논문[1]에서 1750년대부터 개성상인들 사이에 '시변'(時邊)[2]이 환거래(換去來)와 함께 시행되고 있던 제도였다고 소개하면서 사개문서의 일부인 타급장책을 인용하여 이를 입증하려 하였다. 타급장책이 있었다면 당연히 외상장책도 있었을 것인데 그에 관하여는 언급이 없었을 뿐만 아니라 그 문서의 소재나 출처를 밝히지 않고 있어서 매우 안타까웠다. 다행히 이번에 북한의 유명한 사학자(史學者)인 홍희유의 저서 「고대 · 중세 조선상업사」에서 그 출처와 소재가 밝혀져 이를 상호 비교하여 그것이 동일 장책이었고 더 나아가 사개치부법이 1780년대에 실천되고 있었음을 밝힐 수 있었다. 이를 위하여 다음에 두 사람의 논문과 저서에서 인용하고 있는 타급장책을 다시

1) 송준동, 개성의 시변(時邊)-附 差人制度 及 四介簿記, 「식은조사월보」(殖銀 調査月報), 제14호, 1939, pp. 1-26.

2) 제3장 복식부기생성의 전제조건 (3) 화폐, p. 62 참조.

표 6.1 乾隆五十一年丙午他給長册第三 中 '換'의 記事 一部

四月 二十二日	△ 朴公一	京換 入 一千五兩 又口還入 二錢五分	口給 二兩五錢 二十九日三百兩. 五月初一日一百兩.初二日三百兩. 內 初三日退換條二百兩.初八日一百兩. 退換馱文一兩除.六月二十一日一兩 七錢五分 畢下
同 二十九日	△ 林景培	平換 入 五月本四百 兩限閏七月 晦日平給次 三朔依邊	內 閏七月初十日四百兩手記片紙給. 八月十九日邊畢給文十五倆 下
五月初一日	△ 龐聖瑞	換錢 入 六百兩	內 先給文五百兩.初七日五十兩.初九 日畢給文五十兩
同	△ 韓汝逑	安岳換 入 二百兩	內
同	△ 禹伯猷	京換給次 一百兩五錢	內
五月初三日	△ 金幼元	江景換 入 六百兩限二 朔依邊	內
六月初九日	△ 李仲培	全州換 入 四百兩限一 朔依邊限六 月晦日	內
七月十八日	△ 崔仲元	江景換 入 六百兩	內
九月十四日	陳士益	安岳債 入 一百三十兩	內
同二十八日	△ 朴景岳	京換 入 四百兩限十月 晦日邊六兩京 給次	內

인용한다. 〈표 6.1〉은 송준동의 타급장책에서 '환'(換)과 관련된 부분[3]이고 〈표 6.2〉는 홍희유의 저서가 인용한 타급장책의 일부이다. 우연하게도 이 두 사람이 인용한 부분이 서로 일치하고 있다는 사실에 희열을 느낀다.

이 사개문서는 '내'(內)에의 기록을 이기하지 않았거나 아니면 △(청산표시)의 표시를 잘못하였다고 보여진다. 왜냐하면 '입'(入) 다음에 기록된 금액합계와 '내'(內) 다음에 기록된 금액합계가 일치하지 않았는데도 △표가 부쳐져 있기 때

3) 間債에 관한 기록도 인용하고 있지만 여기서는 생략함.

표 6.2 타급장책(他給長冊) 건륭51년(1786년 3월)

연월일	이 름	내 용	금 액
1786.4.22	박공일	경환(京換) 입문 1500량* 안에서 구문 2량5, 29일 300량, 5월1일 100량, 2일 300량, 3일 퇴환조 200량, 8일 100량, 퇴환구문 1량, 6월21일 1량7전 5푼 필하(畢下)	1,500량*
1786.4.29	량한일	경환 입문 400량에서 28일 선급문(先給文) 100량	400량
	림경배	평양환 입 5월 본문(本文) 400량	400량
	김화숙	평양환 입 5월 문 400량	400량
1786.7.4.	백한중	입 평양환문 673량5전7푼안에서 5일급 300량, 6일 69량, 11일 100량, 13일 100량, 13일 필급문 24량2전7푼	673량
1786.7.5.	손인대	입 평양환문 400량	400량
1786.9.18.	우백헌	경환입문 238량	238량
	리경섭	경환입문 200량	200량
1786.9.26	박현중	경환입문 137량5전, 7일 경환입문 220량	357량5전
1786.11.8.	우맹윤	강경환(江景換)입문 20량	20량
1786.11.20	한여술	안악환(安岳換)입문 200량	200량
1787.1.23.	민치인	경환문 40량안에서 1월26일 8량, 2월1일 필급문 32량	40량
1787.1.27	김윤후	경환입문 640량	640량
1787.2.5.	리재칠	3월본평양환문 400량, 3월본경환입문 400량	800량
1787,3,13	손재휘	경환입문 300량7전5푼안에서 선급문 165량, 14일 50량, 15일 15량, 5월24일 필급문 2전5푼	300량
	최윤석	경환입문 281량4전안에서 4월16일 200량, 21일 81량4전으로 지불완료	281량
1787.3.24.	리유대	5월 본평양환입 200량	200량
1787.5.3.	김유원	강경환입문 600량	600량
1787.5.23.	진사헌	평양환입문 400량	400량
1787.6.2.	공화술	평양환입문 400량	400량
1787.6.9	리중배	전주환(全州換) 200량	200량
1787.6.14.	박윤좌	평양환입문 600량	600량

연월일	이 름	내 용	금 액
1787.7.18	최중윤	강릉환(江陵換)문입 600량	600량
1787.9.21.	박휘중	경환입문 130량	130량
1787.9.28.	박경악	경환입문 400량안에서 10월24일 급문 400량, 11월6일 변필급문(邊畢給文) 6량 지불	400량

* 이는 1,500량이 아니라 1,005량으로 홍희유의 이기착으로 보임. 이 이외에도 초서로 쓰여진 한자(漢字)의 판독차이에서 온 것으로 보이는 차이도 꽤 있는 것으로 보인다.

문이다. 송준동의 논문에서의 타급장책은 종서(縱書)되고 있으며 선으로 구획을 하고 있지 않았으나 저자가 횡서와 선으로 구획하였다. 이와 비교해 볼 홍희유의 타급장책은 한자를 완전한 한글로 풀어 쓰고 있었다.[4)]

이상의 두 표에서 그 기록내용이 서로 일치하는 부분은 ① 박공일, ② 임경배, ③ 한여술, ④ 김유원, ⑤ 이중배, ⑥ 최중윤(원), ⑦ 박경악에 관한 기록이다. 이는 송준동의 논문이 인용한 사개문서가 북한의 사회과학원 역사연구소에 소장되고 있는 것과 같은 것임을 의미한다. 〈표 6.2〉에서는 한문을 한글로 풀어서 적었기 때문에 '내'(內) 부분에 기록된 것을 "…에서," 또는 "…안에서"로 표현하고 있음을 주의하여야 할 것이다. 이 타급장책의 기록만으로도 사개치부법의 기본원리의 일부를 엿볼 수 있다. 그것들을 열거하면 다음과 같다.

① 맨 윗부분에 연월일을 기록하고 있다.

② 연월일 밑에 계좌 또는 계정명인 인명(人名)을 적고 있다.

③ 한 계좌는 상단과 하단으로 적당히 구분하고 상단은 입(入) 또는 급차(給次)로, 하단은 '내'(內)라는 기호로 구획하여 그 밑에 각각의 거래의 내용을 기록하고 있다. 이는 계정을 차변과 대변으로 구분한 명백한 증거이다.

④ 내(內)로 구획된 부분에는 거래내용과 금액을 기입한 다음 '하'(下) 또는 '필급문'(畢給文)의 문자기호로 마감하고 있다.

⑤ '입'(入), '급차'(給次) 밑에 기입된 금액과 '내'(內) 밑에 기입된 금액이 일치할 때는 해당 계좌의 위에 시각기호인 △표를 표시한 것 같으나 위에서 인용한 두 사람의 타급장책(같은 것이었음)에서는 여러 번 해독상의 차이를 보이고 있다. 그러나 대차평균여부를 확인하여 △표를 하였다는 것은 그 목적을 결산하고 연계시켜 볼 수 있는 여지를 남긴다.

4) 홍희유, 「고대 · 중세 조선상업사」(과학백과사전종합출판사, 1989), p. 255

⑥ 위의 두 사람 모두 다 '일기'에 관하여는 언급이 없었지만 이 타급장책의 기록으로 미루어 보아 '일기'에서의 대차분개에 의하여 전기되었다고 보아도 무리가 없다고 단정한다.

⑦ 위의 두 필자 어느 누구도 언급한 바 없었지만 앞에서도 이미 지적한 바와 같이 타급장책이 있었다면 그에 상응하는 외상장책도 있었으리라 믿는다.

위에서 제시한 주장은 어디까지나 논리적인 추정일 뿐 실제 장부를 보고 확인한 사실은 아니다. 그러나 이들 내용은 신뢰해도 괜찮을 추론이라고 확신한다.

2. 開城博物館과 開城政治經濟大學 所藏의 他給長冊 및 外上長冊

홍희유의 논문[5]에서는 1798년부터 1820년까지의 타급장책이 개성박물관에 소장되어 있고, 1876년에서부터 1880년까지의 타급장책과 외상장책이 송도정치경제대학에 소장되고 있다고 밝히고 있다. 이 사개문서는 당시의 개성상인들의 활동범위가 전국적인 것이었다는 사실을 입증하는 자료로 인용된 것이었으므로 이로부터 사개치부법의 전모를 파악하기에는 부족한 점이 많다. 그러나 홍희유의 논문내용에서는 북한에 실존하는 사개문서가 거의 완전한 복식부기였을 가능성을 시사(示唆)하고 있다. 뿐만 아니라 홍희유는 두 곳에 소장되고 있는 사개문서가 동일인의 문서이고, 그 주인공은 박광수(朴廣叟), 박태경(朴泰卿), 박세경(朴世卿) 등 수명의 상인들로 구성된 도중(都中)[6]이었다고 적고 있다. 홍희유가 인용하고 있는 타급장책(표 6.3)과 외상장책(표 6.4)을 다음에 재인용함으로써 그 기장상의 특징을 찾아본다.

이상의 타급장책과 외상장책을 1989년에 출간된 홍희유의 「조선상업사」에서는 다음의 〈표 6.5〉와 〈표 6.6〉과 같이 소개하고 있다.[7] 홍희유 자신의 논문에서 인용한 기록내용과 그의 저서에서 인용한 기록의 내용이 동일한 장책에서 인용하였지만 서로 다르다는 것은 인정하고, 오직 사개치부방법에 초점을 맞추어 검토해 보면 다음과 같다.

5) 홍희유, "송도사개문서(四介文書)에 반영된 송상(松商)들의 도가(都賈)활동," (조선민주주의인민공화국 과학원 역사연구소, 역사과학, 1962), pp.58-60.

6) 계(契)와 같은 것.

7) 홍희유, 「고대 · 중세 조선상업사」, p.260.

표 6.3 타급장책제이(他給長册第二, 光緖六年庚辰十月)

辛巳正月二十一日	張公輔	入 吉布八十六疋
二月二十一日	〃	入 知禮麻布四十疋
三月十八日	金迺文	入 茂長册紙六塊

표 6.4 外上長册第一(光緖二年丙子七月)

丁巳十一月十三日	金永業	捧 齊網十竹
戊寅四月初七日	趙廷仁	捧 廷米一百九石
四月三十日	孫宇鳳	捧 求禮布四十二疋
八月初三日	鄭東益	捧 統涼一百行二竹

① 장책의 기록은 거래일자로부터 시작하고, 그 밑에 인명계정을 적고 있는 것은 공통된다.

② 타급장책에 있는 계정의 대변 즉 부채의 증가는 '입'(入), '채입'(債入), '임입'(任入)이란 문자기호 밑에 거래내용, 거래금액 등을 기록하고, 그

표 6.5 타급장책 광서2년 7월

1877.8.18.	순금댁	입 11월 2일 어음문 150량	
1878.8.22.	진유복	채입 7월 7일 어음상문 70량	
1880.1.22.	김복녀	임입 어음돈 2월 10일조문 132량 안에서 2월 11일 돈 132량 지출	
1881.8. 1.	김덕수	입…	내(內)… 8월5일 리운성 어음환 장교에서 찾기로 한 것 1,000량
1882.8.29.	리영국	입…	내(內)… 8월 26일 어음문 150량

* 여기서의 …은 생략된 부분을 나타내는 것으로 보이며 그 내용이 무엇이었는지는 알 수 없다.

표 6.6 외상장책 광서2년(1876년) 7월

1877.10. 5.	김세덕	방(放) …	내 11월16일 어음 송종봉 상문 35량
1877.10.30.	순금댁	대거 12월 5일 어음 김복녀 급문 150량	
1877.11.13.	황녀옥	대거 20일 어음 퇴조 40량	
1878. 9. 2.	김령조	봉차 어음상반주(於音相半紬) 값 400량, 어음항라(亢羅) 값80량 9전8푼	

차변 즉 부채의 감소는 '내'(內)라는 문자기호 밑에 기록하고 있다.

③ 외상장책에 있는 계정의 차변 즉 자산의 증가는 '봉'(捧), '방'(放), '대거'(貸去), '봉차'(捧次)라는 문자기호 밑에 그 거래내용과 금액을 기록하고, 그 대변 즉 자산의 감소는 '내'(內)라는 문자기호 밑에 기록하고 있다.

④ '일기'(日記)로부터 두 종류의 장책에 전기된 것은 확실하다고 할 수 있겠으나 거기에서 사용된 문자기호나 시각기호가 어떠하였는지는 알 길이 없다.

⑤ 장책에서의 대차평균의 확인을 나타낸 시각기호는 볼 수 없었지만 이들 장책보다 100여 년 앞서서 작성된 타급장책(송준동의 인용 사개문서)에서 대차평균의 절차가 있었던 것으로 보아 1870년대의 장책에서도 대차평균의 확인절차와 그 표시가 있었을 것으로 추정하여도 무리가 아닐 것이다.

⑥ 결산의 흔적이나 손익계산의 흔적도 이 장책에서는 발견할 수 없다.

그러나 홍희유는 사개치부법에 관하여도 상당한 연구를 행한 것으로 보인다. 그 증거를 앞에서 인용한 그의 논문에서 찾아보면 다음과 같은 것들을 들 수 있다.[8)]

"상업발전의 객관적 요구로서 과학적인 체계를 가졌으며 정밀하고 정확한 내용을 가진 '송도사개치부법'이 발전하였다 …. '송도사개치부법'에서는 상품 또는 현금의 거래관계와 운동과정을 '봉차질', 즉 채권관계를 취급하는 구좌와 '급차질'(채무관계 구좌), '매득질'(買得秩; 현금 또는 외상매입관계), '방입질'(放入秩; 현금 또는 외상매각관계) 등 네 개 질을 설정하여 이를 취급하고 있다. 사개치부법에서는 모든 상품 및 자본의 운동을 거래가 진행된 순서대로 기록한 초일기(草日記)와 그것을 다시 청서(淸書)한 중일기(中日記), 그리고 봉차질과 방입질이 통합된 원장인 외상장책과 급차질과 매득질이 통합된 원장인 타급장책을 사용하는데 이 두 장책을 통칭하여 장책이라고 한다. 그리고 일기책에 기록된 거래관계를 장책들의 해당한 질(구좌)에 분류하여 기록하는 것을 분개(分介)라고 하는 바, 네 개의질-구좌에 분개한다는 의미에서 '사개치부법'이라고 한다."

여기서 주목할 사실은 사개를 '봉차질', '급차질', '매득질', '방입질'이란 네

8) 홍희유, 앞에서 인용한 논문, p. 57.

개의 '질'로 분류하여 현병주의 사개분류법과 차이를 보이고 있다는 점이다. 이로서 홍희유는 현병주의 저서를 참고하지 않았다고 볼 수 있다.

홍희유는 1989년에 출판한 「조선상업사」(p. 259)에서 앞의 인용문에서 기술한 내용을 다음과 같이 정정하고 있다.

> "1876-1879년 사이에 작성된 개성상인들의 부기서인 타급장책(채무와 이익관계를 명확히 한 부기서)과 외상장책(채권관계와 지출된 비용을 명확히 한 부기서)에서 당시의 개성상인들은 상품거래에 어음을 적지않게 이용하고 있었음을 알 수 있다."

이것으로만 보아도 홍희유는 사개치부법을 상당한 정도로 이해하고 있었으며 초기(1962년)의 논문에서는 약간의 오해가 있기는 하였지만 그 회계문서들을 섭렵(涉獵)하였음을 알 수 있다. 혹시나 홍희유가 현병주의 「사개송도치부법」(四介松都治簿法)을 보고 쓴 것이 아닌가 하고 의심도 해 보았지만 그는 "송도사개치부법"이라는 다른 표현을 하였고 '사개'의 분류가 현병주의 그것과 판이(判異)하다는 점에서 그 의심은 단순한 의심이었을 뿐임을 알았다. 이에 더하여 홍희유는 다음과 같은 놀랄 만한 사실을 지적하고 있었다.[9]

> 이 밖에도 사개치부법은 장책에 복식으로 기입한 내용의 정확성을 검토하며 재정상태를 밝히고 순손익과 그의 원인을 밝히는 수단으로서 "회계책"(會計册)이라는 장부가 또한 사용되었다. 최종적인 결산관계를 밝히는 "결산책"(決算册)도 동시에 사용하였다. 그러나 그것은 그때 그때 작성되는 것에 불과하였다.

이 기술의 근거가 제시되고 있지는 않지만 아마도 1798년부터 1820년까지의 회계문서와 1876년부터 1880년간의 사개문서를 근거로 한 것으로 보인다. 왜냐하면 홍희유의 논문의 참고자료가 이들 사개문서였기 때문이다. 그렇다고 한다면 사개치부법이 1786년경부터 시작되었으며 그것은 일기책, 장책이라는 주요부체제와 복식기입과 전기, 대차평균의 검증, 결산에 의한 손익계산이 있었다는 추론을 가능케 한다. 그러나 그와 같은 복식부기제도가 1786년이나 1798년

9) 홍희유, 앞에서 인용한 논문, p. 58.

의 사개문서에서 파악된 것인지 아니면 1876년 이후의 사개문서를 근거로 파악한 것인지는 알 수 없다.

3. 일본 京都大學 · 규장각 소장의 육의전(면주전 · 지전)의 회계문서

저자가 직접 검토한 경도대학(京都大學) 소장의 면주전(綿紬廛) 회계문서는 총 21책에 달하며 그 연도는 1854년~1898년까지의 것이었다. 육의전은 조선왕조와 그 측근들이 필요로 하는 생활용품은 물론 중국에 보낼 공물(貢物) · 외국사신들 접대용물품 등을 조달하여 왕실과 의정부에 바치고 그 대가를 받는 것을 주업으로 하는 어용상인 집단(주요한 것으로 6개 단체가 있었기 때문에 붙여진 용어)이다. 그들은 당시 평민이 져야만 하였던 납세의무, 부역과 병역의무를 져야 하였으나 그와 같은 의무를 면제받는 대신으로 왕실의 토목 · 건축 · 유지 · 보수 의무를 부담한 특권 평민이었다. 면주전(綿紬廛)은 8푼, 지전(紙廛)은 7푼의 국역부담을 하여야 하는 육의전 중의 하나였다.

서울대학 규장각 소장의 육의전문서는 지전, 선전(立廛이라 적고 읽기는 선전이라고 읽음)의 것으로 이것도 검토의 대상이 될 것이다. 참고로 육의전 관련 회계문서 목록을 열거하면 다음과 같다.

① 면주전차하책(1867-1891): 일본국립국회도서관 소장
② 면주전 일용책(1878): 위와 같음
③ 방회계책(房會計册)(1864-1881): 일본 경도대학 부속 도서관 소장
④ 대방회계책(大房會計册)(1880-1882): 위와 같음
⑤ 세폐수가능록(歲幣受價謄錄)(1877-1893): 위와 같음
⑥ 세폐수가초기(歲幣受價草記)(1894): 위와 같음
⑦ 보폐소전장등록(補幣所傳掌謄錄)(1867): 위와 같음
⑧ 수주조비책(水紬措備册)(1865-1883): 위와 같음
⑨ 도가차출책(都家差出册)(1865-1898): 위와 같음
⑩ 생식계차하책(生殖契上下册)(1864-1880): 위와 같음
⑪ 생식계상용책(生殖契上用册)(1876): 위와 같음
⑫ 토주계회계책(吐紬契會計册)(1862-1865): 위와 같음

⑬ 왜단소차하책(倭單所上下冊)(1864-1882): 위와 같음

⑭ 왜단소상용책(1878): 위와 같음

⑮ 삭찬분아책(朔饌分兒冊)(1864-1877): 위와 같음

⑯ 보폐소상용책(1865-1891): 위와 같음

⑰ 보용소차하책(補用所上下冊)(1875-1881): 위와 같음

⑱ 세폐복구차지회계책(歲幣復舊次知會計冊)(1854-1855): 위와 같음

⑲ 보폐소차하책(補幣所上下冊)(1881-1892): 위와 같음

⑳ 각항물목전계(各項物目廛契)(1875): 규장각 소장

㉑ 고차지각항물등서등전장책(庫次知各項物謄書等傳掌冊)(1853-1860): 위와 같음

㉒ 관용별치회계정간(官用別置會計井間)(1883): 국립중앙도서관 소장

이상의 회계기록은 한결 같이 관부회계의 기록방식을 따르고 있으며, 회계책의 명칭부터 차하책(上下冊), 회계책(會計冊), 상용책(上用冊)[10]을 사용하였고 그 기록에 사용한 문자언어도 관부회계의 방식을 그대로 따랐다. 이에 대하여는 별도 분석 · 검토의 가치가 없다고 생각하지만 그래도 몇 가지 회계책은 그 내용을 검토하기로 한다.

(1) 면주전 차하책(上下冊)

면주전은 명주상인의 조합으로 그 지출내용을 날짜순서에 따라 기록하였을 뿐 그 지출합계액의 파악을 위한 흔적도 찾아 볼 수 없었다. 다만 그날그날의 결제(決裁)로 기록의 목적은 달성된 것으로 본 것 같다. 예시하면 (문서 6.1)과 같다. 여기서는 연대를 특정하지 않고 다만 간지를 그대로 표시한다.

(2) 면주전 일용책(綿紬廛 日用冊)

이 면주전 일용책은 1878년의 것으로 보이는 유사선상기(有司先上記)와 2개월에 한번씩 행하는 회계보고서로 구성되고 있는 회계책이다. 유사(有司)는 5~6일 동안의 지출을 2인 1조가 되어 교대로 맡아 본 사람을 말하며, 12개 조(組)의 선상기(일용적인 지출기록) 다음에 한 번의 종합지출보고를 행한 회계기록이다. 이 때의 종합지출 회계내용에는 12번의 유사들의 지출액을 합계하여 기록할 뿐

10) 차마 捧上이란 용어는 사용하지 못한 듯.

문서 6.1 면주전 차하책

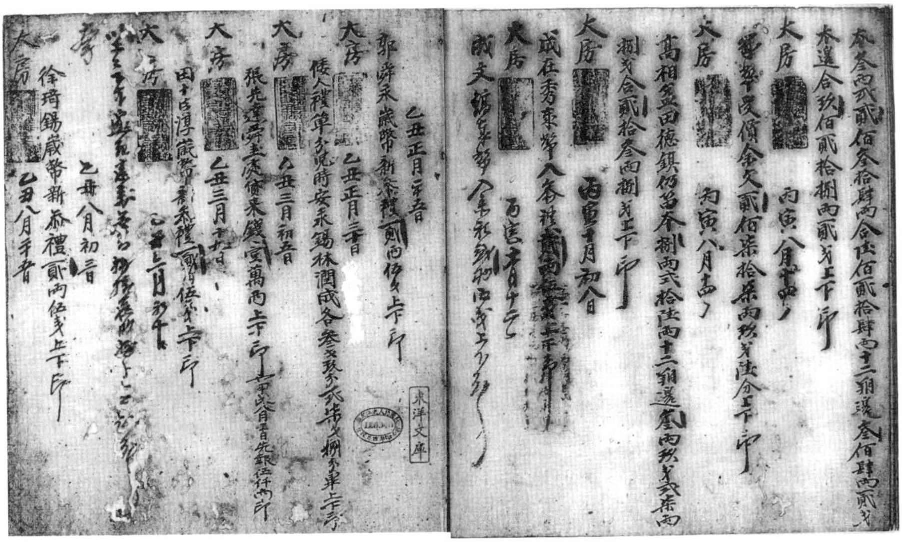

만이 아니라, 그간의 수입과 선상기 지출액 합계 외의 추가지출이 있었을 때는 그것도 추가하여 마지막에 시재(時在)액을 산출 · 기록 보고한 기록이다. 면주전 일용책은 2개월마다 한번씩 작성되고 그 동안에 12번(이를 十二等이라 표현하고 있음)의 유사선상기가 작성되고 있었다.

유사(有司)의 선상기 기록일자는 특정일이나 그 내용은 5~6일간의 항목별 지출합계로 되고 있다. 이는 이 선상기 이외에 별도의 일기가 있었음을 말해 주는 것이다. 그래서 이 선상기 금액 위에, 타점(打點)이 찍혀 있음을 볼 수 있다. 그 실제를 다음 (문서 6.2)로 예시하면서 그 내용을 알아보기 쉽게 다른 날짜의 것이기는 하지만 정자(正字)로 옮겨 적어 둔다.

庚寅三月二十一日　　李俊榮　有司先上記
　　　　　　　　　　朴東圭

、文一錢　　炭價
、文一錢 四分 白紙一束價
、文三分　　戶判宅 白活次知所志紙一張價

문서 6.2 면주전 회계

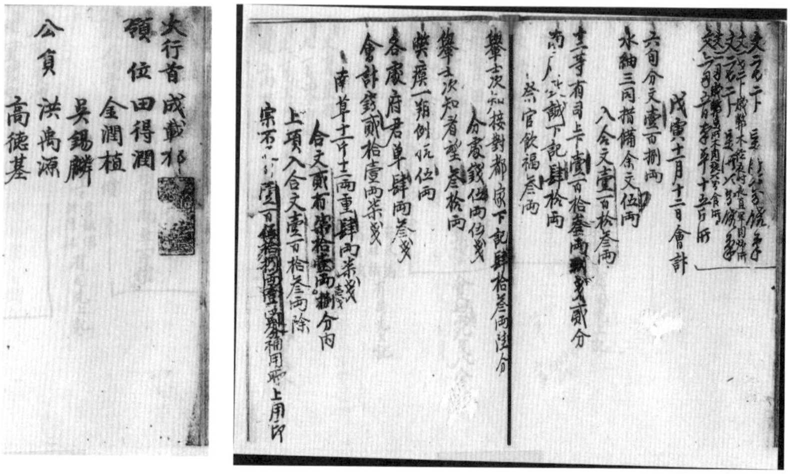

、文一錢二分 水紬一同封裏紙二張價 合文柒兩三錢二分
、文三分 小索價
、文四錢 李上公員親忌時問安南草一斤價
、文五錢 政院亞房 張永俊身死單
、文六錢 五日南草十五斤價

戊寅十一月十二日 會計
、六旬分文壹百捌兩
、水紬三同措備余文伍兩
入合文壹百拾參兩
、十二等有司上下金壹百拾參兩玖錢貳分
、南廟致誠下記肆拾兩
、祭官飮福參兩
、轝士次知接待都家下記肆拾參兩陸分
、分處錢伍兩伍錢
、轝士次知看望參拾兩

、獘瘼一朔例給伍兩
、各處府君單肆兩參錢
、會計錢貳拾壹兩柒錢
、南草十一斤十二兩重肆兩柒錢
　合文貳百柒拾壹兩壹錢捌分 內
　　上項入合文壹百拾參兩 除

實不足文壹百伍拾捌兩壹錢捌分 補用所上用印

大行首　成載郁
領　位　田得潤
　　　　金潤植
　　　　吳錫麟
公　員　洪禹源
　　　　高德基

위의 예시의 앞부분은 한 조(2인)의 5~6일간 유사선상기(有司先上記)의 예시이고 무인십일월십이일회계(戊寅十一月十二日會計)에서는 6개월에 한번씩 납부하는 조합원 분담금(2개월분) 수입과 기타 수입 등 합계금액(入合文)을 먼저 계산·기입하였다. 그 다음에는 2인 1조가 작성한 선상기(先上記)의 12개(1개월에 6개조×2개월)조에 계상된 지출금액 합계(十二等有司上下)와 기타 지출액을 항목별로 기록한 다음 그 합계금액(合文)을 계산·기록하였다. 지출이 수입을 초과하여 지출 합문(合文)에서 입합문(入合文)을 차감(除)하여 실제 부족액(實不足文)을 기록한 다음 그 금액을 보용소라는 곳으로부터 보충받았음을 기록하고 있다.

이 계산에서 차하(上下)라는 문자기호를 사용한 점은 관부회계방식을 보이고 있으나, 타점(打點), 열기(列旗)표시, 등자(鐙子)(ㅢ) 등의 시각기호도 사용되고 있는 것을 보면 일반 상인들의 회계기록과 유사한 점을 볼 수도 있다. 그러나 이는 어디까지나 [(수입합계+지출합계)=시재 또는 부족액]이라는 단시부기의 틀을 벗어나지 못하였다.

(3) 국립중앙도서관 소장의 관용별치회계정간(官用別置會計井間)

이 회계책은 육의전의 한 전(廛)이 관용에 제공할 물품을 관리한 대장에 해당하는 것으로 기록연도는 1883년 또는 1823년일 가능성이 높다. 이 정간책에는 호추, 대야, 촉대 등 용품이 12종목, 종이류가 26개 종목, 명주류가 18개 종목, 면직물이 79개 종목, 실 · 솜 · 허리띠 · 모기장 · 요 · 의자 · 방석 · 장농 등 물품이 등재되고 있다. 이 정간책에 찍혀 있는 인장은 면주전의 그것과 흡사하나 취급한 물품을 보면 지전(紙廛)이나 선전(縇廛)일 가능성도 배제할 수 없다. 기록형식은 물품에 따라 다른 것이 없고 모두 다 동일하므로 정간책의 한 면만 다음(문서 6.3)으로 인용한다.

이 정간(井間)책의 치부원리는 관부회계의 치부원리었던 (前在 + 捧上 − 上下 = 時在) 즉 (전기이월 + 당기수입 − 당기지출 = 기말시제)라는 사개식(四介式)이며, 그 기본 틀은 단식부기의 영역을 벗어나지 못하고 있다. 전기이월에 상당하는 문자기호로는 전재(前在)뿐만 아니라 조비(措備), 전등전장(前等傳掌)이 사용되었고, 당기수입은 받자(捧上) 외에 진배(進排), 상용(上用)이, 합계는 합(合)으로, 차감은 제(除), 시재(時在)는 실부족(實不足), 실여문(實餘文), 실여(實餘)로도 표기하고 있다.

육의전은 기본적으로 상인(商人)이었음에도 불구하고 그 치부형식은 관부(官府) = 지배자(支配者) = 양반(兩班)임을 나타내려는 하나의 방편으로 이두(吏讀)표현을 사용한 풍습을 그대로 답습하고 있음을 볼 수 있다. 그 예가 받자(捧上)와 차하(上下)이며, 이 용어는 이 정간책에서 뿐만 아니라 토주계(吐紬契)회계책, 방물차지(方物次知)회계책 등에서도 널리 사용되고 있으며, 받자(捧上)를 상용(上用)으로, 차하(上下)를 용하(用下)라고 표현함으로써 관부의 냄새를 희석하려 한 흔적도 보인다.

경도대학(京都大學)이 일제시대에 가져 간 것으로 보이는 면주전(綿紬廛)의 회계문서는 방대하나 그것들은 모두 다 당시의 면주전이라고 하는 단체가 당시의 정부에 납품한 기록, 납품을 위한 비축기록, 납품대가를 정부로부터 받은 기록, 공물을 받치기 위한 조합원들의 출연 등의 기록이다. 그러나 기이하게도 면주전의 구성원이었던 개별 전방(廛房)들이 당시의 서울시민이나 지방 일반서민들과 거래한 기록내용은 전혀 없었다.

조선시대의 육의전 중 두 번째로 큰 면주전은 5개의 방(房)으로 구성되고 이들 방은 50개의 점포로 구성되고 있었다고 한다. 이 50개의 점포는 면주전 조합원 한 사람에게 주어진 영업장이었다고 한다. 이들 개별 점포들이 회계기록을 남

문서 6.3 관용별치회계정간

기지 않았던 이유로는 첫째가 50개 점포 상호간의 비밀유지, 둘째가 관납(官納) 물품의 취득원가에 관한 비밀유지, 세 번째가 영업실적의 외부유출 방지, 네 번째가 당시의 상인들이 관청과 거래하는 특권은 영광으로 생각하면서도 일반인을 대상으로 한 상거래는 수치로 생각한 결과가 아니었던가 추측해 본다.[11)]

11) 육의전의 영업방법에 관하여는 이능화(李能和)의 "이조시대 경성시제(李朝時代 京城市制)"에 소상히 소개되고 있다. 이 논문은 일본인 「稻葉 博士 還曆記念 滿鮮史」란 논총에 실려 있다.

4. 神戶大學 소장의 日記 第二와 外上 · 他給長冊들

이 책들은 1916년에 현병주의 「사개송도치부법」(四介松都治簿法)이 출간됨을 본 일부 일본 회계학 교수들이 송도치부법의 근원을 찾기 위하여 우리나라에서 옛 회계문서를 수집하거나 필사(筆寫)하여 간 것의 일부이다. 당시 신호대학(神戶大學)에 교수(教授)로 있던 平井泰太郎도 그 중의 한 사람이었으나 불행(不幸) 중 다행(多幸)으로 그는 다른 교수와는 달리 그가 한국에서 수집(蒐集)한 옛 회계문서(會計文書)들을 고스란히 신호대학(神戶大學)에 남겨놓아 지금도 그것을 이용할 수 있게 하고 있다.

그것들 중 필사본은 별로 도움이 되지 않지만 일기제이(日記第二), 외상 · 타급장책 병부제일(外上 · 他給長冊 并付 第一; 이는 外上長冊第一과 他給長冊第一로 구성되고 있음) 및 선복기(船卜記)는 그 치부방법의 특이성과 완전한 상호관련성뿐만 아니라 치부연도(治簿年度)가 1850년대라는 점에서 매우 의미 있는 것으로 판단한다. 일기의 연도, 월, 일과 장책에 전기된 연, 월, 일이 일치하는 부분이 상당히 많기는 하지만 손익계산의 흔적은 전혀 발견할 수 없어 안타깝기만 하다. 이 책의 주인공, 즉 계주(計主)는 잡화상(雜貨商)을 주업으로 한 것이 확인된다.

다음에는 저자가 입수한 신호대학(神戶大學) 소장의 일기제이(日記第二)는 을묘(乙卯)-1855年 4月3日부터 同年 11月 23日까지의 거래분개장이고, 이 일기를 전기한 원장인 타급장책제일(他給長冊第一)은 함풍사년(咸豊四年) 갑인(甲寅)-1854년 8月부터 병진(丙辰)-1856年 7月 10日까지의 기록이며, 외상장책제일(外上長冊第一)은 함풍사년(咸豊四年) 갑인(甲寅)-1854년 8月부터 기미년(己未年)-1859년 1月 2日까지의 기록이다. 함풍(咸豊)은 중국의 연호(年號)로 그 4년은 간지(干支)연호 갑인(甲寅)과 일치함으로 함풍4년 갑인은 1854년이 확실하다. 또 다음에 보는 바와 같은 일기와 장책과의 직접적 연계도 갑인(甲寅)의 다음 간지(干支)가 을묘(乙卯)이므로 일기제이는 1855년의 기록임이 확실하다.

일기제이, 외상 · 타급장책 병부제일은 회계주체의 주요부에 해당하는 것으로 판단되지만 이들 주요부와 밀접히 연계된 보조부가 있으니 그것이 선복기(船卜記; 즉 선적일기)이다. 이 또한 을묘(乙卯)-1855年 8月 2日~무오(戊午)-1858年 4月 10日까지의 기록이다. 이들 내용의 일부를 옮겨 적어서 그 상호연계성을 확인하고자 한다. 여기에 소개하는 상호연계성 확인은 전체의 일부에 불과함을 미리 말하여 둔다.

日記第二: 乙卯四月-상호 연계되는 것만 발췌(拔萃)

ⓐ 八月 初七日 、牛皮二十一張 貸 千一便送 朔文 一兩八錢九分 下
、又 二十七丈 金大允便送 朔文 二兩四錢三分 下
、又 千圭永便送 五十張 朔文 四兩五錢 下
ⓑ 八月 初九日 — 趙斗七 入 牛皮 十張
— 金光烈 入 大牛皮一百四十八丈
ⓒ 八月十一日 、牛皮 十五丈 出浦 朔文 一兩三錢五分 下
— 金光烈 入 牛皮 二丈
ⓓ 八月十二日 、牛皮一百四十六丈 五倍子 二反 出浦朔文 十四兩五錢四分 下
(打點은 船卜記와의 對照畢(대조필) 표시이고, 직선(直線)은 長冊에의 전기필 표시이다)

船卜記(乙卯八月): (위 日記는 船卜記상의 일자에 따라 발췌한 것임)

ⓐ 八月初七日 金○○送貸 千一便 牛皮二十一張文 一兩八錢九分
又 送 金大允便 大皮二十七丈
又 送 千圭永 大皮 五十丈
牛皮 九十八張 出浦朔文 八兩八錢二分 下(이 금액은 일기의 금액합계와 일치함)
ⓑ 八月初九日 — 趙斗七 入 大牛皮 十丈
— 金光烈 入 大牛皮 一百四十八丈
ⓒ 八月十一日 牛皮十五丈 出浦 朔文 一兩三錢五分 下
— 金光烈 入 牛皮 二丈
ⓓ 八月十一日 牛皮一魄四十六丈 出浦朔文 十三兩一錢四分 下
五倍子 二反 出浦朔文 一兩四錢 下
(일기상의 일사는 八月十二日로 되고 있음)

外上長冊第一(咸豊四年 甲寅 八月-1854년8월)

趙斗七 貸 八月初八日 牛皮 一百丈價 預給文 二百七十兩
十一月二十二日 玉唐木 一疋文 十九兩五錢
ⓑ 內 八月初九日 牛皮十丈文 二十七兩 ……
金光烈 貸 二月十九日 大牛皮 一千張 預賣條先給文 五百四十兩 ……
ⓑⓒ 內 八月初三日 牛皮一百四十五丈, 初九日 牛皮
一百四十八丈, 十一日 牛皮 二丈 ……

위에서 일기제이(日記第二), 선복기(船卜記), 외상장책제일(外上長册第一) 간의 연계는 영문자(英文字)로 표시하였다. ⓐ는 ⓐ와 연계되고, ⓑ는 ⓑ와, ⓒ는 ⓒ, ⓓ는 ⓓ끼리 직접 연계됨을 표시하고, 그를 확인하라는 의미로 표시를 하였다. 이상으로 일본의 신호대학(神戶大學)이 소장하는 일기제이(日記第二), 선복기(船卜記), 외상장책제일(外上長册第一), 타급장책제일(他給長册第一)이 모두 다 한 상인의 장부조직(이것이 전부였는지는 알 수 없음)임을 알 수 있다. 그 기록내용은 1854年부터 1859年까지의 것으로 저자가 직접 입수한 우리나라 상인의 옛 회계문서(會計文書)로는 가장 오래된 것이다. 이하에서 행하는 신호대학(神戶大學) 소장의 상기문서(上記文書) 검토는 위의 사실을 전제로 진행한다.

다행히 일기(日記)의 상당부분이 장책(長册)으로 전기(轉記)되고 있어 그것을 추적함으로써 우리의 고유치부법(固有治簿法)의 일부 면모를 찾아보기로 한다. 일기책(日記册)은 맨 위쪽에 월(月)·일(日)을 적고 그 밑에 거래상대방의 이름을 적는 것까지는 모든 거래의 일기에서 공통되지만 그 다음에 적는 문자기호는 거래의 성격에 따라 다르며, 그와 동시에 일기(日記)의 끝에 적는 문자기호 또한 거래성격에 따라 다르게 기록하고 있다. 이 두 문자기호 사이에 거래의 내용과 거래금액 또는 거래물량을 적는 것도 모든 거래기록에 공통된 방식이다. 일기장(日記帳)에 등장하고 있는 두 가지 문자기호(위쪽 문자기호와 말미의 문자기호)의 예를 열거하고, 다음에는 일기의 첫째 면을 (문서 6.4)로 인용해 둔다.

① 외상장책(外上長册)의 해당 인명계좌 상단(차변)으로 전기된 일기에 사용된 문자기호

1) 월 일: 거래처명: 捧次 ××文 二十兩
2) 월 일: 거래처명: 送 ××文 二十兩
3) 월 일: 거래처명: 貸 ××文 二十兩
4) 월 일: 거래처명: 授 ××文 二十兩
5) 월 일: 거래처명: 授 ××文 二十兩 下
6) 월 일: 거래처명: 貸 ××文 二十兩 下

*捧次·送·貸·授 기호는 차변(자산증가·비용증가)을 나타 냄.

② 외상장책(外上長册)의 하단을【內】로 구획하여 전기된 일기의 문자기호

1) 월 일: 거래처 인명: 授 ××文 三十兩 上 또는 入

문서 6.4

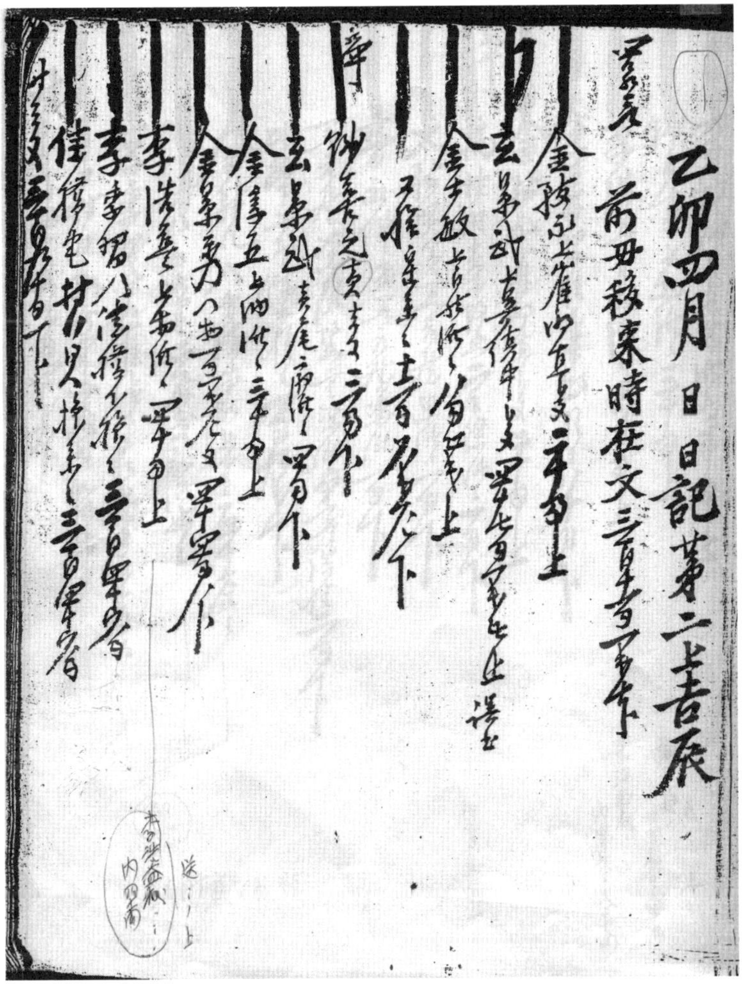

2) 월 일: 거래처 인명: 上 ××文 三十兩 上

* 授…上, 上…上은 채권의 회수를 나타내는 문자기호로 보임

③ 타급장책(他給長册)의 상단에 전기된 일기에서의 문자기호

1) 월 일: 거래상대편 인명: 入 去來內容 文 八十匁

* 入은 부채계정의 대변을 나타내는 것임

④ 타급장책(他給長册)의 하단을【內】로 구획하고 거기에 전기된 일기의 문자기호

1) 월 일: 거래상대방 인명: 還給文 또는 還給先文 ××文 八十兩 下
2) 월 일: 거래상대방 인명: 給文 또는 先給文 ××文 八十兩 下
3) 월 일: 거래상대방 인명: 入 ××文 八十兩 上

* 이들은 모두 다 부채계정의 차변을 나타내는 것임

이상을 T형 계정을 이용해 그 대차기입 기호를 정리해 보면 다음과 같다. 다음의 T형 계정에서 *표로 표시된 '상'(上)은 神戶大學 소장의 '명심록'(銘心錄)이 십오(二十五)[12]에서 '전문'(錢文)으로 필사되고 있으며 또 그 일기의 맨 끝에는 '상'(上)이 기록되고 있다.

자산계정(현금제외)		부채계정(현금제외)	
捧次	授 … 上 또는 入	給文(還給先文) 下	入
授	貸 … 上	給文(先給文) … 下	
送			
貸	上* … 上	入 … 上	
授 … 下			
貸 … 下			

여기에서 사용된 문자기호는 암호적인 성격이 있었던 것이 아닌가 생각한다. 참고로 (문서 6.4)로서 일기기록의 형식을 보여 주고, 그것을 현대식 분개로 바꾸어 보면 다음과 같다.

乙卯 四月 日 日記 第二 上吉辰

四月三日 전책으로부터 이월된 현금액 311.17량

(차변)	현금	20.00	(대변) 김치영	20.00
	현금	47.15	현경무	47.15(잘못 기입됨)
	현금	8.50	김사민	8.50
	김사민	12.66	현금	12.66
	한희원	3.00	현금	3.00

12) 이는 일기제이의 기록연도로부터 20년 후의 기록을 필사한 것으로 보임.

현경무	4.00	현금	4.00
현금	30.00	김순오	30.00
금 · 은(?)	44.08	김경수	44.08(4월 3일 이전 거래기록과 연결되고 있을는지 모름 -저자)
현금	40.00	이호선	40.00
가교댁	346.00	이계습	346.00

현금시재문 390.01량

이 일기책이 제이(第二)로 표기(表記)되고 있는 점으로 보면 제일(第一), 제삼(第三)이 있었던 것이 확실하고, 또 일기제이(日記第二)도 끝 부분은 일부가 탈락한 것이 확실하다. 이상의 일기로부터 그 치부원리를 정리해 보면 다음과 같은 것이 될 것이다. 일기이니까 거래의 발생일자의 순서에 따라 거래내용을 간결하게 기록한 것은 당연한 일이다.

① 일기의 각 면의 첫머리에는 전책(前冊) 또는 전 면으로부터 이월된 전문시재액이 기록되고 있으며 각 페이지의 끝에는 전문(현금)의 시재액이 기록되고 있다. 이 두 현금시재액 사이에 날짜 순에 따라 일어난 거래에 대한 분개에 상당하는 내용을 기록하고 있다.

② 앞에서 열거(列擧)한 바와 같이 채권(債權)과 채무(債務)의 증감을 분별하는 문자기호가 다양하고, 동일한 일기(日記)에서도 약간의 예외적인 경우를 볼 수 있다. 이는 1850년대까지만해도 우리의 고유치부법(固有治簿法)에서 사용한 문자기호가 통일되지 않고, 유동적이었다고 해석하거나 자기 혼자만 알 수 있도록 기록하였다고도 해석할 수도 있을 것 같다.

③ 현금(錢文)의 수입은 일기의 끝머리에 '상'(上), 전문의 지출은 일기의 끝머리에 '하'(下)을 표기함으로써 전문의 시재액계산을 용이하게 하고 있다. 전문의 수지가 따르지 않는 거래의 일기(분개)는 〈李季習 入 …〉과 〈佳橋宅 捧次 …〉로 행해지지만 이 일기책(日記冊)에서는 그 두 줄의 기록을 등자(凵)로 묶지 않고 있다. 그러므로 한 개의 비현금거래 분개가 어디까지인지 분별하기 어렵다.

④ 장책(長冊)에 전기를 하였다는 시각기호(視覺記號)로서 인명계정 위에 줄

을 내려 그었으며 전기가 필요 없다는 시각기호로 인명 위에 열기(列旗)(ヤ)를 표기하였다

⑤ 장책(원장)에 현금(전문)계정이 없고, 그 시재액은 일기(분개장)에서만 알 수 있도록 되어 있고, 현금의 출납기록은 일기에만 있기 때문에 이와 같은 일기는 총계정원장의 현금계정, 현금출납장, 일기(분개장)의 세 가지 기능을 동시에 수행하고 있다고 보아야 할 것이다. 이는 특별히 강조하여야 할 사개치부법의 특징이라고 하여야 할 것이다.

⑥ 150여 개의 계정 중 유독 '가교댁'(佳橋宅)계정만은 '송'(送)이란 문자기호로 차변을 나타내고 있다. 비록 '봉차'(捧次)라는 문자기호로 차변을 표시한 분개를 하였어도 그것을 전기할 때는 '송'(送)이란 표기 밑에다 전기하고 있다. 일기에서 김여현(金汝炫)계정도 '송'(送)이란 기호가 사용되었고 그것이 외상장책의 '수'(授) 밑에 전기되었지만 그 계정기록 금액 총합계는 '가교댁'(佳橋宅)계정에 일괄 이기되고 있다.

다음에서는 장책(長冊)의 치부 특색(治簿 特色)을 살펴보기로 한다. 먼저 기장의 특색을 집약한 후 두 개의 장책(외상 및 타급장책)을 인용한다.

① 외상 · 타급장책(外上 · 他給長冊)의 표지에 기록되고 있는 함풍(咸豊)4年이란 중국연호는 1854년에 해당하는 것이 확실하다. 일기책(日記冊)이나 장책(長冊)에의 기록은 한자(漢字)에 의한 종서(縱書)로서 오른쪽에서 왼쪽으로 기록해 나가는 것을 원칙으로 하였다.

② 장책(長冊)에는 일기장(日記帳)에서 지정한 인명(人名) 또는 기타 계정이 마련되었고, 그 밑에 거래내용을 기록할 수 있는 공백의 장소가 마련되었다. 한 계정과의 거래가 많을 때는 동일한 계정을 다시 설정하지 않고 '又'로 대신하였다. 동일한 계정에 더 기록할 것이 있는데도 불구하고 다른 계정의 거래기록을 위하여 이미 장소가 지정되고 있을 때는 더 이상의 거래기록을 할 수 없으므로 동일한 장책에 동일한 계정을 설정하여 나머지 거래분개를 전기하도록 하였다. 이 때는 다음에 설명할 '內'의 끝 기록 밑에 '下片 … 傳' '下移錄' '下傳'(이상은 外上長冊에서), '會冊一 … 傳' '會冊簿' '新冊傳' '上片外上冊 … 傳' '下片 … 傳'(이상은 他給長冊에서)이 첨기(添記)되고 있다. 이 구별도 어떻게 하였는지 알 길이 없었으며 이 기록이 있거나 '內'의 끝에 '上'이 기록되면 그 계정 위에 청산되었음을 뜻

하는 시각기호 △가 표기되고 있었다.

③ 외상장책(外上長册)의 경우 인명(人名)계정 밑에는 '송'(送) '수'(授) '대'(貸) '봉차'(捧次) '상'(上) 중 한 가지를 적고, 그 다음에 월 · 일을, 거래내용을, 그 다음에 금액을 기록하고 있다. 양 장책에서 사용된 문자기호(차변과 대변을 나타내는 것)를 대량 관찰한 결과 각 기호의 의미는 다음과 같은 것으로 추측된다.

송(送): 자본주인 '가교댁'으로의 판매 위탁

대(貸): 자금의 대여를 뜻하는 문자기호로 대(貸) … 하(下)로 분개되는 것이 기본이고, '하'(下)가 없는 경우는 예외에 해당함

봉차(捧次): 현금의 수수가 따르지 않는 거래로 인한 자산의 증가를 나타내는 문자 기호, 이 때의 상대편 계정(대변잔액계정)은 반드시 '입'(入; 부채의 증가를 나타내는 문 자기호)을 동반한다.

수(授): 위의 '대'(貸)와는 다른 종류의 자금융통을 의미하는 문자기호이고 이에도 '하'(下)를 반드시 동반하지만 예외적으로 '하'(下)를 동반하지 않는 경우도 있었음.

상(上): 위의 각종 채권액이 현금으로 회수된 것을 의미하는 문자기호이며 이에는 그 분개의 맨 끝에 반드시 또 하나의 '상'(上)을 동반한다.

④ 대(貸) · 봉차(捧次; 이들은 채권자산임)와 입(入; 이는 지급의무를 나타 냄) 아래로 월 · 일, 거래내용, 가래금액을 날짜 순서대로 적다가 페이지의 중간쯤에 '내'(內)라 표기하고 그 밑에 외상채권의 회수(외상장책(外上長册)의 경우), 외상채무의 상환(타급장책(他給長册)의 경우)의 날짜와 금액을 적었다. '내'(內)로 구획된 앞부분에 기입된 금액의 합계와 '내'(內) 이하에 적힌 금액이 일치할 때는 ②에서 설명한 바와 같이 '내'(內)의 마지막 기입금액 밑에 '상'(上)이란 문자기호 또는 '이하여백'이란 시각기호(ㄱ)를 표시하고 그 인명의 상부에 시각기호 △를 표기한다. 가교댁계정 · 김여현계정에는 '내'(內) 표시가 없고 오직 '송'(送; 자산계정), '입'(入; 자본계정)이 있을 뿐이다. 외상장책(外上長册)에 기록되고 있는 인명계정 총 172개 중 7개의 인명계정만이 △표시가 없고, 타급장책(他給長册)에는 모든 인명계정에 청산기호인 시각기호가 표기되고 있었다. '송'(送), '봉차'(捧

次), 수(授) … 하(下), 대(貸) … 하(下)로 처리하였던 것이 회수되었을 때는 '입'(入) … '상'(上)으로 일기처리되고 그것은 타급장책(他給長册)의 '내'(內)에 전기되었다. 기타의 모든 채권의 회수는 '상'(上) … '상'(上)으로 분개되고 전기는 해당 채권계정의 '내'(內)부(部)에 행한다.

⑤ 한 페이지에 기록된 인명(人名)에 청산기호인 △가 모두 표시되면 그 페이지 전체에 두 줄의 사선을 그었지만 한 개의 인명(人名)으로부터라도 청산을 받지 못한 것이 있을 때는 그 페이지만 사선을 긋지 않았다. 또 아주 드물기는 하지만 과학기호인 표산(標算)으로 합계액을 계산한 흔적이 남아 있다. 채권이나 채무를 얻거나 지게 되었다가 한꺼번에 그것을 다 받거나 갚으면 '내'(內)로 구분함이 없이 해당 채권 · 채무 기록의 바로 밑에 날짜와 '상'(上; 채권의 경우) 또는 날짜와 '하'(下; 채무의 경우)만 적고 그 인명(人名) 위에 △표기를 하고 있다. 이는 '내'(內)와 그 거래금액의 기록을 생략함과 동시에 채권 · 채무가 청산되었음을 의미한다.

⑥ 외상장책(外上長册)에 등재되고 있는 인명이 타급장책(他給長册)에도 동일한 인명으로 등재되고 있는 경우가 24인명에 이르고 있었다. 동일 거래선과의 채권, 채무는 상쇄하지 않고 각각 독립된 계정에 처리되고 있었음을 의미한다. 자본주계정으로 보이는 '가교댁'계정은 타급장책에서는 '입'(入; 대변)기입과 '입'(入) … '상'(上; 차변기입)이 있었으나 외상장책에서는 '송'(送; 차변기입)만 있고 '송'(送) … '상'(上)이란 기록은 없었다.

⑦ 장책(長册)에 기입된 금액과 일기(日記)의 금액이 일치하는지의 여부를 확인 할 때에 그은 것으로 보이는 위로부터의 직선이 각 금액의 옆에 그어져 있다. 이는 전기의 확인과 대차 평균의 확인절차로 보인다.

⑧ 외상장책(外上長册)에는 인명계정 이외로 '공용질'(公用秩), '매득'(買得), '공하조'(公下條), '일기'(日記)라는 계정(account)이 있었으며 그 계정의 성격이 무엇이었는지 분간하기 어려웠다. 다만 그 계정의 기록내용으로 미루어 공용질(公用秩)과 공하조(公下條)는 비용을 처리하는 동일한 계정으로 볼 수 있고, 일기조(日記條)계정은 그 기록의 말미에 '선복기계'(船卜記計)라 적혀 있고, '매득'(買得) 또한 그 말미에 '선복기전'(船卜記傳)이라 적혀 있는 것으로 보아 이 두 가지 계정은 상품을 선박에 적송하였다는 내용의 보조원장인 '선복기'의 통제계정으로 보인다. 또 이 외상장책에는

상품계정으로 보이는 우피계정, 금은계정, 마미(馬尾)계정, 포대(布帶)계정 등이 설정 · 기록되고 있다.

⑨ 이 회계문서에서는 일부 거래(금은의 거래로 보여짐)의 분개를 제외하면 완전한 복식기입의 체제를 갖추고 있었다. 그러나 복식기입으로 얻어진 각 계정잔액이 손익계산으로 연결된 확실한 증거는 없다. 관리비계정에 해당하는 '공용질', '공하조'는 있지만 매출원가와 매출수익의 계산근거로 볼 수 있는 계정 및 손익계산의 존재여부는 확인되지 않았다. 다만 두 장책의 기록 중에는 동일 날짜의 '회책부'(會冊簿)란 표기가 있었는데 그것이 혹 손익계산을 행한 장부였지 않았겠는가 라는 정도의 의문을 던져 볼 수 있는 근거뿐이다.

⑩ 이 회계문서에서 사용되고 있는 각종 문자기호는 사개치부법이 가졌다고 소개한 문자기호하고는 상당한 차이를 보이고 있다. 그러나 타급장책에 사용되고 있는 '입'(入)과 두 가지 장책에 공통적으로 사용되고 있던 '내'(內)는 사개치부법과 일치함을 보이고 있다. 뿐만 아니라 이 두 가지 장책에 사용되고 있는 시각기호, 과학기호는 사개치부법과 거의가 일치하고 있다.

⑪ 여기서 명확히 지적할 수 있는 것은 서양문물이 들어오기 전에 우리의 고유치부법이 있었다는 사실과 일본 신호대학(神戸大學) 소장의 우리나라 고유치부책이 완전한 복식(複式)기록이었다는 점이다. 복식기입을 확실히 보여주기 위하여 다음에 (문서 6.5)를 인용해 둔다. 여기서 볼 수 있는 복식기입은 그 한 예에 불과하지만 기타의 일기도 복식기입되도록 분개되고 있음을 확인하였다. (문서 6.5)의 기록중 적선(赤線)이 그어져 있는 부분은 앞의 (문서 6.4) 마지막 일기 〈李季習 入 佳橋下換文 二百四十六兩〉과 〈佳橋宅 捧次 同人 換條文 三百四十六兩〉을 전기한 것이다. 단지 '가교댁 봉차'(佳橋宅 捧次)는 외상장책의 '가교댁 송'(佳橋宅 送)밑에 전기되고 있다. 이로 미루어 보아 '봉차'(捧次)와 '송'(送)은 같은 뜻을 가지는 문자기호이거나 아니면 자본주에 대한 채권의 증가만을 표시하는 문자기호였을 가능성도 점칠 수 있다.

⑫ 일기(분개)에서는 물량으로만 기록하였다가 그것이 장책에 전기될 때는 그 물량은 물론 금액까지도 기입되고 있는 경우가 있었다.

문서 6.5 외상장책과 타급장책의 일부

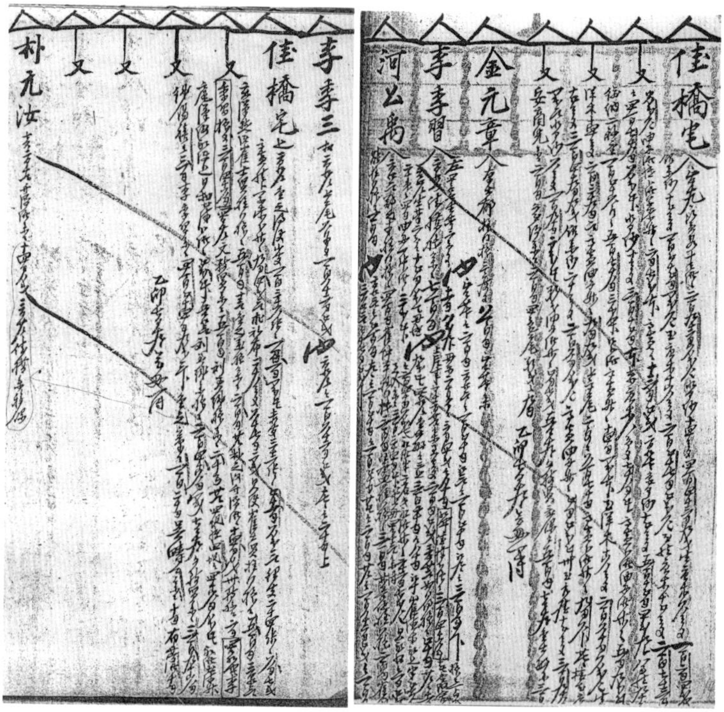

5. 高麗大學校 所藏의 掌冊第一, 稱生集, 方圓堂, 合成觀

장책제일(掌冊第一), 칭생집(稱生集), 방원당(方圓堂), 합성관(合成觀)은 고려대학교에 소장되어 있는 사인회계문서이다. 이 네 권의 장책(掌冊)(長冊, 賬冊, 掌冊으로 표기하고 있음)은 총 11권의 장책(長冊) 중 현존하는 장책(長冊)이다. 총 11권의 책명을 연도순으로 정리해 보면 다음과 같다.

「掌冊第一」(1880~1885),「算學院」(1888~1891), 「潤屋篇」(1889~1892), 「稱生集」(1890~1893), 「方圓堂」(1891~1894), 「開貨市」(1892~1895), 「通商局」(1893~1895), 「合成觀」(1894~1896), 「常平倉」(1895~1897), 「積累記」(1895~1896),「寶藏庫」(1896~1898)

이 중 칭생집은 칭생집제칠(稱生集第七)이 공식 책명이고, 그 맨 뒷장에 '장책권지칠'(掌册卷之七)로 되어 있고 방원당은 '방원당전팔'(方圓堂全八), 합성관은 '합성관곤이'(合成觀坤二)가 공식 책명이나 이하에서는 장책제일, 칭생집, 방원당, 합성관으로만 표현한다. 이들 장책의 계주(計主)는 조정윤(趙鼎允; 字는 九列)으로 그는 1854년생이며 1880년 초에 군읍관리(郡邑官吏)를 하다가 1882년에 광무주사(鑛務主事), 1895년~1897년에 장진군수(長津郡守), 1905년에 평북광무감리(平北鑛務監理)를 역임하였다. 그는 조선시대의 말엽에 친러파의 거두였고 탁지부대신, 내장원경, 군부대신을 역임하였고 한 · 일의정서서명을 반대하다 일본으로 납치된 후 고려대학의 전신인 보성전문학교를 설립한 이용익(李容翊)의 처남이기도 하다.

위의 11개 회계문서 중 현존하는 회계문서의 치부방법은 동일하다. 이로 미루어 보아 발견되지 않고 있는 다른 회계문서의 치부방법도 동일하였을 것으로 추정된다. 이들 장책기록 내용으로 미루어 보면 현존하지는 않지만 일기책(日記册)이 있었던 것으로 추정되고, 그 외에도 장기(掌記)라고 명명(命名)된 낱장의 기록이 여러장 장책 속에 끼어 있었다. 이들 지편은 '양시봉타조기', '강참봉계', '광소계', '한용석 가장계', '이군일계' 등의 계산서명이 붙어 있었다. 다음에는 이들 장책들의 치부원칙을 모두 적어 본다.

① 장책제일(掌册第一)과 방원당(方圓堂)은 그 보존상태가 아주 불량하여 판독이 곤란한 부분이 많기 때문에 칭생집(稱生集)과 합성관(合成觀)을 주된 대상으로 하여 관찰한 결과 이들 회계문서에는 각각 150개가 넘는 계정이 설정되어 있었다. 계정은 그 종류도 다양하여 인명계정, 물품계정, 공용계정, 세소(稅所)계정, 무소(貿所)계정, 광소(鑛所)계정, 감영(監營)계정, 풍헌(風憲)[13]계정 등이 있었다. 각 계정은 각 지면의 오른쪽 상단에 큰 글자로 적고 있으며 그 지면은 상하 양단으로 나누고, 상단을 '거'(去), 하단을 '입'(入)이란 문자기호로 구분하고 있다. 때로는 상단을 '입'(入),하단을 '거'(去)로 표기하고 있는 것도 있었다. 또 공용(公用)계정과 같이 차변만 필요한 계정은 아예 처음부터 상하단 모두를 '거'(去)로만 표현하고 있었고, 이와 반대로 수입만 있는 계정은 상하단 모두가 '입'(入)으로만 표기하고 있었다.

13) 지금의 面長에 해당함.

② 각 계정의 상단은 차변잔액계정의 경우 '上冊移來文'(공용계정의 경우), '上冊移來捧次文', '上冊算學院移來捧次文', '上冊方圓堂移來時在文'(地金銀의 경우)으로 기록을 시작하고, 하단의 기록은 '上冊移來入文'(錢文계정에서만), '上冊移來給次文', '上冊潤屋篇移來給次文'으로 시작하고 있다. 이월액이 없을 때는 이래문의 기록이 없는 것이 당연하다. 여기서 각 계정의 대차구분을 '거'(去), '입'(入)이란 문자기호를 사용하고 있는 점, 자산계정의 잔액을 '봉차'(捧次)로, 부채계정의 대변잔액을 '급차'(給次)로 표현하고 있는 것이 확인되었다.

③ 각 계정 상단의 두 번째 이하의 기록은 맨 위에 연월일, 그 밑에 거(去), 그 밑에 거래내용, 그 밑에 금액을 적고 있으나 거(去)만 있는 계정(예로 들면 공용(公用))은 상하 양단 중 상단기입은 같으나 하단기입은 거(去)를 맨 위에 적고, 그 밑에 거래내용, 금액을 적은 다음 맨 아래에 거래일자를 적고 있다. 이 때의 거(去)는 매 거래기입 때마다 기록된다. 상하 양단의 거래성격(채권 또는 채무와 같은 구별)이 상이할 때의 상단이 거(去)라면 하단은 입(入), 다음에 거래내용과 금액을 적고, 그 밑에 연월일을 기록하고 있다. 그러나 상하 양단이 모두 입(入)으로 되고 있는 계정(예 路稅錢계정)의 상단은 연월일, 거래내용, 금액의 순으로 적고 있다. 여기서 송도치부법이 가졌던 문자기호 거(去)와 입(入)을 볼 수 있다.

④ 각 계정의 거(去)합계와 입(入)합계가 같으면 별도로 그 합계금액을 기록하지 않고, 그 계정명 위에 △표하고 있으며, 잔액을 남기고 있는 계정은 계정명 위에 아무런 표시를 하지 않고 그대로 두고 있다. 거(去)와 입(入)의 기입횟수가 많은 계정은 마지막 기록 다음에 합거문(合去文), 합입문(合入文)이라고 먼저 적고, 그 밑에다 각각의 금액 합계를 적고, 두 합계액을 비교하여 많은 쪽의 합계금액 밑에는 내(內)를 적고, 합계액이 적은 쪽의 금액 밑에는 제(除)자를 적은 후 두 합계금액의 차액을 구하여 재봉차문(在捧次文; 채권 시재액), 재급차문(在給次文; 채무 시재액)이라 적은 다음 그 밑에 그 차액을 적고, 하책이기(下冊移記), 하책적누기(下冊積累記), 하전개화시(下傳開貨市) 등으로 이록(移錄)표기를 하고 있다. 이록(移錄)한 계정 위에도 △표를 하고 있다. 여기서도 송도치부법이 사용하였던 것으로 소개되고 있는 봉차(捧次)와 급차(給次)의 문자기호를 발견할 수 있다.

그러므로 위의 장책들에서는 받자(捧上)이니 차하(上下)와 같은 이두표현, 즉 관부회계문서에서 보았던 것은 어디에서도 발견되지 않는다.

⑤ 현병주의「사개송도치부법」에서 열거되고 있던 시각기호의 거의 전부가 위 장책에서 사용되고 있었다. 즉 △표, 등자(鐙子; ⊔표시), 과학기호인 호산(胡算), 이하 여백 표시(또는 말소 표시)인 ㄱ표시, 열기(列旗; ヤ표시), 타점(打點; 丶표시) 등이 그것이다.

⑥ 위의 회계문서들은 모두 다 장책(복식부기의 원장에 해당)이며, 거기에는 인명계정과 공용(公用)계정, 물품별계정, 전답(田畓)계정, 수입계정 등이 등재되고 있으나, 이들 장책의 어디에도 현금계정에 상당하는 계정이 보이지 않는다. 이는 일본의 신호대학(神戶大學) 소장의 일기제이(日記第二)가 총계정원장상의 현금계정, 현금출납장을 겸한 분개장이었기 때문에 외상 · 타급장책의 어디에도 현금계정이 없었던 것과 마찬가지로 여기에서도 현금계정, 현금출납장 겸용의 분개장인 일기(日記)가 있었던 것이 아닌가 추측한다. 그 증거가 칭생집의 한자평(韓子平)계정의 하단인 '입'(入)部와 합성관의 조정윤(趙鼎允)계정 '거'(去)部에 기입되고 있는【日記 十行】등이다.

入 稅所物件放來付記文 一百二十七兩九錢 十月十七日 十四行日記
六月初四日 去 日記十行 文一千三百八十三兩九錢七分
九月二十日 去 日記五行 文八百八十九兩二錢五分

그러나 결산을 행한 흔적이나 그 회계기록은 전혀 볼 수 없었다.

⑦ 장책의 중간에 장기(掌記)라고 적힌 한 장짜리 회계문서가 몇 장이 끼어 있었는데 그 중 한 장은 '이군일 계(李君日 計)'로서 그 계주(計主; 회계주체를 의미하는 듯)는 조구열(趙九列; 조정윤의 字라고 하였음)로 되고 있는 것으로서 그 내용이 장책의 그 계정과 일치한 점이 너무 많아 여기서 그 성격을 따져보기로 한다. 장기(掌記)에 기록된 "合去文 一百八十二兩四錢四分 內," "合入文 八十七兩一錢二分 除," "在捧次文九十六兩二錢一分"이 장책의 해당계정(李君日계정)의 이들 금액과 완전 일치하지만 단지 상이한 점은 이군일계좌에서는 상계(相計)된 거래들이 모두 다 기록되고 있는데 반하여, 장기(掌記)에서는 그것들이 기록되고 있지 않는 점만이 다르

다. 이로 미루어 보면 이 장기(掌記)는 계주(計主)인 조정윤이 장책상의 기록을 참고로 하여 채무자인 이군일에게 작성해 준 계산명세서(計算明細書)였던 것으로 생각한다. 이와 같은 장기(掌記)가 여러 장 있었으나 장책의 인명계정과 맞아떨어지는 것이 없어서 더 이상의 검증은 할 수 없었다.

⑧ 위 4권의 장책에서 가장 특기할 사항은 거기에 수록되어 있는 각 계정의 '거'(去)와 '입'(入)으로 기입된 것을 추적해 본 결과 상당히 많은 분량의 복식기입이 되고 있다는 사실이다. 이와 같이 확인된 복식기입을 현대식 분개로 표시하면 다음과 같다. 1890년 9월 하순에서부터 12월 하순까지의 것만 추적해 본 결과 복식기입된 거래의 수가 53거래였다. 장책이 모두 다 있었다고 한다면 아마도 모든 거래가 복식기입되었을 것으로 추정한다. 그러나 이 복식기입이 이상하게도 현금의 수수가 없는 거래분개로 대차가 연결되고 있다는 사실이다. 1890년대만 하더라도 함경남도 삼수갑산 지역에서는 화폐를 교환수단으로 한 거래보다는 물물교환거래가 지배적이였던 것으로 추정되는 증거가 아닌가 생각한다. 그래도 장책(長册)에 현금계정이 없다는 것은 이들 회계장부가 가지고 있던 일기가 총계정원장상의 현금계정겸 현금출납장겸 분개장 역할을 한 것의 증거가 아닌가 생각한다. 다른 한편으로는 물물교환거래도 복식기입의 분개와 전기가 가능하다는 것을 보여주는 사례라고도 할 수 있다.

去(차변)			入(대변)	
1890.9.27.	公用	1.22	김용운	1.22 (煙竹價)
	公用	66.65	김용운	66.65 (포목가)
1890.10.9.	이경엽	1100.00	김용운	1100.00 (雇價)
1890.10.15.	皮物件	9.00	위주보	9.00 (千佛山僧)
1890.11.2.	피물건	85.00	이석규	85.00 (麝香)
1890.11.23.	양영찬	20.00	피 물	20.00 (麝香價)
1890.12.29.	최상악	21.12	路稅錢	21.12 (古土水 路稅 後望文)

(물품계정 명칭은 질(秩)이 아닌 건(件)으로 표기하고 있다)

⑨ 결산 또는 손익계산의 증거는 발견할 수 없었다. 그 이유는 일부 계정기입은 화폐적 평가 없이 물량기입만이 있었기 때문이다. 그러나 일부 물품

표 6.7 천은계정(天銀計定)(월, 일 생략)

去(매입)		入(매출)		잔 액	
중량	금액	중량	금액	중량	금액
26.00 重	236.00 兩	4.00 重	40.00 兩		
4.00	28.00	0.80 1.50	8.00 13.00		
12.00	84.00	7.10	63.90		
5.00 15.90	40.00 127.20	3.00 2.60	30.00 30.62		
		0.30	2.40		
		2.30	23.00		
		2.20 2.14	16.00 17.22		
62.90 重	515.22 兩	25.74 重	243.92 兩	37.16 重	271.30 兩

표 6.8 토염계정(土鹽計定)(월, 일 생략)

去(매입)		入(매출)		잔 액	
수량	금액	수량	금액	수량	금액
50.00 駄	907.00 兩	9.00 駄	241.56 兩		
운 임	280.00	2.10	94.50		
운 임	150.00	14.00	588.00		
鹽 稅	5.00	4.00	172.95		
운 임	35.00	1.00	42.00		
운 임	21.00	4.10	150.00		
이 자	20.00	7.00	310.00		
		이자	26.40		
		1.10 駄	40.80		
		0.10	26.16		
50.00 駄	1,418.00 兩	41.9 駄	1,692.87 兩	8.10 駄	

계정(天銀 · 土鹽)은 손익계산이 가능한 상태로 기입하였으면서도 손익을 계산한 흔적은 찾아볼 수 없었다.

⑩ 이 네 권의 장책에 적용된 치부원리는 ① 복식기입, ② (上册移來額 + 去

合計額 − 入合計額) = 捧次額, ③ (入合計額 − 去合計額) − 上册移來額 = 給次額 이라는 구조이고, 이 치부원리가 끝까지 흔들림 없이 관철되고 있음을 확인하였다.

한국광무조사보고[14]에 의하면 감리(監理), 위원(委員), 별장(別將), 세감(稅監)은 모두 반관반민의 성격을 띠고 있으며, 각자의 담당구역별로 내장원(內藏院)(왕실의 재산관리청)에 징세책임 · 납부세액을 약속하고 소임을 맡았으며, 매년 3월에 그 액수는 갱신되었다고 한다. 초과증수액은 각자의 소득이 되었지만 만약 부족액이 생겼을 때는 개인재산으로 보전할 책임이 있었다고 한다. 위 장책(長册)의 주인공, 즉 계주(計主)인 조정윤(趙鼎允)은 광산의 주인임과 동시에 세금의 징수를 책임진 위원(委員)이었을 것으로 추정한다. 위에서 소개한 4권의 장책 속에 끼어 있던 조정윤 앞으로 된 서간(書簡)이 있었는데 그 서간의 수취인이 '조정윤 위원'(趙鼎允 委員)으로 되어 있었기 때문이다.

6. 奎章閣 所藏의 各圃間數本錢會計

이 회계책의 회계주체가 누구인지는 알 수 없지만 맨 앞장에 「무자정월일 각포간수본전회계」(戊子正月日 各圃間數本錢會計)란 제목아래 16개의 삼포(蔘圃) · 그 간수(間數) · 삼포별 투자액(蔘圃別 投資額)인 본전(本錢)을 기록한 다음, 각 삼포별 본전투자 이후의 매월의 지출액을 빠짐없이 기록하여 마지막 부분에서 각 삼포별 손익계산(蔘圃別 損益計算)과 그 분배(分配)를 기록한 아주 중요한 회계문서이다. 이 중 세 곳의 삼포(蔘圃)를 하나의 손익계산 단위로 한 회계문서의 첫째 면과 둘째 면에 기록되고 있는 삼포별 간수, 본전기록을 먼저 인용하면 다음과 같다.

14) 한국광무조사보고는 1905년 일본인 金原信泰(당시의 일본 농상무성 기사)와 中川維則(당시의 일본광산 감독서 기사)에 의하여 작성된 현지답사보고서이다. 이 속에 이계신(李啓信)이라는 세감(세감(稅監))이 등장하는데, 이 인물이 바로 이 장책에도 등장하고 있다. 이 보고서가 「칭생집」(稱生集)보다 15년 뒤에 나왔지만 별장이나 세감이 세금징수청부인이었던 사실에는 변함이 없었던 것으로 보인다. 이 때 '한국'이란 국호를 사용한 것이 이색적이며, 이 보고서에 등장하는 면(面)을 당시 서북지방에서 많이 사용되었던 사(社)로 표현하였던 것이 그대로 나타나고 있으며, 이 보고서에 등장한 면, 동의 이름이 위 장책에도 그대로 나타나고 있다.

間 數	本 錢
尾坮 二五根 二千九十七間 三五根 一百四十九間	一萬三千三百十兩五錢七分
西踰洞 二五根 二千八十間	一萬二千二百七十八兩九錢五分
鱉岩 二五根 六百六十九間	四千二百五十三兩九錢四分

(문서 6.6)은 위 미대(尾坮), 서유동(西踰洞), 별암(鱉岩)의 삼포를 위하여 추가 투자와 추가 투자액에 대한 이자부담액을 기록하고 마지막에 순손익을 계산한 다음 그것을 분배한 기록을 나타내고 있다. 이는 16개의 삼포 중의 일부에 불과하며, 다른 삼포도 같은 유형의 기록이었음은 두말 할 필요가 없다. 미대삼포(尾岱蔘圃)의 기록유형이나 서유동삼포(西踰洞蔘圃))의 기록유형, 별암삼포의 기록유형은 똑같다. 그러므로 (문서 6.6)의 기록 중 별암삼포의 회계기록에 대해서만 설명할 것이다.

① 이 회계기록은 정해(丁亥)(1887년 아니면 1827년?) 3월에 시작하여 기축(己丑) 9월에 종료하고 있다. 정해년(丁亥年)을 1887년으로 보면 기축년(己丑年)은 1889년이 해당하고, 정해년(丁亥年)을 1827년으로 가정하면 기축년(己丑年)은 1829년에 해당한다. 월수는 정해년(丁亥年)이 10개월, 무자년(戊子年)이 12개월, 기축년(己丑年) 8월까지(9월에 삼포가 판매되었으므로 그 달은 제외) 8개월, 정해년(丁亥年)은 윤년이었으므로 1개월을 더하면 총 31개월이 된다.

② 정해(丁亥) 3월에 별암삼포를 매입하고 그 매입가액(본전)이 2,000량, 그 달의 경작비용(투자액) 310.54량, 합계 2,310.54량이며, 그 금액에 대한 이자로 월 1.5%의 단리(單利)로 계산한 31개월분 1,074.04량(2310.54×0.015×31)이 원시투자액에 가산되도록 기록되고 있다. 그 이후의 각 월에서도 경작비용(추가투자액)과 그 달의 추가투자액에 대한 이자를 월 1.5%의 30개월분, 29개월분 … 1개월분으로 계산하여 그 금액을 자본적 지출이 되도록 기록하고 있다.

③ (문서 6.6)을 현대식으로 나타내 보면 다음과 같다.

④ 인삼 경작비 지출합계를 본합(本合), 경과이자 합계를 변합(邊合), 이들 두

문서 6.6 별암삼포의 기록과 미대 · 서유 · 별암삼포의 손익계산

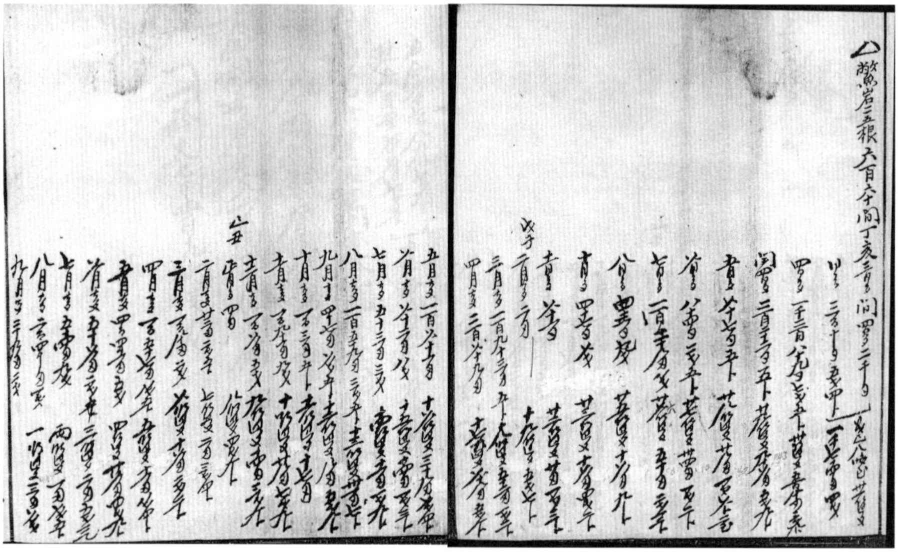

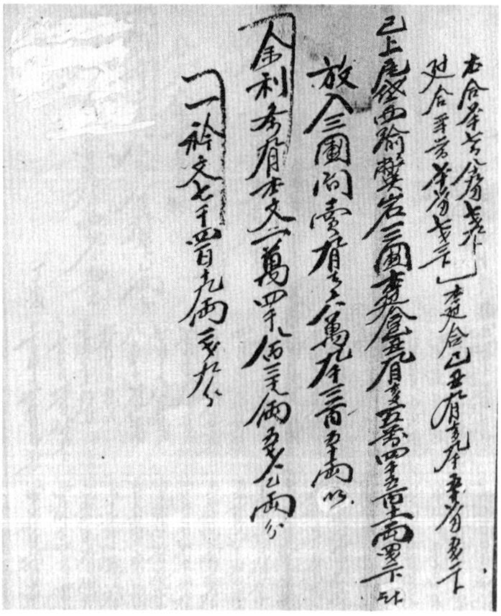

월	투자액	이자 액	원리합계
丁亥 3월	2,000량(매입액)		
	310.54	1,074.40량(31개월분)	3,384.94량
4월	1,289.75	580.39 (30개월분)	1,870.14
윤4월	222.05	96.59 (29개월분)	318.64
5월	67.05	28.161 (28개월분)	95.211
6월	84.25	34.12 (27개월분)	118.37
7월	128.80	50.23 (26개월분)	179.03
8월	42.90	16.09 (25개월분)	58.99
10월	47.60	16.42 (23개월분)	64.02
11월	61.00	20.13 (22개월분)	81.13
戊子 2월	2.00	0.57 (19개월분)	2.57
3월	193.05	52.12 (18개월분)	245.17
4월	269.00	68.59 (17개월뷰)	337.59
5월	161.00	38.64 (16개월분)	199.64
6월	62.80	14.13 (15개월분)	76.93
7월	53.30	11.19 (14개월분)	64.49
8월	159.35	31.07 (13개월분)	190.42
9월	7.65	8.58 (12개월분)	56.23
10월	103.05	17.00 (11개월분)	120.05
11월	191.90	28.79 (10개월분)	220.69
12월	106.50	14.38 (9개월분)	120.88
己丑 1월	4.00	0.48 (8개월분)	4.48
2월	22.25	2.34 (7개월분)	24.59
3월	180.20	16.22 (개월분)	196.42
4월	157.85	11.84 (5개월분)	169.69
5월	441.50	26.49 (4개월분)	467.99
6월	56.25	2.53 (3개월분)	58.78
7월	54.90	1.65 (2개월분)	56.55
8월	240.10	3.60 (1개월분)	243.70
9월	29.20		29.20
합세	6,789.79	2,266.741	9,056.531

* (문서 6.6)상의 이자총액 2,266.73과 위 표상의 이자 합계액에는 0.011의 차이가 있다. 따라서 투자액과 이자액 합계에도 동액의 차이가 난다.

합계를 본변합(本邊合)이라 기록하고 있고, 이들의 계산은 정확하였다. 위 인용문서에서 볼 수 있는 간매(間買)와 간매(間賣)는 삼포를 사고, 판 것을 나타내는 표현이며, 합계액이 많은 쪽(본 · 변합계와 간매(間賣)합계액 중)의 금액 밑에는 '계'(計) 또는 '제'(除)를, 적은 쪽의 합계액 밑에는 '以'의 문자기호를 적고 있다. 그리고 이익을 이등분한다는 표현을 하면서 "…을"을 '乙'로 표기하고 있음은 이두(吏讀)의 표현임을 간과해서는 안 된다. 상인의 회계문서에서 이두표현을 한 아주 희귀한 예이다. 단 육의전이 그 회계문서에서 이두표현을 한 것은 예외이다.

미대(尾垈) 본 · 변(本 · 邊)합계액	23,542.04량(회계문서상의 금액임)
서유동(西踰洞) 본 · 변 합계액	21,912.86 (위와 같음)
별암(鱉岩) 본 · 변 합계액	9,056.52 (위와 같음)
이상 3포의 본 · 변 총계	54,511.42량
이상 3포의 간매 방입(판매수입)	69,350.00량
여리(餘利, 순이익)	14,838.58량 乙 二等分(을 이등분)
一衿(한 몫)당 이익	7,419.29량

⑤ 인삼재배는 지금은 조금 달라졌지만 옛날에는 매우 위험한 사업(농업)이었다. 개인의 투자로는 특히 그 위험도가 높았으므로 자본소유자와 재배전문가의 합작이 필요했던 같다. 자금출자자와 기술출자자의 공동사업이 삼포의 경영이었고, 자금제공자는 자금에 대한 이자는 물론 그 사업에서의 이익에 대한 분배권도 가진 것이 당시의 상관습이었던 같다. 그 대신 인삼재배사업으로부터 손실을 봤을 때의 자금공여자는 그 손실만 공동부담하고 출자액에 대한 이자는 챙겨가는 것이 당시의 관습인 것으로 파악되었다. 실제로 손해를 본 삼포경영을 반영한 회계기록의 일부를 다음 (문서 6.7)에서 본다.

塔垈二根圃　　　　　　　　　　　　甲午三月晦日會計　李始明

壬辰 八月 本文 二十五夃 同錢甲午三晦至二十朔邊文 七夃五錢

九月 本文 二百三十五夃五錢　　　十九朔邊文 六十七夃一錢一分

十月 本文 二百六十四夃五錢　　　十八朔邊文 七十一夃四錢一分

문서 6.7 塔坐 二根圃의 회계문서

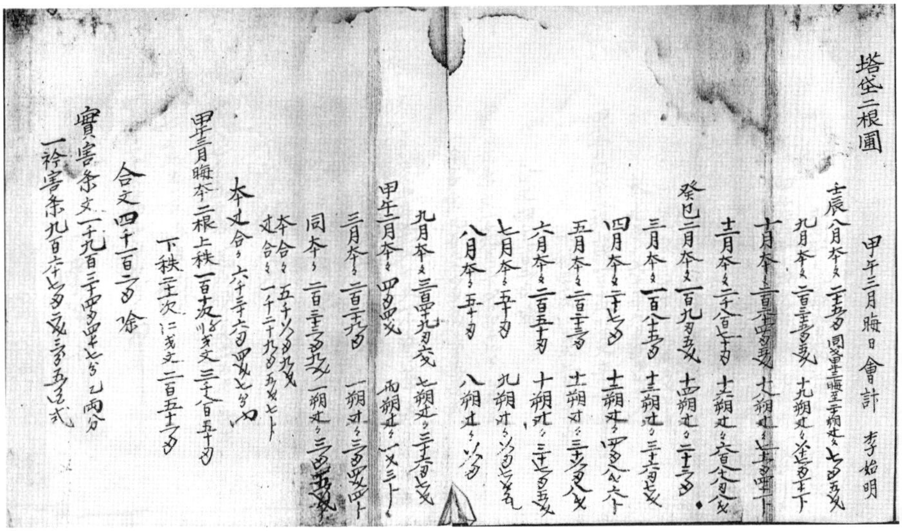

　　十二月 本文 二千八百七十文

癸巳 二月 本文 一百九夕五錢

　　三月 本文 一百八十五夕

　　四月 本文 二十七夕

　　五月 本文 二百二十三夕

　　六月 本文 二百五十夕

　　七月 本文 五十夕

　　八月 本文 五十夕

　　九月 本文 三百四十九夕六錢

甲午 二月 本文 四夕四錢

　　三月 本文 二百二十九夕

　　同 本文 二百三十三夕九錢

本合文 五千六夕九錢

邊合文 一千二十九夕五錢七分

本邊合文 六千三十六夕四錢七分 內

十六朔邊文六百八十八夕八錢

十四朔邊文 二十三夕

十三朔邊文 三十六夕七錢

十二朔邊文 四夕八錢六分

十一朔邊文 三十六夕八錢

十朔邊文 三十七夕五錢

九朔邊文 六夕七錢五分

八朔邊文 六夕

七朔邊文 三十六夕七錢

兩朔邊文 一錢三分

一朔邊文 二夕四錢四分

一朔邊文 三夕五錢

甲午三月晦本 二根 上秩 一百十次 〢〨 錢文 三千八百五十夊
下秩 二十一次 〡二 錢文 二百五十二夊
合文 四千一百二夊 除
實害條文 一千九百三十四夊四錢七分乙兩分
一衿害條 九百六十七夊二錢三分五厘式

이상의 인용문서에서에서의 과학기호인 표산(호산)은 단가(單價)를 표시하는 것, 이근(二根)이란 2년근(年根), 상질(上秩)·하질(下秩)은 상등품 집합과 하등품 집합을 구분한 것, 손실의 경우는 '내'(內)와 '제'(除)라는 문자기호를 이익이었을 때와 반대로 표기되고 있다. 손실을 '실해문'(實害文)으로 표기하였고 그것을 이등분한 금액 밑에 '식'(式)이라 표시하여 각자의 '몫'을 표시하고 있다. 이 기록에 의하면 상질의 인삼은 단가 35량으로 110회 판매되었고, 하질의 인삼판매단가는 12량으로 21회에 걸쳐 판매되고 있음을 보여 주고 있다. 이 탑대삼포의 경작연수는 약 2년간의 공동경작이었음을 보여 주고 있다. 이 손익계산의 첫머리에 표시되고 있는 이시명(李始明)은 탑대삼포(塔岱蔘圃)에 공동출자한 한 사람으로 보인다.

⑥ (문서 6.6)으로 보아 명백한 사실은 이 회계문서의 작성이 삼포의 판매 또는 그 산출물의 판매완료와 동시에 행해졌음을 알 수 있다. 그것은 이자계산 월(月) 수(數)가 삼포 또는 그 산출물의 판매완료 시점(時點)으로부터 역으로 계산된 사실, 매월의 경작비용 지출기록이 1개월에 한 번씩 일괄 기록되고 있는 사실, 인삼의 판매가 200에 가깝게 판매되었는데도 불구하고 단 한번으로 기록되고 있는 사실들이 이를 입증한다. 이는 (문서 6.6)이나 (문서 6.7)은 원 장부에서 종합 이기(移記)된 것이고 이 회계문서의 기초가 되었던 본래의 상세한 기록문서가 있었다는 것을 의미한다고 본다. 그러나 이를 입증할 구체적 기록은 발견할 수 없었다.

⑦ 이 별암삼포회계기록의 주인공은 개성상인 또는 개성부근의 삼포운영자였을 가능성이 높다. 또 이 기록 속에는 현병주가 소개한 각종의 문자기호,시각기호, 과학기호가 사용되고 있다. 그 예를 앞에서 언급한 것 이외에도 봉차(捧次)·급차(給次)가 있고, 행획(行劃), 등자(鐙子), 정확성 확인기호로 보이는 ㄱ자형 기호, 표산(호산)이 사용되고 있다. 각포간수본전회

계(各圃間數本錢會計) 중에도 칭생집이나 현병주의 사개치부법에서 논급한 '장기'(掌記)도 포함되고 있었다. 이는 (문서 6.8)에서 보는 바와 같이 거래처에 제출한 계산명세서였다고 보인다. 이에 관하여는 다음의 공자삼회계에서 다시 논하게 될 것이다. (문서 6.8)의 내용을 다음에 옮겨 놓는다.

金生員 宅 乙未 十一月 十一日

乙未 九月 本 睦陵洞 水蔘 十片 十三次 〡二文 一千五百六十兩

　　　　　　　　　　　　十三片 七十五次 亖文 六千兩

二口合文 七千五百六十兩 九 · 十兩朔邊文 二百二十六兩八錢

本 · 邊合 給次文 七千七百八十六兩八錢　　內

乙未九月 本 先給文 七千五百兩 同 兩朔邊文 二百二十五兩

本 · 邊合 捧次文 七千七百二十五兩　　除

餘 給次 乙未 十一月 本文 六十一兩八錢　　印

　　　　　　　　　　　　雲溪 計呈　　印

문서 6.8　　掌　記

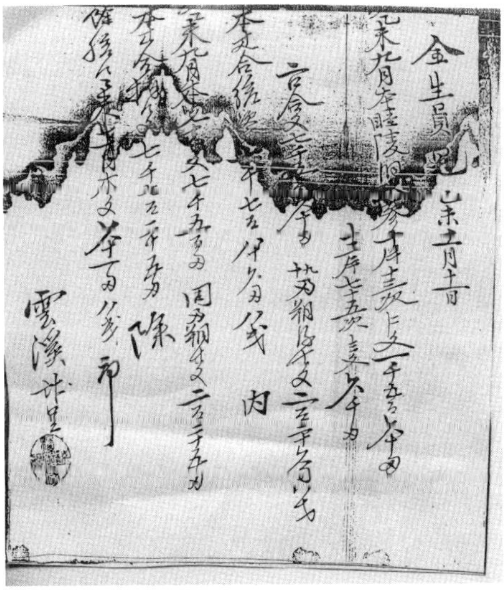

이상의 각포간수본전회계에서 가장 중요한 특징은 손익계산과 손익분배 내용이다. 위에 인용된 (문서 6.6과 6.7)에서 그 손익계산의 기본구조를 요약하면 다음과 같다.

손 익 계 산

삼포 판매수입		7,000.00
(−) 삼포경작비용(本錢):	5,000.00	
본전에 대한 이자:	1,000.00	6,000.00
순이익		1,000.00

순 이 익 처 분 계 산

순 이 익		1,000.00
1주당 이익:	500.00	
배당 총액:	(500.00×2)	1,000.00

이 손익계산은 수익총액과 비용총액의 대비에 의한 손익계산인 것처럼 보이지만 다른 한편으로는 청산손익계산, 즉 청산가격과 투자액(本錢)에다 자본보수인 이자를 더한 금액과의 비교계산으로도 볼 수 있다. 간매(間賣)액이 삼포의 청산가격인 것은 확실하지만 삼포는 그대로 두고 그 산출물인 인삼만 판 것도 청산으로 볼 수 있는가 하는 의문은 생긴다. 만약 삼포를 빌려서 인삼을 재배하였다가 그 산출물을 판매하였다고 가정한다면 청산으로 볼 수 있을 것이며 인삼재배의 특성상 타인의 토지를 빌려 인삼을 재배할 가능성이 높다.

대부분의 경우 3년 이상에 걸친 경작비용지출은 삼포라고 하는 모험기업에의 투자액이며, 그것에 대한 이자는 모험기업에의 투자액이 받아야 할 기회원가라 할 수 있다. 이 회계에 나타나고 있는 '본전'(本錢)은 '자본'(資本)과 같은 뜻이므로 그 뜻으로 보아도 여기서의 손익계산은 청산손익계산으로 보는 것이 타당하다고 본다. 그러나 '청산'으로 본다면 본전의 분배도 있어야 할 터인데 그것이 보이지 않는 점에서 여전히 의문은 남는다. 그러므로 저자는 '각포간수본전회계'에서의 손익계산은 모험기업의 '순자산 증감에 의한 손익계산'이며 그 손익분배도 순자산 증감액의 분배로 인식하여야 할 것으로 본다.

당시의 자금제공자에 대한 이자지급의무가 얼마나 엄격하였던가를 이 회계문서에서 확인할 수 있다. 그것은 경작비지출에 대하여 이자를 가산한 것은 차치하고 (문서 6.8)에서 본 바와 같이 생산물판매 2개월 후에 이익분배를 행하면서 그 2개월간의 이자도 가산하여 지급의무액으로 한 엄격성이다.

이와 같은 이익계산과 그것의 분배액계산은 복식부기에서 말하는 기간손익계산은 아니지만 모험기업의 순자산 증감손익을 계산하면서 다른 한편으로는 미완성의 다른 삼포를 계속 경작하고 있었음이 이 회계문서에서 명백히 나타나고 있다. 이와 같은 사실을 어떻게 해석하며, 다른 회계국면과 어떻게 연관시킬 것인가 고민이다. 또 인삼을 식재(植栽)한 토지의 취득원가가 '본전'(本錢)에 가산되고 있으면서, 그 삼포의 처분가격은 분배의 대상에서 제외한 것으로 보아 이 회계문서상의 2인 공동사업은 계속되고 있었음이 확실하다. 다수에 의한 공동사업이면서 그 출자지분의 양도를 쉽게 할 수 있는 계기가 마련되면 이 순자산 증감손익계산은 기간손익계산으로 발전할 수 있다고 생각하는 중요한 증거가 이 각포간수본전회계라고 보고 싶다.

7. 稷山日記

저자가 최초로 발견한 직산일기(稷山日記)는 "各司謄錄 忠淸道 補遺編"에서였으나 그 뒤 규장각에서 그 원본(原本)을 발견하여 복사하였다. 이 원본의 복사본과 각사등록상의 직산일기(稷山日記) 내용을 비교해 본 결과 그 사이에는 약간의 차이가 있음을 발견하였다. 하(下)를 상(上)으로 잘못 옮긴 것, 상(上)이나 하(下)를 적지 않은 경우, 등자(鐙子)표시가 있었는데도 빠트린 경우, 육(六)을 칠(七)로 읽은 것, 월일(月日)이 맨 위에 있는 것을 맨 끝으로 옮겨 놓은 것 등이 그 예이다. 그러나 내용자체에는 아무런 차이가 없었다.

이 직산일기(稷山日記)의 맨 첫 페이지에는 연도가 병신년(丙申年)으로 표기되고 있으며, 그것은 서기 1896년이거나 아니면 1836년으로 추정한다. 이 회계기록에 등장하는 금액의 크기(백미 4두의 가격이 126량, 백목(白木) 7척의 가격이 6량3전 1854년의 신호대학(神戶大學) 소장의 회계문서에서는 백목 1필(20척)의 가격이 2량2전인 것과 비교할 때)로 미루어 보면 1896년일 가능성이 더 높은 것 같으나 그렇다고 가정하면 그 기에는 일본인의 관계자가 등장하고 있어야 할 것인데 그것이 한 사람도 없는 것으로 보면 1836년의 회계문서일 가능성도 배제할 수

문서 6.9 직산일기

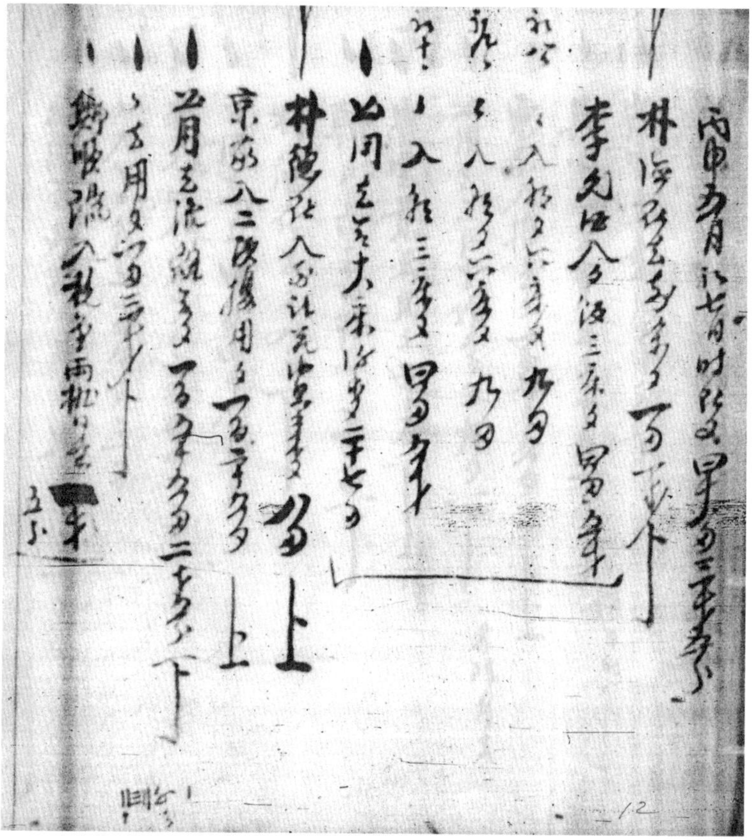

없다. 이 직산일기(稷山日記)에 등장하는 인물 중에는 연월일의 표시가 없는 직산송당광소도성책(稷山松堂礦所都成冊)이라는 문서에 등장하는 인물이 6명이나 되는 것으로 보아 직산일기(稷山日記)는 직산송당광소(稷山松堂礦所)의 회계기록으로 추정된다. 특히 이들 6명 중 5명은 광군(鑛軍; 한 광부의 집단)의 우두머리이고 1명은 세감(稅監), 즉 세금징수의 책임을 진 파견관리인이라는 점이다.

광산으로부터 받는 세금은 '광군(鑛軍) 1명당 얼마'로 정하여져 있었으며, 그 징수책임은 광군의 우두머리가 지고 있었다. 이런 점으로 미루어 생각하면 이 직산일기(稷山日記)는 관부(官府)의 회계기록일 가능성이 높으며, 이로 인하여 이 일기가 각사등록에 수록된 것 같다. 그러나 그 기록방법이 관부회계와 같이 단식부기가 아니고 사개치부법과 똑같이 복식기입되도록 분개된 점으로 보면 사인회계문서인 것 같기도 하다. 그러나 이 일기를 전기한 장책, 즉 원장이 발견되지 않는 점이 매우 안타까운 일이다. 그 실례는 (문서 6.9)에서 보겠지만 그것을 요약하면 다음과 같다.

① 직산일기는 차변을 '거'(去), 대변을 '입'(入)으로 표현하고 있다. 이 거(去)와 입(入)은 계정과목 밑에 기입하고 그 밑에 거래내용, 거래금액을 기입하고 있다.

② 현금의 수수가 따르는 거래는 거래내용, 거래금액을 기입한 밑에다 '상'(上)과 '하'(下)란 기호를 기입한다. '상'(上)은 현금의 수입, '하'(下)는 현금지출을 표현하는 문자기호라는 사실은 다른 우리의 고유치부책과 다를 바 없다.

③ 자산에 속하는 계정으로서의 인명계정, 공용계정 등은 일기 중에서 많이 볼 수 있지만 현금계정에 전기하라는 일기(분개)는 찾아볼 수가 없다. 다만 현금출납의 기호로 '상'(上)과 '하'(下)가 있을 뿐이다.

④ 직산일기에서는 일정한 날짜를 간격으로 또는 일기책의 각 페이지마다는 아니지만 어떤 페이지는 첫째 줄에 현금의 시재액이 기록되기도 하다가 어떤 경우에는 페이지 중간쯤의 난외(欄外)에 현금시재문을 계산기록하기도 했다.

⑤ 이상을 종합하면 직산일기는 분개장 역할을 기본으로 하면서 현금출납장 및 원장상의 현금계정 역할을 겸한 회계장부라 결론지을 수 있다.

⑥ 직산일기에는 현병주가 그의 사개치부법에서 소개한 각종 기호를 거의 빠짐없이, 그리고 그대로 사용하여 일기기록을 하고 있다. 입(入)과 거(去), 상(上)과 하(下), 등자(鐙子)기호, 전기완료 표시인 타점(打點), 전기불필요 표시인 열기(列旗), 단가표시에 호산(胡算)을 이용한 것 등이 그것이다. 이로 미루어 보면 직산일기가 기록된 시대가 되면 사개치부법이 사용한 문자기호, 시각기호, 과학기호가 거의 통일되고 있었다고 보여진다. 여기서 특기할 사실은 이 직산일기의 거래분개를 장책인 원장에 전기한 표시인 타점(打點)이 있다는 것이다. 이는 곧 원장인 장책이 있었다는 것을 말하고 있다.

이상을 종합하면 우리의 전통부기는 분개장에 해당하는 일기가 복식부기의 주요부의 하나인 원장상의 현금계정과 보조부인 현금출납장을 겸하고 있다는 특징을 가지고 있었다. 이는 1854년의 일본 신호대학(神戸大學) 소장의 우리 고회계문서(古會計文書)에 이어 직산일기로 전승(傳承)되고 있었다. 그러나 결산이 행해졌는지에 관하여는 아무런 단서도 찾아볼 수 없었다.

직산(稷山)이란 충청도 천안(稷山은 天安郡에 편입됨)지역으로 그 일기의 기장자가 개성상인이었는지는 알 수 없지만 지역상으로는 개성이 아니다. 그러나 그 일기의 기장방법은 개성부기와 완전 일치한다. 직산일기는 관청의 부기 중에서 사개치부법과 같은 원리로 치부된 유일한 예이다.

8. 奎章閣 所藏의 馬車株式會社 會計文書

마차회사는 1897년 1월 26일에 주금(株金)불입이 시작되어 같은 해 8월 20일에 주금불입이 종료하여 출발한 주식회사였다. 출자총액은 16,100元, 출자자는 22명에 이르렀으며 1인당 최고출자액은 1,500元, 최저는 100元 등 다양하였다. 이 마차회사는 한국인만으로 조직된 우리나라 최초의 주식회사(공동사업체)였을 것이다.

마차회사의 회계장부는 마차회사가 마차(교통수단)의 운영과 준설(浚渫)을 겸하였음을 알게 해준다. 마차회사의 장부는 주요부로 보이는 일기 · 도유안(日記 · 都遺案)이 있었고, 보조장으로 보이는 여러 가지 기록들이 있었다. 다음에서 이들 내용을 보기로 한다.

① 일기의 앞부분은 '주금수입장'(股金捧上賬)이다. 날짜순서에 따라 출자자별 출자금액을 기록하여 8월 20일에 마지막 주금을 받은 것으로 기록하고 있다. 이어서 받은 주금을 일본 오십팔은행(五十八銀行)에 1897년 1월 27일부터 4회에 걸쳐 14,300元을 예입한 기록이 나타난다. 그 뒤로는 1897년 2월 1일부터 6월 29일까지의 현금출납기록이 이어지고 있다. 매월 1일은 '전일현금이월' 및 '은행예금인출액'과 그 합계액을 '입합'(入合)이라 기록한 후 날짜순서에 따르는 현금지출을 기록하고 있다. 동일 날짜의 지출이라도 마차운영지출과 준설사업지출은 구분 기록하고 있었다. 월말에는 1개월간의 지출합계를 '출합'(出合)이란 기호 밑에 기록하고 있

다. '출합'의 다음 줄에는 각 월의 '입합'에서 월말의 '출합'을 차감하여 '재'(在) 또는 '가용'(加用)이란 표기 밑에 그 차액을 기록하고 있다. 여기까지가 회계문서 제 1 책에 해당한다.

② 마차회사 회계문서 제 2 책은 "金員 斗昇 器械什物 購買會計 於日本"이다. 이 문서는 현금출납장과 마찬가지로 '합은×××元 內'로부터 시작하여 쌍마차, 사륜마차, 이륜마차, 인력거, 기타의 대금지불을 날짜기록 없이 기록한 다음 마지막 줄에 '합은×××元'이라 기입하고 있다. 여기서 이 두 '합은'(合銀)은 꼭 맞아 떨어지고 있다. 이 기록의 연·월·일은 적혀 있지 않다.

③ 마차회사 회계문서 제 3 책은 마차운영비용과 준설비용의 구별없이 지출액을 기입하고 있다. 매일의 첫 기입으로 현금수입 및 그 합계액을, 그 날의 마지막 기록으로 지출총액을 기입한 다음 '제'(除)를 추가로 기입한 후 '시재문'(時在文)을 기록하고 있다. 양 합계액의 중간부분에는 개별 지출기록이 이루어지고 있다. 기록형식은 지출금액을 위에 기록하고 그 지출의 이유는 그 밑에 간단히 기술하고 있다. 제 3 책은 연도 불명의 9월 22일부터 9월 25일까지의 기록이다.

④ 마차회사 회계기록 제 4 책은 "준천일기"(濬川日記)와 "준천역군하기"(濬川役軍下記)이다. 전자는 준설사업 수입액 기록으로 1898년 3월 22일부터 같은 해 6월 21일까지의 것이며, 후자는 같은 기간의 준설공사비 지출에 관한 기록이다. "준천일기"의 최종부분만을 표시하면 다음과 같다.

己上 人合文 十九萬 一千三百六十五兩五錢 內
濬川役用合文 十九萬○九百五十三兩四錢*
朴別事 貸用文 一百兩
林春成 貸用文 十五兩
己上用合文 十九萬一千○六十八兩四錢 計
實欠縮合文 二百九十七兩一錢 印

* 이 지출금액내용을 기록한 것이 준천역군하기이며 이 역군하기의 총합계액은 이 금액과 일치함.

⑤ 마차회사 회계문서 제 5 책은 "장교 준천 일기"(長橋濬川日記)로서 1898년

5월 11일부터 5월 30일까지의 지출기록이지만 그 중간 및 최후부분의 누락으로 그 계산의 전모와 정확성은 확인할 수 없었다.

⑥ 마차회사 제6책은 "준천하기"(濬川下記)와 "본삭월급질"(本朔月給秩), "1897년 6월 마차회사 집물책(什物冊)," "마부명단(馬夫名單)과 그 보증인(保證人)," "월급영수증"(月給領收證)이다. 여기서의 "준천하기"(濬川下記)는 제4책의 "준천하기"(濬川下記)와는 틀린다. 이 준천하기는 준설공사의 비용지출에 관한 기록이며 그 연도표시는 없지만 6월 1일부터 27일까지의 기록임을 알 수 있을 뿐이다. 이 제6책에 포함되고 있는 기록은 서로 독립된 내용이기 때문에 그것들의 정확성 확인은 불가능하였다.

⑦ 마차회사 회계문서 제7책은 "도유안"(都遺案)이다. 이 도유안은 현금출납일기의 1개월분 총액을 이기(移記)하는 장부이다. 즉 ① 전 월로부터 이월된 금액을 포함한 그 달의 '입합'(入合) ② 그 달의 '출합'(出合) ③ '재전'(在錢)을 삼행(三行)으로 기록하고 있는 것이 대부분을 차지하는 장부이다. 이를 "월별 현금출납 총괄기록"이라 부르기로 한다. 월별 현금출납의 총괄기록은 1897년 2월부터 12월까지, 1898년 1월부터 1899년 9월까지, 한 달도 빠트리지 않고 기록(일별 현금출납일기는 결여되고 있는 부분이 많다)하였지만 1899년 9월에 고본(股本; 출자금) 일부를 반환한 후에는 1899년 12월만 현금출납 총괄기록이 되고 있을 뿐, 1900년 10월까지는 총괄기록이 이루어지고 있지 않다. 그렇지만 1900년 10월에는 잔여 출자금을 반환한 기록과 함께 과거 4년(1897-1900)간의 현금수입총액, 지출총액을 기입함으로써 모든 계산을 끝내고 있다.

도유안 중 1897년의 기록과 그에 상응하는 현금출납일기를 대조하여 보면 다음과 같다.

도 유 안	일 기
五月朔	
前在七百二十六元四十五錢二厘	4월말의 시재액과 일치
入合柒百貳拾陸元肆拾伍錢貳厘	5월의 入合과 일치
出合壹仟壹百貳拾玖元玖拾貳錢	5월의 出合과 일치
加用 肆百參元肆拾陸錢捌厘	5월의 加用과 일치

1897년 5월의 현금출납일기에서 '입'(入)은 '전재'(前在)뿐이고 그 달의 '출'(出)은 217건이었지만 이를 도유안에서는 단 한번의 기록으로 끝내고 있다. 도유안의 최후기록은 과거 4년간의 현금수입총액과 동 기간의 현금지출총액에 관한 내용으로 〈표 6.9〉와 같은 것으로 파악되었다.

이에 의하면 마차회사의 4년간 수지차액은 126.4396元이었지만 출자금의 반환액이 최초의 출자금액보다 3,300.00元이 적었기 때문에 실질적으로는 3,000元이상의 손실을 본 셈이 된다.

이상의 마차회사 회계문서의 주요부분은 현금출납장과 같은 것이다. 그 중에서도 도유안은 1개월간의 현금출납 합계액을 기록하기도 하고, 4년간의 현금출납 총괄기록을 한 것이기도 하다. 환언하면 이 장부는 현금의 증감과 그 잔액의 파악을 목적으로 한 단식부기였다. 그러나 마지막부분, 즉 마차회사의 창립부터 해산까지의 4년간에 걸친 현금출납과 그 차액을 계산한 부분은 현금주의(現金主義)에 의한 청산손익계산이지만 이와 같은 손익계산은 발생주의에 의한 4년간의 기간손익합계와 같아야 할 것이다.

표 6.9 현금출납 총괄

현금수입		현금지출	
출자금	16,000.00원	회사 사옥 취득	505.00원
준천공사 수입	23,046.9824	철로 등의 매입	5,439.692
마차운영 수입	3,35.5374	말 34필 매입	1,285.00
회사 사옥 처분	1,260.00	각종사업공통비용	2,625.2372
기타 집물 처분	5,531.0856	준설비	15,580.332
		출자금 반환	12,800.00
		월급	2,314.9816
		분할지급액	2,625.2372
		철궤 · 철윤 매입	2,802.75
		기타(이자,구문, 보관료 등)	2,768.9858
입합	48,873.6054	출합	48,747.1658
		여재	126.4396
			48,873.6054

9. 우리銀行 所藏의 大韓天一銀行 會計文書

대한천일은행(大韓天一銀行)은 광무 2년 12월 29일에 정부가 71%, 민간이 29% 출자하여 설립한 은행으로, 민간출자자 31명과 탁지부(度支部)[15]를 합쳐 32명의 출자자가 76,080원을 출자한 은행이었다. 광무 2년은 1898년이나 12월 29일은 음력이므로 실제의 설립연도는 1899년이 틀림없다.

대한천일은행(大韓天一銀行)의 회계문서는 우리나라에 현존하는 옛 사인회계문서 중 그 어느 것보다 복식부기적인 체제를 잘 갖추고 있는 회계장부이다. 그러나 여기서도 상당한 장부 일실이 있어 장부간의 연계를 완전히 추적할 수는 없었다. 현존하는 회계문서는 다음과 같다.

책 명	권수(年月日)
日記	1권(1899.1.29~5.31)
正日記(分介帳)	32권(1898.12.15~1899.8.18, 1900.9.29~12.30, 1901.1.7~9.22, 1901.10.24~11.29, 1901.12.22~1902.6.5, 1902.11.30~12.21, 1904.5.6~潤5.1, 1904.7.1~8.2, 1904.8.21~8.29, 1904.9.8~10.30
賬册(總計定元帳)	1권(1899年 6月)
會計册(一部去來元帳)	1권(1899年 12月)
周會計(決算表)	6권(1900년 12월, 1901년 12월, 1902년 12월, 1903년 12월, 1904년 12월, 1905년 12월)
出納記簿(現金出納帳)	2권(1899.1.21~9.1)
衿式課日記(經費臺帳)	6권(1898.12.24~1899.12.6, 1899.12.25~1902.7.19, 1902.7.22~1906.5.4
衿式簿(株主名簿)	1권(1899年 12月)
無定期任金總簿 (當座預金元帳)	12권(1899年 3月, 7月, 1900年 1月, 6월, 1901年 2月, 1902年 2月, 1902年 8月, 1903年 1月, 1904年 1月)
度支部稅金出納通帳	1권(1899.1.21~9.1)

이하에서는 정일기(正日記), 장책(賬册) 그리고 주회계(周會計)를 집중적으로 조명할 것이다. 그러나 대한천일은행의 회계문서 중에서 정일기(正日記)와 장책

15) 지금의 재경부.

(賬冊)과 주회계(周會計)가 1년분 완전히 상호 연결되는 것이 없다. 다만 연도의 끝인 12월과 그 다음 연도개시월의 정일기(正日記; 분개장)가 구비되어 있고, 그 연도의 주회계(周會計; 결산장)가 있는 것으로는 광무 4년(1900년)과 5년(1901년)도가 있을 뿐이다. 먼저 정일기(正日記)와 장책(賬冊; 총계정원장)의 기장특색을 분석 · 검토하고, 다음으로 그 결산절차를 위 2개년의 정일기(正日記)와 주회계(周會計)를 대상으로 하여 분석 · 검토할 것이다.

대한천일은행(大韓天一銀行)의 정일기(正日記)의 기장특색은 현병주(玄丙周)의 사개송도치부법이나 일본 신호대학(神戸大學) 소장의 일기제일(日記第一), 직산일기(稷山日記) 등과 대동소이하다. 이를 부연하면 다음과 같다.

① 1899년 1월 20일까지의 정일기(正日記)는 일본 신호대학(神戸大學) 소장의 일기제이(日記第二), 직산일기의 일기 기장방법과 완전히 같아 현금계정, 현금출납장 겸용 분개장이다. 그러나 1899년 1월 21일부터 1900년 8월경 이후부터는 그 기장방법이 바뀌고 있었다. 이에 관하여는 ④에서 다시 논할 것이다.

② 의도적이었던 것인지 아니면 송도치부법의 고유한 전통이었던지는 알 수 없지만 거래의 유형을 입금거래, 출금거래, 대체거래로 분류하고 있었음이 명백하고, 그것에서 일본 신호대학(神戸大學)의 일기제일(日記第一)(去만은 사용하지 않았음)과 비슷하고, 직산일기(稷山日記)와는 완전히 동일하다. 입금거래는 '입(入) … 상(上)', 출금거래는 '거(去) … 하(下)', 대체거래는 다음과 같은 두 기록을 등자(鐙子)로 묶는 것이었다.

李古善 入 家舍價 來文 六百八十元 ─┐
於音 去 營床龜鄭音 一片文 六百八十元 ─┘

③ 입(入)과 상(上) 사이의 점선부분, 거(去)와 하(下) 사이의 점선부분, 또는 입(入), 거(去)와 등자(鐙子)표시 사이에는 거래내용이 기록되고, 입(入)과 거(去)의 상부에는 계정과목에 해당하는 명칭이 기록된다. 다만 출금거래 기록에서 공용계정란은 현존하는 대한천일은행 회계문서 총 32권의 정일기(正日記) 중 1903년도 정일기(正日記) 제18권의 계묘(癸卯) 10월 24일 기록에서 '공용 거'(公用 去)라 표기한 예를 제외하고는 '거'(去)를 붙이고 있지 않다. 거(去) 대신 봉차(捧次)란 문자기호를 사용한 경우가 있었지만

그것은 1898년 12월 15일부터 기록하기 시작한 정일기 제일(正日記 第一)에서만 찾아볼 수 있다. 그 중에서도 1899년 1월 20일까지의 '가사전당'(家舍典當)과 1899년 1월 29일까지의 '어음'(於音)계정에 한해서만 거(去) 대신 봉차(捧次)란 문자기호를 사용했을 뿐 그 이후에는 이들도 모두 '거'(去)로 통일되고 있다. 가사전당은 저당건물을 의미한다.

④ 1899년(光武 3年) 4월부터 동년 8월까지의 정일기(正日記)에서는 현금시재액도 매일 계산 표기하면서 동시에 새로운 계정인 '고방'(庫房)계정이 나타나고, '고방(庫房) 去 … 下', '庫房 入 … 上', '去 … 下', '入 … 上' 이란 일기(日記)가 공존하였다가 같은 해 9월 이후에서는 현금계정으로 '고방'(庫房)계정이 등장하여 '상'(上), '하'(下) 란 문자기호는 사용되지 않았다. 따라서 매일의 현금시재액의 계산 · 표기도 정일기(正日記)에서 하지 않게 되었다. 환언하면 일기(日記)에서 모든 거래의 분개는 입(入) · 거(去) · 등자(鐙子)표기가 결합되는 대체거래 분개방식으로 바뀐 것이다. 즉, 현금거래도 다음과 같이 기록되고 있었다는 것이다.

庫房 去 文 三元十錢	庫房 入 文 七千元
邊錢入 白銅〢千加計條文 三元十錢	尹奎燮 去 當座任置中朴永弼去文 七千元

여기서의 고방(庫房)은 현금적치소를 의미하는 것으로 이해된다. 은행의 설립당시는 현금을 개인이 보관 · 관리하다가 현금의 양이 사람의 보관능력을 넘어서자 별도의 현금적치소를 만들고, 개인이 보관한 현금의 대외 출납과 고방(庫房)에 현금을 넘기고, 고방(庫房)으로부터 현금을 받아오는 대내거래를 구분하다가 그 불편함을 깨닫고 모든 현금거래를 고방의 거래로 단일화하여 대체거래로 본 것으로 추정한다.

⑤ 1900년 1월 이후의 현금시재관리는 '출납기부'(出納記簿)에서 상 · 하(上 · 下)의 기호(記號)와 함께 날짜별로 입금거래와 출금거래를 구분기록하였으며, 입금거래를 앞부분에 기입한 후 '入合文××元××錢'을 계산 · 표기하였다. 그 다음 줄에 출금거래를 기록한 다음 '去合文××元××錢'을, 그 왼쪽 줄에 '時在文××元××錢"을 기록하고 있다. 그러나 이 출납기부(出納記簿)가 분개장 역할을 한 것 같지 않다. 왜냐하면 전기필의 시각기호인 타점이나 기타의 기호가 적혀 있지 않기 때문이다.

문서 6.10 대한천일은행 정일기의 일부

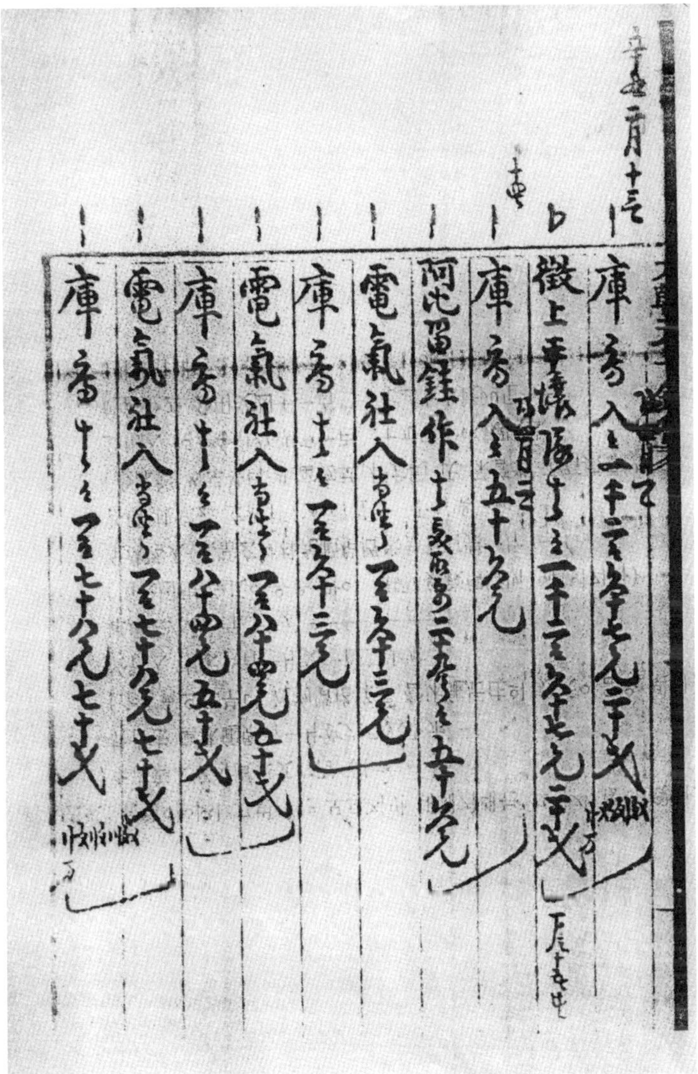

⑥ 일기(日記)의 기록방법도 다른 회계기록과 마찬가지로 오른쪽에서 왼쪽으로 써나가면서 위로부터 아래로 내려쓰는 방식이며 사용한 문자나 숫자는 한자이다. 사용한 문자기호 중 입(入)은 채무, 거(去)는 채권, 상(上)은

입금, 하(下)는 출금을 의미하는 것도 다른 것들과 거의 같고, 사용한 시각기호도 타점(打點), 열기(列旗), 등자(鐙子), △(장책(賬册)에서), 두 줄의 사선(장책(賬册)에서), 금액의 정확성을 확인한 표시로 보이는 위에서 아래로의 직선과 ㄱ표시(장책(賬册)에서), 과학기호인 호산(胡算)(일기(日記)와 장책(賬册) 모두에서)이 사용되고 있다.

⑦ 대한천일은행의 정일기(正日記)는 현대적인 복식부기와 똑같은 대차평균의 원리에 따라 일기기록 즉 분개가 행해지고 있었다. 그러나 그 분개원리는 현병주의 사개송도치부법이나 당시 일본의 은행들이 채택하고 있었던 입금거래, 출금거래, 대체거래로 나누어 분개하던 것과도 다른 분개방식을 택하고 있었음을 보여 주고 있다. 그 증거가 1900년 8월 이후로는 현금거래를 포함한 모든 거래의 분개를 상(上)과 하(下)의 표기없이 고방계정(庫房計定)을 도입함으로써 등자(鐙子)로 묶는 비현금거래로 분개한 것이다. 이 일례로 앞 페이지에 정일기의 일부를 (문서 6.10)으로 인용해 둔다.

다음에는 대한천일은행의 장책(賬册)쪽으로 검토의 초점을 옮긴다.

① 장책(賬册)은 앞에서 이미 지적한 바와 같이 서양식 복식부기의 총계정원장에 해당한다. 대한천일은행의 회계문서로 현존하는 장책제이(賬册第二; 광무 3년 기해(己亥) 6월, 7월, 8월, 9월, 10월의 거래가 전기되고 있는 유일한 賬册임)는 한 면이 13개의 행으로 줄이 그어져 있고, 한 줄에 2개의 분개가 전기되고 있다. 또 한 면은 상하로 구분하여 상단을 거(去)(또는 입(入)), 하단을 입(入)(또는 거(去))으로 구분하여 정일기(正日記)에서 행한 분개 지시에 따라 상단 또는 하단에 전기 · 기록하고 있다.

② 대한천일은행의 장책(賬册)은 일본 신호대학(神戸大學) 소장의 외상장책(外上長册), 타급장책(他給長册)이나 현병주(玄丙周)의 사개송도치부법에서 소개한 외상장책(外上長册)이나 타급장책(他給長册)과 같이 2장책(二長册) 제도가 아니라 장책(賬册)이란 책명의 단일 장책제도이다. 즉 서양의 복식부기가 가지고 있는 총계정원장과 같다.

③ 대한천일은행의 장책(賬册)으로 현존하는 단 한 권의 장책(賬册)에 수록되어 있는 계정수는 총 165개로서, 그 중 상단을 거(去)로, 하단을 입(入)으로 표시한 계정수가 158개이고, 상단을 입(入)으로, 하단을 거(去)로 표시한 계정수는 8개에 불과하다. 거(去)는 서양식 복식부기의 차변이고, 입(入)

은 대변에 해당한다. 따라서 거(去)는 자산의 증가, 부채의 감소, 자본의 감소, 비용의 증가를 기록하는 면(space)이고, 입(入)은 자산의 감소, 부채의 증가, 자본의 증가, 수익의 증가를 기록하는 장소를 가리키는 기호이다.

④ 장책(賬冊) 안에 있는 계산장소인 각 페이지의 상단 첫째 줄에는 계정과목에 해당하는 계산단위의 명칭을 적고, 둘째 줄 맨 위쪽에 연월일, 그 바로 밑에 '거'(去)라고 적었는데 그 글자의 크기가 계산장소의 명칭의 글자 크기와 비슷하며, 또 그 거(去)는 상단에 한번만 기록되고 있다. 페이지가 바뀔 때마다 '거'(去)는 첫째 줄의 연월일 밑에 기록된 다음 전기가 이루어진다. 하단은 거(去)가 아니라 '입'(入)이 기록되고 있는 점을 제외하면 상단의 기록방법과 동일하다. 대한천일은행에 남아 있는 유일한 장책(賬冊) 속에는 동일한 계정과목이 많은 경우 5번이나 되풀이 되어 나타나고 있는데, 그런 경우는 먼저번 계정과목으로부터 이월되는 금액이 기록되며 그 때에는 그 이월액을 기입하기 전에 입(入)이나 거(去)를 한번 더 기록하고 있었다.

⑤ 이상의 ③과 ④를 종합하여 생각하면 서양식 복식부기가 모든 계정의 좌편을 '차변'으로, 오른쪽을 '대변'으로 고정화하였는데, 대한천일은행의 장책(賬冊)에서는 상단이 거(去)가 되기도 하고, 때로는 입(入)이 되기도 하는 점으로 보면 서양부기와 같은 정도의 기록관습의 고정화는 이루어지고 있지 않았다고 할 수 있다. 그러나 이것은 복식부기의 기본원리를 뒤흔드는 일은 결코 아니다. 계정과목에 해당하는 계산장소의 지정에는 인명이 주종을 이루고 있으며, 자본도 출자자별 인명으로 처리하고 있다. 인명 이외로는 어음(於音), 탁지부(度支部), 일본제일은행(日本第一銀行) 등의 기관명, 고방(庫房), 은전질(銀錢秩), 본점표(本店標) 등이 있고, 수익에 해당하는 태가(馱價), 변전(邊錢), 독립부서로 이익을 낸 각종전당(各種典當), 인지소(仁支所), 송지소(松支所)가 있다. 대한천일은행의 잔액시산표에 해당하는 주회계(周會計)에는 비용계정으로 '공용'이 있으며, 고정자산으로 '가사'(家舍)가 있으니 이 장책(賬冊)에서는 이들 계정을 찾아볼 수가 없었다.

⑥ 각 계정의 거(去)나 입(入) 밑에는 거래내용과 거래금액을 정일기(正日記)에서 지시한 대로 전기하였으며 용지의 절약을 위하여 한 줄에 두 번의 일기를 전기하고 있다. 계정의 마감시점은 일정하지 않기 때문에 어느 때,

무엇 때문에 마감을 하였는지 명확하지 않지만, 연도말 결산시, 기록장소의 소진으로 다른 페이지나 다른 장책(賬冊)에 새로이 계정을 재설정하고자 할 때였을 것으로 추정된다. 계정의 마감방법은 ① 상단의 거(去)부에 기록된 금액의 합계와 하단의 입(入)부에 기록된 금액의 합계가 일치할 때는 거부에 기입된 금액의 합계를 계산하여 거(去)부의 마지막 전기의 다음 줄에 '合文××元 計' 또는 '合捧次文××元 計'라 기입하고, 동시에 입(去)부에 전기된 금액의 합계를 계산한 다음 입(入)부에서 마지막으로 전기된 줄의 다음 줄에 '合文××元 計' 또는 '合給次文××元 完'이라 기입함으로써 거(去)와 입(入)의 금액합계가 일치함을 나타내었다. 서양식 복식부기에서 말하는 대차평균을 나타낸 것이다. 만약 거(去)부의 합계액이 입(入)부의 합계액보다 많거나 반대일 경우에는 각각 다음과 같이 기록하여 계정마감을 하였다.

合去文××元 內		合捧次文××元 除
合入文××元 除	또는	合給次文××元 內
餘捧次文××元		餘給次文××元

이와 같은 계정마감이 다른 페이지에 새로 마련된 계정으로 이기하기 위한 것일 때는 '여봉차문(餘捧次文)', '여급차문(餘給次文)' 아래에 '하행칠평전(下行七坪傳)' 또는 '연월일 이전'(年月日 移傳)이라 기록하고 있다. 하행(下行) … 전(傳), 또는 이전(移傳)으로 넘겨받은 다음 계정(計定)의 첫머리에는 '상행이래문(上行移來文) …'으로 시작한다. 이상에서 알 수 있는 사실은 거(去)의 합계가 봉차(捧次), 입(入)의 합계(合計)가 급차(給次)라는 것이다.

⑦ 거(去)와 입(入)의 합계가 일치하거나 '하행(下行) … 전(傳)' 또는 '이전'(移傳)된 계정과목 위에는 반드시 시각기호의 일종인 △가 그려졌고, 동시에 그 페이지의 전체에 두 줄의 사선(斜線)을 그었다. 이는 대차평균을 확인한 절차라 할 것이다. 위의 정일기(正日記)부분에서 이미 언급하였지만 전기대조의 표시로 장책(賬冊)에 전기된 기록의 위쪽에 타점(打點)과 함께 금액 옆에다 직선을 그었다. 이것 또한 대차평균의 확인절차이므로 대차평균을 이중, 삼중으로 확인하고 있는 셈이다.

⑧ 대한천일은행은 서양식 복식부기의 총계정원장에 해당하는 장책(賬册) 이외에 보조원장에 해당하는 '회계책'(會計册)이라고 명명된 장부를 가지고 있다. 이 회계책(會計册)은 일부 거래처와의 거래내용을 정일기(正日記)로부터 전기한 것이며, 따라서 일부거래는 장책(賬册)과 회계책(會計册)으로 두 번 전기가 된 셈이다.

문서 6.11 장책의 일부

대한천일은행의 회계문서 중 정일기(분개장)와 장책(총계정원장)의 기록방법은 서양의 복식부기에서 사용한 분개장, 총계정원장의 기록방법과 비교하여도 조금도 손색없는 기록방법이었다고 생각한다. 복식기입, 대차평균의 검증, 일본의 은행부기와는 다른 서양식 상업부기방법을 적용하고 있었다는 것이 그 근거이다. 다만 기장에 사용한 장부의 형식 · 지질 · 사용한 문자와 필기도구 등의 차이가 있었을 뿐이다. 대한천일은행의 회계기록에서 결산부분을 언급하기 전에 장책(賬册)의 일부와 회계책(會計册)의 일부를 (문서 6.11)과 (문서 6.12)로 인용해 둔다.

다음으로는 대한천일은행의 주회계(周會計; 잔액시산표 및 손익계산이 행해진

문서 6.12 회계책의 일부

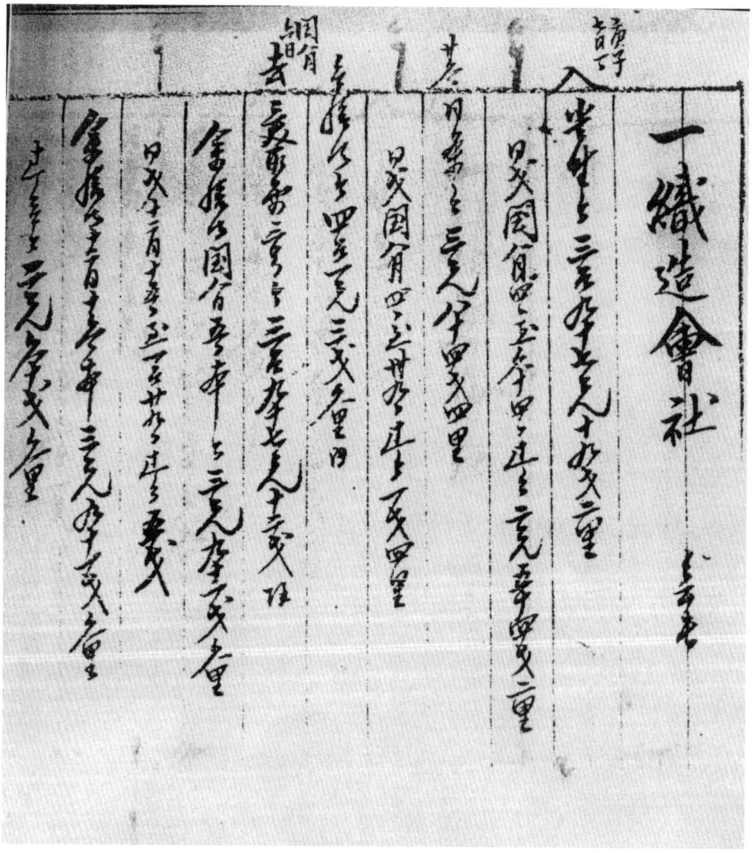
一 織造會社

장부)의 검토로 넘어간다. 이 주회계(周會計)는 총 여섯 권이 있으나 그에 상응하는 장책(賬冊)은 한 권도 없다. 다만 1900년과 1901년의 주회계(周會計)와 그것에 상응하는 정일기(正日記)만은 있어서 이들을 토대로 당시의 결산절차와 결산서 작성과정을 분석하고 검토하고자 한다. 이를 서양식 복식부기에서 행하는 표현으로 바꾸면, 총계정원장 없이 분개장과 잔액시산표와 손익계산서 및 이익처분계산서를 가지고 당시의 결산과정을 살펴보겠다는 것과 같은 논리이다. 따라서 결산절차분석은 다음의 한계 속에서 이루어진다는 사실을 미리 밝혀 두는 바이다.

첫 번째로 주회계(周會計)에 기록된 잔액시산표 금액의 근거를 확인할 수 없

문서 6.13 '실제보고' 중 일부

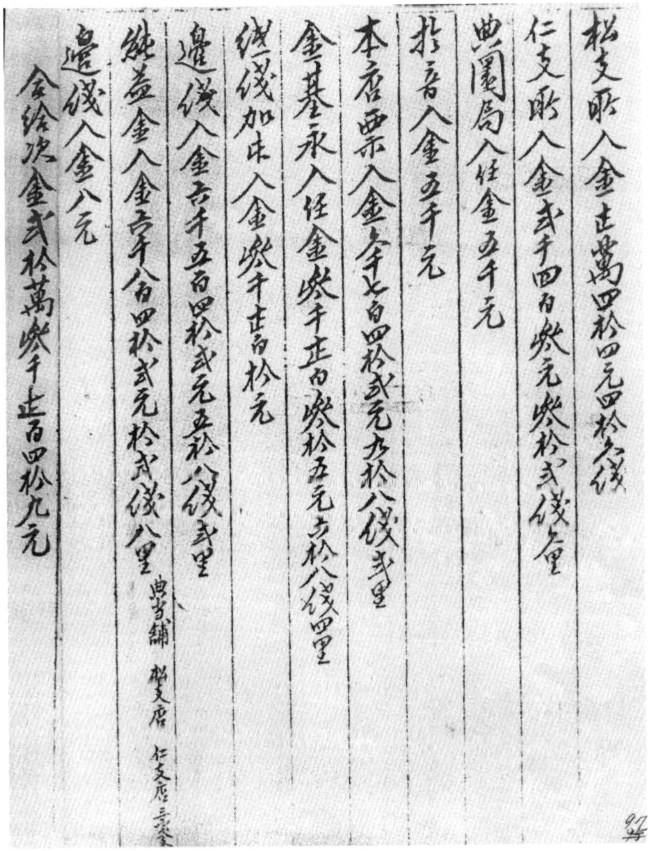

문서 6.14 '실제보고' 중 일부

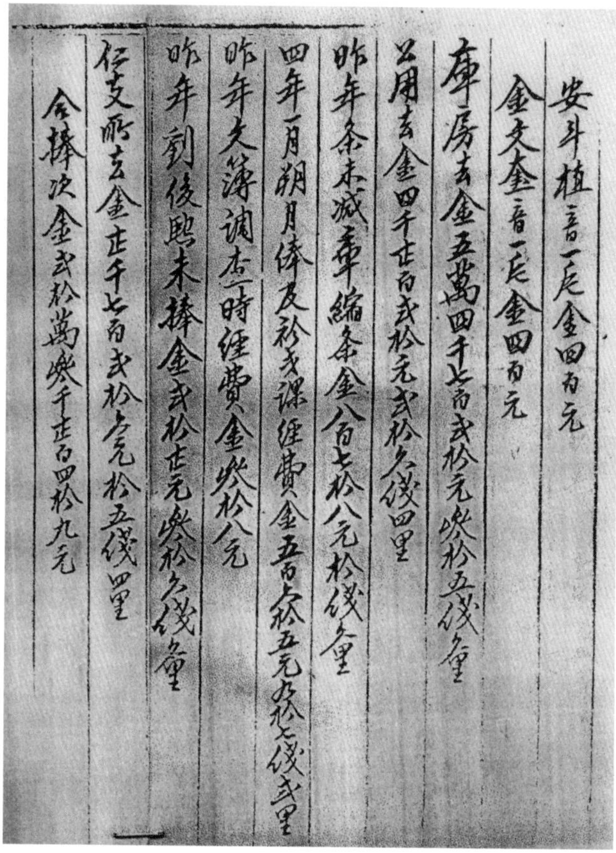

다는 것이고(총계정원장인 장책(賬册)이 존재하지 않기 때문), 두 번째는 동일한 계정의 잔액이 입(入), 즉 급차(給次)부에도 있고, 또 거(去), 즉 봉차(捧次)부에도 있는 것이 여럿 있는데 왜 그와 같은 방법을 사용하였는지 알 수 없다는 것이다.

주회계책(周會計册)의 일부인 잔액시산표에 기록된 계좌 수가 너무 많아서 그 앞 부분과 중간부분을 생략하고 입(入), 즉 급차(給次)부의 일부와 거(去), 즉 봉차(捧次)부의 일부만 (문서 6.13)과 (문서 6.14)로 인용해 둔다. 이 주회계책(周會計册)의 맨 앞에 적혀 있는 제목은 '실제보고'(實際報告)라고 되어 있고 그 뜻은 잔액시산표에 대한 당시 표현이라고 판단된다.

(문서 6.13)과 (문서 6.14)의 '실제보고'(實際報告; 서양식 복식부기의 잔액시산표와 같음)에 의하면 '합급차금'(合給次金)과 '합봉차금'(合捧次金)의 액수가 각각 203,149元으로 서로 일지함을 볼 수 있다. 여기서 또 한번의 대차평균을 검증하고 있는 것이다. 이 점에 있어서도 서양식 복식부기의 철칙인 대차평균의 계속적인 검증 정신과 일치한다. 이것으로 미루어 보면 대한천일은행의 회계문서로 현존하지 않지만 이 '실제보고'(實際報告)의 근거인 장책(賬册)(총계정원장)이 있었음이 확실하다.

주회계(周會計)는 제 1 부가 '실제보고'(實際報告)이고, 그 제 2 부가 '본점순익

문서 6.15 본점 순익회계

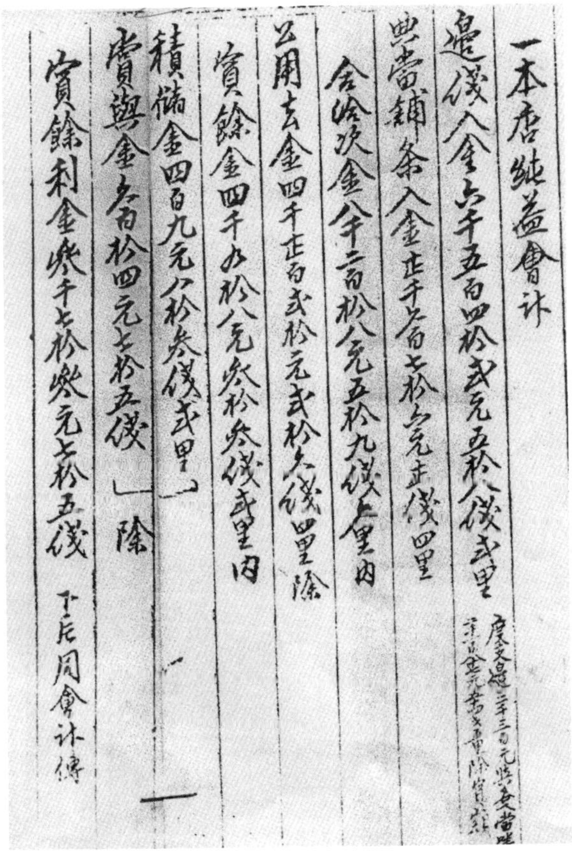
一本店純益會計
邊錢入金六千五百四拾貳元五拾八錢貳里
典當鋪條入金壹千六百七拾六元壹錢四里
合給次金八千二百拾八元五拾九錢六里內
公用去金四千壹百貳拾元貳拾六錢四里除
實餘金四千九拾八元參拾參錢貳里內
積備金四百九元八拾參錢貳里
賞與金參百拾四元七拾五錢 除
實餘利金參千七拾參元七拾五錢
周會計傳

문서 6.16 일주순익금회계

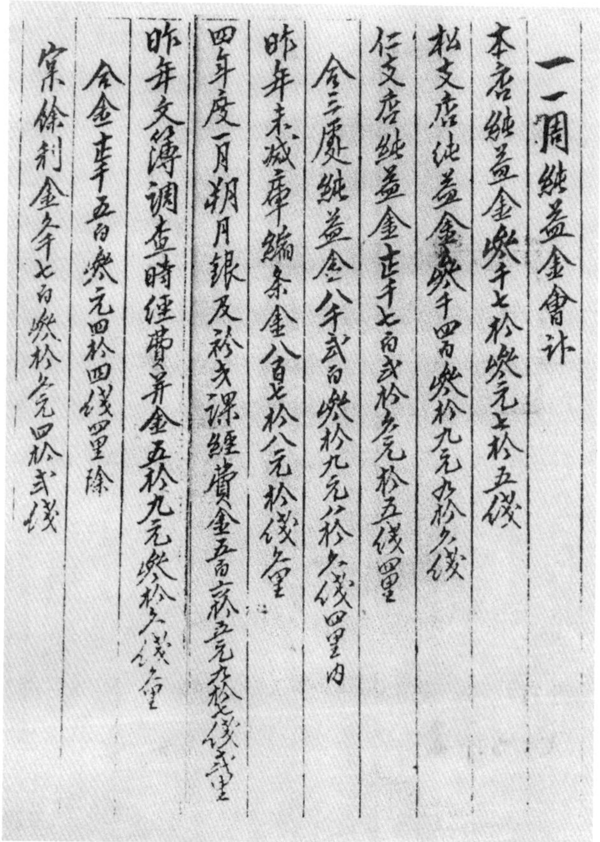

회계'(本店純益會計)이며, 그 제 3 부가 '일주순익회계'(一周純益會計)이고, 그 제 4 부가 '금주이익분배'(衿主利益分排)로 구성되고 있다. 다음에는 정일기(正日記)(분개장)의 기록과 관련된 부분이 있는 주회계책(周會計册)의 제 2 부와 3 부를 (문서 6.15)와 (문서 6.16)으로 인용한다.

여기서 먼저 '본점순익회계'(本店純益會計)를 검토해 보기로 한다. 변전입금(邊錢入金) 6,542.582원이 어디로부터 왔느냐 하는 문제를 본다. 변전이란 이자수입(利子收入)을 의미한다. 잔액시산표(殘額試算表)인 '실제보고'(實際報告)에는 입(入) 부분에서 변전이 두 번 등장하는데, 그 첫 번째 변전금액이 6,542.582원이고, 두 번째 변전금액은 8.00원으로 기록되고 있다. 그러면 두 번째 변전 8.00원은 어디로 갔느냐 하는 의문이 제기된다. 혹시나 거(去) 부분에 변전 8.00원의 상계기록(相計記錄)이라도 있는지 찾아보았지만 없었다. 또 변전 6,542.582원의 기록 밑에 보충설명이 있는데 그 중에는 각인(各人)의 당좌예금이자 2,787.545원과 탁지부(度支部)이자 3,300.00원을 공제하였다고 하고 있지만 왜 그 이자들을 공제하였는지 알 수 없었다. 이는 수입이자에서 지급이자를 차감하고 난 후의 차액만을 수입이자로 계상한 것이 아닌지 모르겠다.

위의 변전보다도 더 이해되지 않는 사실은 '전당포조입금'(典當鋪條入金)에서 발견되었다. 본점순익회계(本店純益會計)에 계상되고 있는 '전당포조입금'(典當鋪條入金) 1,676.014원은 '실제보고'(實際報告)의 거(去)부에 '전당포거'(典當鋪去) 19,600.00원과 또 한번의 '전당포거'(典當鋪去) 1,676.014원 중 후자(後者)의 금액에 해당된다. 여기서는 근본원리상(根本原理上)의 문제가 나타난다. 왜냐하면 이자수입인 변전은 수익에 속하는 계정이므로 입(入)부에서 넘어와야 할 것인데도 불구하고, 비용이 속하는 거(去)부에서 넘어왔다는 사실 때문이다. 이에 더 기록을 분석해 본 결과 위 1,676.014원이 '전당포거'(典當鋪去)에서 온 것이 아니라 다음과 같은 우회적인 계산에 의하여 도출된 것임을 확인하였다.

'實際報告' 入部: 純益金 入 6,842.128元 (典當鋪, 松支店, 仁支店 3處條)
'一周純益金會計': 松支店純益金 3,439.96元
: 仁支店純益金 1,726.154元
二個支店의 利益合計 5,166.114元
三個處利益과의 差額 1,676.014元 (전당포의 이익)

이를 종합하면 전당포(典當鋪)의 이익은 1,676.014원임이 밝혀지고 이 금액이 '본점순익회계'(本店純益會計)에 계상된 것이 확실하다. 그러나 변전 8.00원의 행방은 묘연(杳然)하다.

여기에서 제기하고자 하는 문제는 '실제보고'(實際報告)가 잔액시산표인 것만은 사실이나, 왜 입부(入部)나 거부(去部)에서 동일한 계정의 잔액을 두 번, 세 번 기록하고 있느냐 하는 것이다. 앞에서 '전당포거'(典當鋪去)가 두 번 기록되고 있다고 하였지만 송지점(松支店)이나 인지점(仁支店)의 경우는 네 번이나 기록되고 있다. 앞의 변전(邊錢) 8.00원도 동일 계정을 이중, 삼중으로 기록함으로써 일어난 착오였지 않았겠는가라고 추측해 본다.

위의 '본점순익회계'(本店純益會計)나 '실제보고'(實際報告)에 의하면 비용은 '공용'이란 한 계정뿐이고, 준비금(積儲金)과 상여금이 이익에서 차감되는 항목으로 처리되고 있다. 수익합계를 '합급차금'(合給次金)으로 표기한 후 '내'(內)를 부기(附記)하고 있고, 비용은 '공용'(公用)뿐이었으므로 그 금액 밑에 '제'(除)란 글자를 기입하였으며 이익을 '실여금'(實餘金)이라 표기하고 그 금액 밑에 '내'(內)를 표기하고 있다. 그 다음에 이익처분항목인 금액을 기입한 후 '제'(除)이라 적고 순이익을 '실여이익'(實餘利益)이라 기록하고 그 금액을 다음의 주회계부(周會

문서 6.17 정일기(正日記)에서의 결산분개

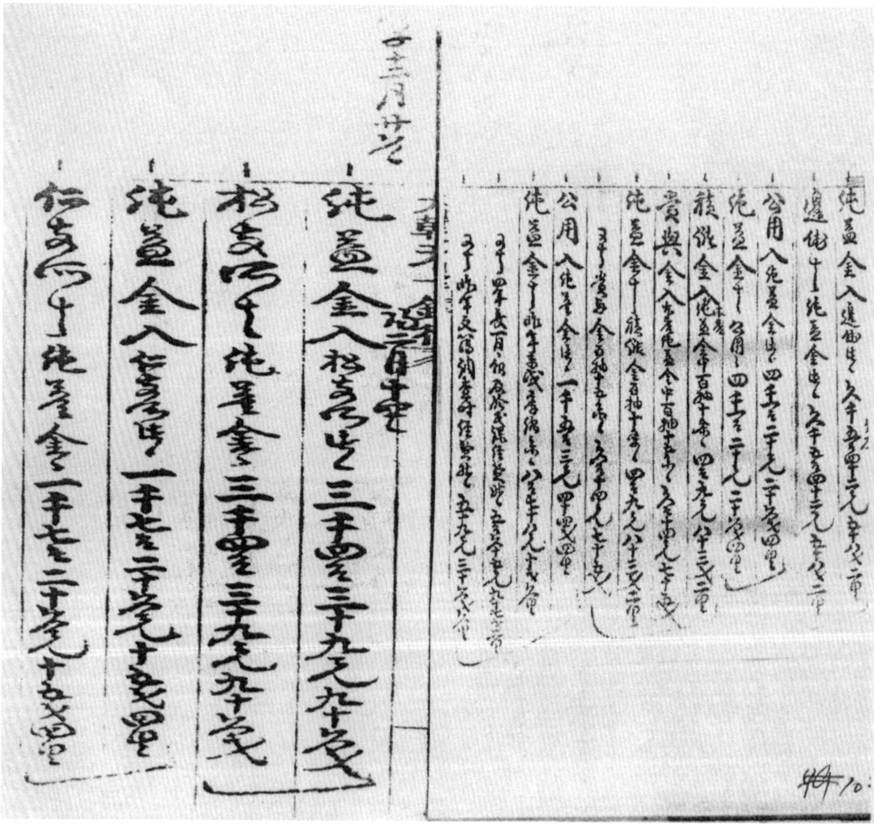

計簿)로 이월한다는 뜻을 표기하고 있다.

앞에서 인용한 '일주순익금회계'(一周純益金會計)는 대한천일은행 전체의 손익계산표이다. 이 손익계산표에는 (문서 6.15)상의 '실여이금'(實餘利益)과 본점과 독립하고 있었던 것으로 보이는 (계산상으로만)송도자점과 인천지점의 이익을 가산하여 '합삼처순익금'(合三處純益金)을 산출하고 그 금액 밑에 '내'(內)를 표기한 다음 전년도 손익수정액(전년도 현금 감축액, 전년도 급료 미지급액, 주주관계비용, 전년도 회계감사비용)을 '제'(除; 차감)하여 '실여이금'(實餘利益)을 계산 표시하고 있다.

이상의 두 종류의 손익계산에는 오류가 없지만 이 손익계산에 관한 결산분개를 행한 정일기(正日記)에 탈루가 있는 것이 발견되었다. 정일기(正日記)에서 행해진 결산분개를 (문서 6.17)로 인용하고 그 분개 중 집합손익계정에 상당하는 '순익금'(純益金)을 T형계정으로 옮겨보면 〈표 6.10〉과 같아지며, '전당포이익'의 결산분개가 누락되고 있음이 확인된다. 그럼에도 불구하고 '일주순익금회계'(一周純益金會計)에서의 '실여이금'(實餘利益)만은 정확하다는 사실은 '주회계'(周會計) 이외의 장부에서 손익시산을 시산(試算)한 후에 그 내용을 이기하면서 범한 오류로 인한 것으로 보인다.

주회계(周會計)의 제 4 부에 해당하는 '각 금주이익분배'(各 衿主利益分排; 分排는 分配(분배)와 같은 뜻인지 알 수 없다)를 보면 각 출자자 출자액의 약 30%에 상당하는 금액이 각 출자액에 가산되고 있음을 볼 수 있다. 이 사실을 입증하는 일기(日記; 分介)가 각 금주(衿主; 주주)별 인명계정에 입부(入部; 대변)와 순익금계정(純益金計定)의 거부(去部; 차변)에 기입되고 있는 것을 알 수 있다. 그리고는 그 다음

표 6.10 정일기(正日記)의 결산분개를 전기한 집합손이계정

去		入	
공용(公用)	4,120.264	변전(邊錢)	6,542.582
적저금(積儲金)	409.832	송지소(松支所)	3,439.96
상여금(賞與金)	614.75	인지소(仁支所)	1,726.154
고축(庫縮)	878.106		
금식과경비(衿式課經費)	565.972		
문부조사비(文簿調査費)	59.366		
합계	6,648.29		11,708.696
순익(純益)	5,060.406	一周純益金會計의 純益	6,736.42
양(兩)이익간의 차액 1,676.014(이는 典當鋪이익과 일치함)			

연도의 정일기(正日記)에서 모든 금주(衿主)들의 인명계정 거부(去部)에 기입되도록 분개됨과 동시에 이들 모두를 금식과(衿式課)계정의 입부(入部)에 기입되도록 하는 분개를 하고 있다. 그런데 그 다음의 장책(賬册)이 없기 때문에 이 분개가 장책(賬册)의 금식과(衿式課)계정에 전기되었는지는 알 길이 없다. 그 다음 연도인 1901년의 개시분개에서 배당금으로 지출한 기록이 없을 뿐만 아니라 출자자들의 출자금액이 전년도와 동액(同額)인 점으로 미루어 보아 금식과(衿式課)로 이체된 분배금액은 금식과(衿式課)의 자본주(출자자)에 대한 부채로 남아 있다고 판단된다. 이는 뒤에 가서 각 금주에게 실제로 배당금으로 분배가 되었는지도 모르는 일이다.

지금까지 정일기(正日記)와 주회계(周會計)라는 회계문서를 분석 · 검토한 결과를 종합하면 대한천일은행의 장부조직이 서양식 복식부기의 그것과 비교해도 손색이 없을 뿐만 아니라 대차평균의 원리도 철저했음을 확인하였다. 정일기(正日記)의 결산분개와 손익계산의 내용이 수록(收錄)되어 있는 주회계책(周會計册)을 분석한 결과로는 다음과 같은 사실을 지적할 수 있다.

① 결산분개의 대상은 수익(收益)과 비용(費用)에 속하는 계정과 이익처분(利益處分) 내용만이었다. 바꾸어 말하면 자산(資産), 부채(負債), 자본(資本)에 속하는 계정은 결산분개의 대상이 아니었다는 것이다.

② 주회계책(周會計册)의 실제보고(實際報告)(잔액시산표와 같음)상의 합급차금(合給次金)이나 합봉차금(合捧次金)은 서양식 복식부기와 마찬가지로 수정분개나 결산분개를 전기하기 이전의 금액으로 작성되었다. 즉 분개장인 정일기에서 기말의 수정분개에 해당하는 일기가 보이지 않았다. 이로써 당시까지만 해도 발생주의(發生主義)개념이 없었던 것을 추정할 수 있다. 다른 한편으로는 어음계정(於音計定)은 받을어음과 지급어음으로 구분하지 않고 어음이란 단일 명칭으로 거(去)와 입(入)으로 구분하였고, 어음계정도 하나의 계정으로 표시된 것이 아니라 각 개인의 이름을 위에다 붙여 시산표상의 어음계정은 마치 어음일람표와 같은 것이었다.

③ 주회계책(周會計册)의 실제보고(實際報告)(잔액시산표에 해당함)상에는 어음계정뿐만 아니라 금식과계정(衿式課計定), 지점계정(支店計定), 지전계정(紙錢計定)도 입(入)과 거(去)의 차액만이 급차(給次)나 봉차(捧次)의 어느 한쪽에만 기입되지 않고, 입부(入部)의 합계는 급차부(給次部)에, 거부(去部)의 합계는 봉차부(捧次部)로 각각으로 나누어 표시하고 있다. 특히 지

점계정의 거(去)는 그것이 하나로 통합되어 표시되지 않고 개별 지점계정으로 분할 표시되고 있다.

④ 당좌예금에 해당하는 당좌금(當座金)과 자본은 개인별 인명계정으로 회계처리되었으며, 은행의 채권도 모두 다 개인별 인명계정으로 회계처리되고 있다. 그 결과로 한 사람으로부터 당좌금(當座金)의 예입도 받았고, 출자도 받았으며, 동시에 동일인에 대하여 대출도 하였으면 그 사람의 인명은 장책(賬冊)에 최소한 세 번은 등장한다. 이는 당시에는 보조원장과 통제계정의 개념이나 필요성을 모르고 있었던 것으로 볼 수 있다.

⑤ 대한천일은행의 결산절차를 그 결산분개를 통하여 보면 광무 4년 경자(庚子; 1900년) 12월 26일(양력으로는 그 다음 해 2월 14일임)로 결산분개가 행해졌다. 정일기에서의 개시분개는 그 다음 해인 광무 5년 신축(辛丑; 1901년) 1월 7일(양력으로 2월 25일)에 행하여졌다. 1900년 12월 27일부터 12월 30일까지는 은행업무가 진행되었으나 그 다음 해인 1월 1일부터 1월 6일까지는 설날로 은행이 휴무했던 것으로 보인다. 왜냐하면 1900년 12월 27일부터 30일까지의 거래분개가 정일기에서 이루어져 있는 데 반하여 그 다음 해의 1월 1일부터 6일까지는 아무런 분개가 없기 때문이다. 그런데 1901년 1월 7일의 개시분개에는 전년도 12월 27일부터 30일까지의 거래분개를 또 한번 더하면서 동시에 전년도 잔액시산표상의 자산, 부채, 자본에 속한 계정잔액을 1901년도로 이월시키기 위한 분개를 같이 하고 있었다. 그러므로 1900년 12월 27일부터 30일까지의 거래분개는 두 번 행하여진 결과이지만 연도구분을 정확히 하고, 당시에 혼용되고 있던 음력과 양력의 모순을 극복하기 위하여는 불가피하였던 일로 보인다.

지금까지의 대한천일은행의 회계문서를 분석하고, 검토한 결과를 요약하면 그 회계제도는 서양식 복식부기와 비교하여 별로 손색이 없는 것이었으나, 회계의 마지막 부분인 결산절차에서 서양식 복식부기와의 차이가 있었다. 주요한 것은 기말 수정사항의 확정과 그에 대한 분개가 없었다는 것, 손익계산에서 수익과 비용의 인식을 현금주의에 의하여 행하였다는 것, 순자산 증가를 통한 손익계산의 정확성 검증절차가 공식적인 기록(이를테면 결산잔액계정의 설정이나 대차대조표의 작성)이 없었다는 점들이다.

이와 같은 대한천일은행의 회계가 얼마만큼 한국의 고유치부법에 따른 것인가? 역으로 그 회계가 얼마만큼 서양식 복식부기의 영향을 받은 것인가? 이에 대한 판단은 조심스러운 일이기는 하지만 첫 번째로 정일기에서의 분개방법의 독특성, 두 번째로 대차의 표현방법, 회계에서 사용한 문자기호, 시각기호, 과학기호 등이 우리의 고유치부법과 일치한다는 점에서 대한천일은행의 회계는 서양식 복식부기의 영향에서 독립적인 것이었다고 할 수 있다. 또한 대한천일은행은 명백한 은행업이었는데도 불구하고 일본의 은행부기 근간이었던 전표(傳票)제도를 채택하지 않았다는 사실은 특기할 만한 일이다.

10. 國史編纂委員會 所藏의 孔子三會計

공자삼회계(孔子三會計)는 동래(東萊) 객주(客主) 최서오(崔瑞五)가 그의 서기 신상옥(申相玉)으로 하여금 기록하게 한 '장기'(掌記)식 계산서이다. 공자삼은 객주인 최서오의 거래상대방이었으며, 그의 회계문서 23장이 발견되었다. 객주 최서오의 영업소는 동래(東萊) 부항(釜港) 부촌동(富村洞) 사거리(四巨里)로 되어 있으며 때로는 동래 모라(東萊 毛羅)라고 적혀 있기도 하였다. 공자삼회계의 마지막 기명(記名)인 '객주최서오신'(客主崔瑞五信)이라 새겨진 도장이 찍혀 있었다. 공자삼회계는 1838년에서 1840년 또는 1898년에서 1900년까지의 회계문서이며, 1838년 또는 1898년의 것이 10장, 1839년 또는 1899년의 문서가 12장, 1840년 또는 1900년 회계문서가 1장으로 구성되고 있다. 공자삼회계는 '장기'(掌記)이기 때문에 책으로 만들어져 있지 않고 낱장으로 되고 있다. 다음에 그 한 예를 (문서 6.18)로 인용해 둔다.

入 直錢六十兩 來 內
去 洋礦二十匣 ○ 十八兩
　清礦十甲〤 ○ 七兩五錢
　月梳五桶 〡〣 ○ 九兩
　鬱金三十斤 ૪૪ ○ 十六兩五錢
　樻一坐 ○ 四兩二錢
　　　　去合文 五十五兩二錢 除
　在錢 四兩八錢 出給 印

문서 6.18 戊戌九月初八日 孔子三會計

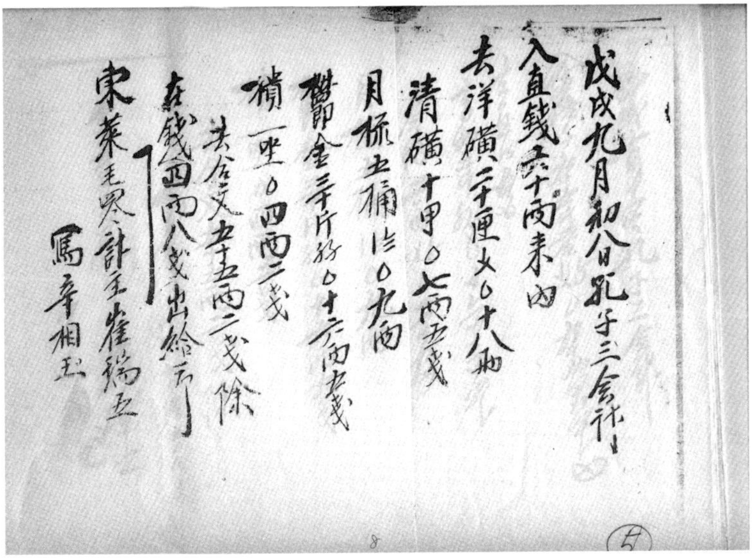

(이하 여백 기호)

東萊 毛羅 計主 崔瑞五

寫 辛相玉

공자삼회계의 기본은 (문서 6.18)에서 보는 바와 같이 '입'(入)(부채의 증가)과 '입합문'(入合文), '내'(內), '거'(去)(자산의 증가), '거합문'(去合文), '제'(除), '표산', '재전(在錢) … 출급(出給)', '이하 여백을 나타내는 시각기호'들로 기록되고 있다. 이들 중 '내'(內)는 합계금액이 많은쪽의 금액 밑에, 그 합계액이 적은쪽의 금액 밑에는 '제'(除)를 부기(附記)하고 있다. 재전(在錢) ××× 양(兩) 출급(出給) 인(印)은 출금을 초과한 입금액을 지급완료하였다는 것으로 풀이된다.

공자삼회계의 간단한 특징은 '입'(入) 또는 '거'(去) 아래에 기래품명, 수량, 단가(표산으로)를 표시한 다음 ○기호를 한 다음에 금액을 기록하고 있다. 이는 다른 곳에서는 볼 수 없었던 것이지만 그 의의(意義)는 단지 거래내용과 금액 사이를 구획한 기호에 불과한 것으로 보인다.

위에서 인용한 (문서 6.18)과는 다르게 만약 '입합문'(入合文)이 '거합문'(去

合文)보다 적었을 때는 '실여급차문'(實餘給次文) 또는 '가거전'(加去錢), '대거인'(貸去印), '봉상인'(捧上印), 또는 '실여봉차문'(實餘捧次文)이라 표기한 다음 그 차액을 기록하고, 서명한 표시로 도장을 찍은 경우도 있었다.

공자삼회계의 계주(計主)는 최서오로 된 것이 18매, 장준호(張俊皓)로 되고 있는 것이 5매였으나 장준호는 '남계주'(南計主)로도 표기되기도 하였으며 그 주소지는 기록되어 있지 않았다. 그러나 그 기록방식은 최서오의 것과 조금도 다른 것이 없었다.

현병주는 그의 사개치부법에서 장기를 ① 일부 거래를 결산한 것, ② 비망기록으로 정의하고 그 종류를 ① 급차장기(給次掌記), ② 봉차장기(捧次掌記)로 구분하였으며 그것을 때로는 '회계'(會計)로 표현하기도 한다고 하였다. 공자삼회계도 이 정의에서 어긋남이 없는 기록이라 할 수 있다. 단 '실여봉차문'(實餘捧次文), '합대거문'(合貸去文), '가거전'(加去錢)으로 차액을 표현한 장기는 봉차장기이고, '실여급차문'(實餘給次文)으로 표기된 장기는 급차장기라고 분류하면 될 것이다. 그러므로 이 공자삼회계는 최서오나 장준호가 공자삼으로부터 매입 또는 매출위탁을 받아 그것을 실행하고 그 결과를 정산한 계산서이다. 매입수탁의 정산서에는 수탁수수료가 계상되고 있지 않으나 판매위탁에서는 그 정산서에서 수탁자의 수수료와 잡비(담배값 등)가 계상되어 있었다.

한국고유부기 특징의 하나인 '거'(去)(자산과 비용의 증가), '입'(入)(부채 · 수익 · 자본의 증가), '급차'(給次)(입(入)의 합계 또는 입(入)의 합계가 거(去)의 합계를 초과하는 금액), '봉차'(捧次)(거(去)의 합계 또는 거(去)의 합계가 입(入)의 합계를 초과하는 금액), '내'(內), '제'(除) 등의 문자기호가 그 회계기호로서 사용되고 있는 것, 청산 및 이하 여백을 나타내는 ㄱ과 같은 시각기호, 표산(과학기호)이 사용되고 있음을 발견한 것도 하나의 소득이다.

이 공자삼회계는 최서오와 장준호가 기록하고 있던 장부를 근거로 하여 작성되었을 것이나 그 근거가 되었던 회계기록을 찾아볼 수 없었음이 매우 안타까웠다.

11. 細音(國史編纂委員會 所藏), 冊名 없는 日記 · 長冊 겸용문서(奎章閣 所藏)

세음(細音)은 금전대여와 대여된 원금과 이자의 회수에 관한 기록으로 이자는 매월 3일, 8일, 18일, 23일에 받기로 약정되고 있었던 것 같다. 그러나 이 회계문서는 기록한 사람 이외의 사람은 해독하기 힘든 방법으로 기장되고 있다.

이 세음(細音)은 순수 우리말인 "셈 한다"라는 것을 한문으로 표현한 것으로 추측된다. 또 이 회계문서에도 약간의 기장 특색을 볼 수 있다. 그것은 ① 이자를 받기로 약정한 날짜에만 기록이 반복되고 있으며, ② 지출(대출과 비용지출)을 표시하는 문자기호로 거(去), 지거(持去), 급(給), 용(用)이 사용되고 있으며, ③ 수입(이자수입과 원금회수)에는 상(上), 래(來)가 사용되고 있으며, ④ 위 ③의 문자기호는 거래내용, 거래금액을 기입한 기록의 끝에 래(來), 상(上)을 기입하고 있다. ⑤ 등자(鐙子), 행획(行劃) 열기(列旗) 등의 시각기호도 이용하고 있다.

이 세음의 기록연도(干支)인 임진(壬辰)은 1892년일 가능성이 높으며 이 세음이 일기(분개장)인시 장책(원장)인지 명화하지는 않지만 지출기록부분과 수입기록부분을 구획하는 문자기호로 '내'(內)를 사용하고 있는 것으로 보면 장책일 가

문서 6.19 책명없는 겸용문서의 일부

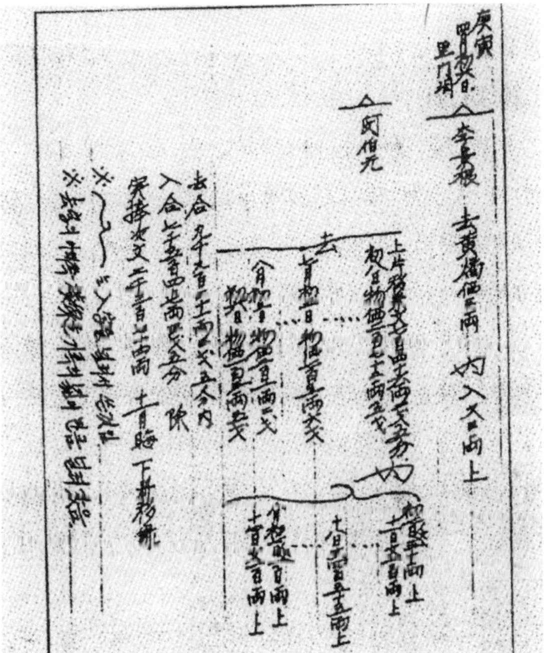

능성이 더 높다. 그러나 일기에 상당하는 기록은 찾아볼 수 없다.

규장각 소장의 겸용문서는 처음부터 책명이 붙여져 있지 않았는지 아니면 탈락한 것인지는 알 수 없지만 책의 표제가 없는 회계문서이다. 이 책은 광서원년(光緖元年; 1875년)이 기록의 시작연도이고, 마지막 기록연도가 경인년(庚寅年)인 1890년으로서 무려 15년간의 문서이며, 그 기록양식이 초기, 중기, 말기별로 차이가 많다.

초기 기록에는 거래처인명별로, 거래일 순서에 따라 거래내용을 기록하되 기록장소는 상단과 하단으로 나누고, 상 · 하단은 '내'(內)를 중앙에 기록함으로써 구별하였다. 하단의 거래기입 마지막의 금액 밑에다 상(上)을 기입함으로써 대차평균 기호로 삼고 있다. 각 계정의 상단에 기입된 금액합계가 그 하단에 기입된 금액합계보다 많을 때는 그 계정의 끝부분에서 '己上合文 六百六十六兩七錢四分 內', '捧上文 一百六十一兩五錢五分 除', '實捧次文 五百五兩一錢九分 五月二十四日 移錄'이라 적고 계정마감을 하고 있다. 여기의 '봉상'(捧上)은 '받은 금액'의 뜻으로서 '봉차(捧次)와는 다른 뜻'으로 이해하여야 할 것이다. 또 이 '봉상'(捧上)은 관청부기에서 사용된 문자기호였지 상인회계문서에서 이 문자기호가 사용된 예는 거의 없다. 이 무명의 회계장부의 기록기간 중 말기의 회계기록은 (문서 6.19)로 그 내용을 횡서로 표시해 보았다.

庚寅

四月初六日 △李景根 去黃燭價三兩 內 入文三兩上

里門洞

△閔伯元	上片移來文七百四十六兩二錢五分 內 初八日物價二百七十二兩五錢 ⋮ ⋮ 去七月初三日物價七百五兩六錢 ⋮ ⋮ 八月初三日物價二百一兩二錢 初六日物價一百三兩五錢	初七日文三十兩上 十一日文一百兩上 ⋮ 十八日文四百五十五兩上 ⋮ 八月初七日文一百兩上 十七日文一百兩上

去合九千九百二十一兩三錢五分內
入合七千五百四十七兩三錢五分除
實擇次文二千三百七十四兩 十一月晦 下册移錄

주: 는 入자를 넓혀서 쓴 것임.
去자의 아래쪽 횡선은 기록의 넓이만큼 넓혀 갔음.

(문서 6.19)를 보아 알 수 있는 바와 같이 이 겸용장부의 기장방법을 요약하면 다음과 같다.

① 거래가 빈번하지 않는 거래처인명계정에서는 그 채권의 회수가 있었어도 그것을 기록하지 않고 그 계정상에 열기(列旗)표시를 하여 채권의 소멸을 알 수 있게 한 경우도 있었지만 그 회계처리의 기본원리는 각 계정을 상하단으로 구분하여 상단을 '거'(去)라 표시하여 채권의 발생을, 하단표시인 '내'(內)밑에 채권의 회수를 기록하고 그 밑에 '상'(上)이라 표기하여 거래기록을 끝내고 있다. 상하단에 기입된 금액합계가 일치하면 그 계정과목상에 행획(行劃)기호를, 그렇지 못한 계정은 그대로 두었다. 그러나 상하단에 기입된 금액합계의 일치여부를 정기적으로 확인한 증거는 찾아볼 수 없었다.

② 거래가 빈번한 거래처인명계정도 상단을 '거'(去), 하단을 '내'(內)로 표기한 뒤에 채권의 회수를 기록하였고, 금액기입 밑에다 '상'(上)으로 표기한 것까지는 위의 ①과 같다. 그러나 정기적 또는 부정기적으로 상단에 기입한 금액합계액을 '기상합문'(己上合文), 하단의 기입 금액합계를 '봉상합문'(捧上合文)이라 적고 기상합문(己上合文)에서 봉상합문(捧上合文)을 차감하여 그 산액을 '실봉차문'(實捧次文)이라 적은 다음에 그 금액을 기입하거나 '하책이록'(下册移錄)하고 있다. 여기서도 '거합'(去合)밑에 '내'(內)를, '입합'(入合)밑에 '제'(除)를 부기(附記)하고 있다.

③ 어떤 인명계정은 채권 즉 '거'(去)부에 기입한 금액을 '타급(他給)'에 이기(移記)한 예가 있다. 이 때의 '타급'이 무엇을 뜻하는 것인지 명확하지는 않지만 추측컨대 '타급장책'(他給長册)의 약칭(略稱)으로 보인다. 이는 최초에 어떤 인명계정의 거(去)에 기입하였으나 그 기록이 입(入)에 기입하였어야 할 것임을 뒤늦게 발견하고 타급장책의 입(入)부에 이기한 것으로 보인다. 만약 그것이 사실이라고 한다면 타급장책도 있었다는 것이 된다.

④ 이 겸용회계문서가 외상장책이라면 여기에 기입토록 지시한 일기(분개장)이 있을 법한데 그것은 발견되지 않고 있다. 또 이 장책에서의 잔액계산이 행해지고 있기는 하나 그 목적이 결산을 위한 것이었는지 알 도리가 없었다. 이 겸용회계문서는 한국 고유부기법과 유사성이 매우 높은 점들을 가지고 있다. 예를 들면 거(去), 입(入), 내(內), 봉차(捧次), 급차(給次), 행획(行劃) 등이 그것들이다.

12. 奎章閣 所藏의 他給長冊, 韓華記錄, 債給順捧, 放債興利冊

이들 회계책들은 모두 다 1900년 이후의 기록들로서 그 치부법이 이미 소개한 치부법들과 비슷한 점이 많아서 한꺼번에 묶어서 검토하는 것으로 한다. 이들 회계문서들의 공통점은 모두가 기록장소를 상·하단으로 구분하고, 상단을 거(去), 하단을 내(內) 또는 입(入)으로 구별하였다. 각 계정별로 입(入)과 거(去)의 합계액이 계산되었고, 그 차액을 실재급차문(實在給次文), 실재봉차문(實在捧次文)이란 기록 밑에 금액을 적고 있다. 과학기호인 표산을 비롯하여, 시각기호인 열기(列旗), 타점(打點), △표시, 등자(鐙子), 기타의 특수기호가 사용되었다. 문자기호로 하(下)는 사용된 바 없었고 다만 상(上)만 이용되고 있었으며 거(去)와 입(入)의 차액을 계산하기 위한 −(마이너스)표시로 '제'(除)를 이용한 경우를 볼 수 있었다. 이 제(除)의 표시는 이들 책이 아닌 다른 책에서도 사용되고 있었음을 보았다. 이들 회계책(會計冊)에서 일기책(日記冊)이 별도로 있었다든가, 결산의 흔적이 있었다든가 하는 증거는 어디에도 없었다. 다만 각 인명계정에서 입합계(入合計)와 거합계(去合計) 및 그 차액이 계산된 것이 결산을 위한 준비였지 않았을까 하는 추측을 할 수 있을 뿐이다. 그러나 그 근거는 매우 희박하다.

13. 高麗大學 所藏의 金錢都錄

이 도록(都錄)은 첫째 장(張), 첫째 줄이 신축(辛丑) '여의순봉'(如意順捧)이라는 표제 다음에 대여거래가 기록되어 있고, 그 다음에는 '순봉'(順捧)이란 표제 다음에 대출금 회수거래가 기록되고 있다. 신축(辛丑)은 1901년 또는 1841년의 가능성이 있는 간지(干支)로 거래금액의 크기로 판단하건데 1901년의 가능성이 더 높다고 생각된다. 여기서의 거래기록이란 일기(분개)에 상당하는 기록을 뜻한다.

대출과 대출금회수 일기(분개)에 사용된 문자기호는 통일되고 있지 않았으며 때로는 '거'(去)로, 때로는 '급'(給)으로, 때로는 '하'(下)로 표기되었고, 대출금 회수도 때로는 '상'(上)으로, 때로는 '입'(入)을 사용하고 있었다. 어떤 경우에는 인명과 금액만 기록하고 그것이 대출인지, 대출금회수인지 분간할 수 있는 문자기호를 붙이지 않은 경우도 있다. 이 때는 앞뒤의 기호로 미루어 그것이 대출인지, 대출금회수인지를 분간하였다. 다행이 이와 같은 판단을 하는 데 도움이 된 것은 대출금회수를 의미하는 문자기호 '상'(上)은 대출금이 회수되었을 때 최초의 대출

문서 6.20 금전도록의 일부

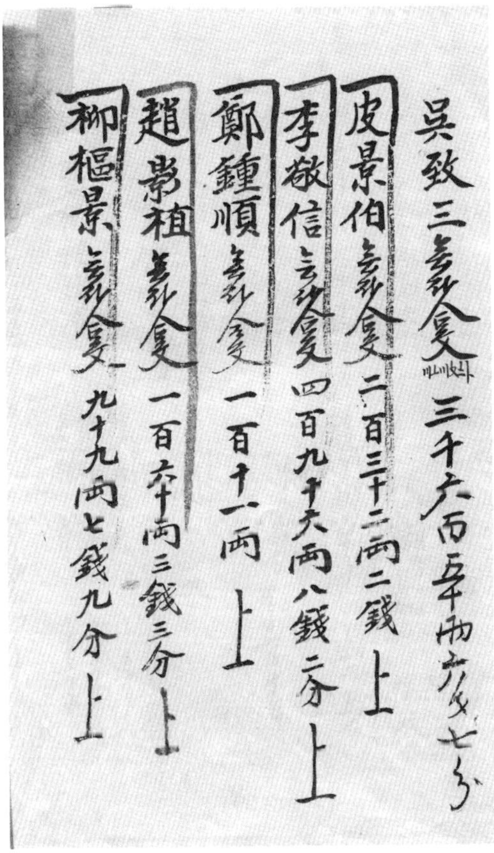
吳致 三[illegible] 三千六百五十兩六錢七分
皮景伯 [illegible] 二百三十二兩二錢 上
李敬信 [illegible] 四百九十六兩八錢二分 上
鄭鍾順 [illegible] 一百十一兩 上
趙彰植 [illegible] 一百六十兩三錢三分 上
柳樞景 [illegible] 九十九兩七錢九分 上

금기록의 아래쪽 끝에 추가로 기록한 흔적이 농후한 것이었다.

일기(日記)에 상당하는 도록부분을 인용하면 (문서 6.20)과 같다. 이에 의하면 맨 위쪽에 인명을 적고, 그 밑에 '회계합문'(會計合文)이라 적은 후 금액을 적고 있다. 그러므로 이 도록(都錄)은 거래일자의 표시가 전혀 없고 다만 연도만이 기록되고 있을 뿐이다. '회계합문'(會計合文)이란 표현과 거래일자가 없는 것을 종합하여 생각하면 이 도록(都錄) 이전에 다른 세부적인 기록이 있었고 그 합계를 이 도록(都錄)에 옮겼다고 보아야 할 것 같다.

신축년(辛丑年)의 도록(都錄)에는 없었지만 계묘년(癸卯年; 1903년)의 도록(都

문서 6.21 금전도록의 일부

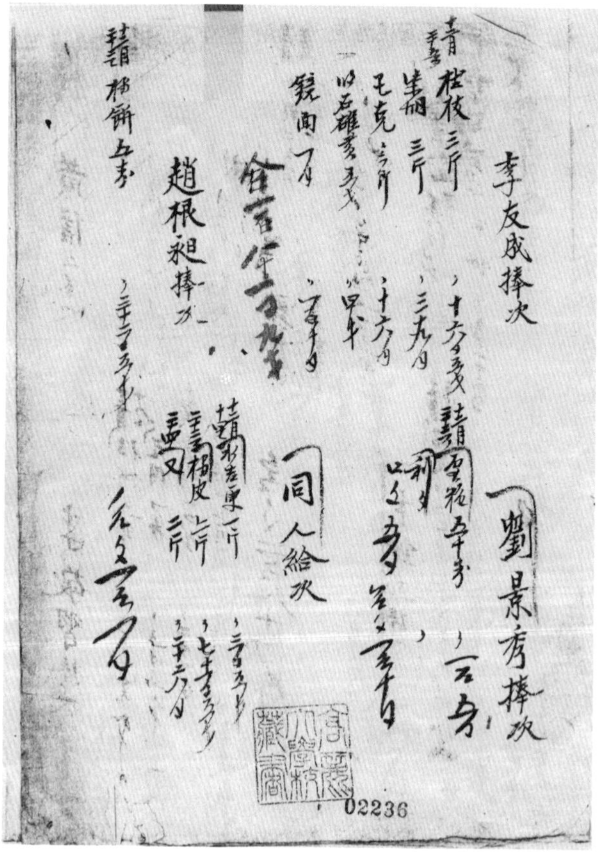

錄)의 끝부분에는 장책(長冊 즉, 元帳)기록이 붙어 있고, 그 중 일부 인명계정은 앞부분의 일기형 기록과 연계가 되고 있는 것이 있어 그 장책(長冊)부분을 (문서 6.21)로 인용하고 그것과 연계되고 있는 일기형 기록을 이기해 보면 다음과 같다

李虞(友)成 會計合文 五百九十九兩八十錢內 一百八十一兩 九錢除
劉景秀 會計合文 四百六十五兩九十五錢給計後合文 一百一兩 (同人 給次)
趙根昶 會計合文 五千五百五十八兩十八錢 計後文 三十二兩五錢 甲辰入

이 도록(都錄)에서도 과학기호와 시각기호가 사용되고 있었으나 그 종류는 그다지 많지 않았고, 표산과 이하여백 기호인 ㄱ 표시 정도가 전부였다.

14. 韓國精神文化硏究院이 蒐集한 靈巖 南平文氏 關聯 古文書

영암(靈巖) 남평(南平) 문씨(文氏) 고문서는 그 문중의 자랑일 뿐만 아니라 우리나라의 사문서에서 그 유래를 찾아볼 수 없는 회계문서라고 평가하여도 손색이 없는 문서이다. 그 중에서도 족계용하기(族契用下記)(이하 '용하기'로 약기한다)는 회계기록으로서의 금자탑이라 하여야 할 가치가 있을 뿐만 아니라 경이적인 사실로 받아들여져야 할 일이다. 그 이유는 이 용하기는 서기 1741년에서 시작하여 1928년에 이르는 187년간 계속된 회계기록이기 때문이다. 이 고문서가 지금까지 유지 · 보존되어 온 것은 임진왜란과 병자호란 이후의 것이었기 때문에 가능하였을 것이고, 이로 미루어 보면 1700년대 이후의 송도치부 문서도 어딘가 묻혀 있을 가능성을 말해 주는 것 같다. 이런 의미에서 북한의 사회과학원 역사연구소에 수장되어 있다고 한 회계 고문서(1786년 경)에 기대를 걸어 본다.

용하기를 저자가 알게 된 동기는 '월간 중앙'(2003년 6월호)이 "발굴 특종 262년만에 햇빛 본 한국 최고의 복식부기 용하기(用下記)"라는 장문의 기사를 보고서부터였다. 그 내용을 읽어 보았으나 복식부기를 모르는 사람들과 취재기자의 공명심의 합작품이라 생각하고 그대로 넘겨 버렸다. 그리고는 그 사실을 잊고 있었는데 2003년 8월에 한국회계연구원(Korea Accounting Standards Board)이 개원 4주년 기념 세미나를 개최하면서, 그 중 하나의 주제로 "On Double-entry Bookkeeping in eighteenth-century Korea: A consideration of the account books from two clan associations and a private academy"(옥스포드대학 교수 James B. Lewis와의 공동 논문)를 선택하였으니 토론자로 참석해 달라는 요청을 받았다.

이 제목이 '월간 중앙'에서 다룬 것임을 알고 회계연구원의 요청을 처음에는 거절하였으나 계속적인 요청과 남평(南平) 문씨(文氏)의 용하기(用下記)를 복식부기로 단정하는 것에는 가만히 있어서는 안 되겠다는 사명감으로 그 요청을 수락하고 그 세미나에 참석하였었다.

다음은 주제논문의 내용이나 토론자의 주장내용을 소개하는 것이 아니고 위 '용하기'(用下記)[16]를 직접 소개 분석 검토하는 것으로 하였다. 용하기(用下記)를 검토하다보니까 필연적으로 남평(南平) 문씨(文氏) 문계(門契)의 사무인수 · 인계서, 기타 문서들과 연계가 되어 이들을 때로는 인용하는 경우도 있을 것임을 미리 밝혀 둔다.

용하기의 공식책명은 앞에서 언급했듯이 「족계용하기」(族契用下記)이고 그 첫 2년간의 용하기는 사무인계 · 인수서였다가 그 다음 연도부터 용하기란 회계문서로 바뀌었다. 첫 2년간의 용하기 일부를 인용하면 다음과 같다

×××량××전
×××량××전 合六兩七錢六分
別有司秩 辛酉 十二月 日 秋捧 x
文彦鵬 所掌 本十兩 每兩 利五錢式
利 五兩 合十五兩捧
文八振 所掌錢 本 十八兩九錢四分 每兩 利五錢
利 九兩四錢七分 合二十八兩四錢一分
已上錢合五十兩一錢七分 別有司
辛酉十二月 日捧上
畓穀 二石五斗
文在敏後入租 二斗 合二石七斗 留庫
傳與有司 文在敏
傳授有司 文在炯

16) 다른 하나의 회계문서인 private academy-서원의 회계문서는 입수하지 못하였고 또 위 주제의 내용도 용하기(用下記)가 주축을 이루고 있었기 때문에 여기서는 제외 함.

문서 6.22　족계용하기(族契用下記)

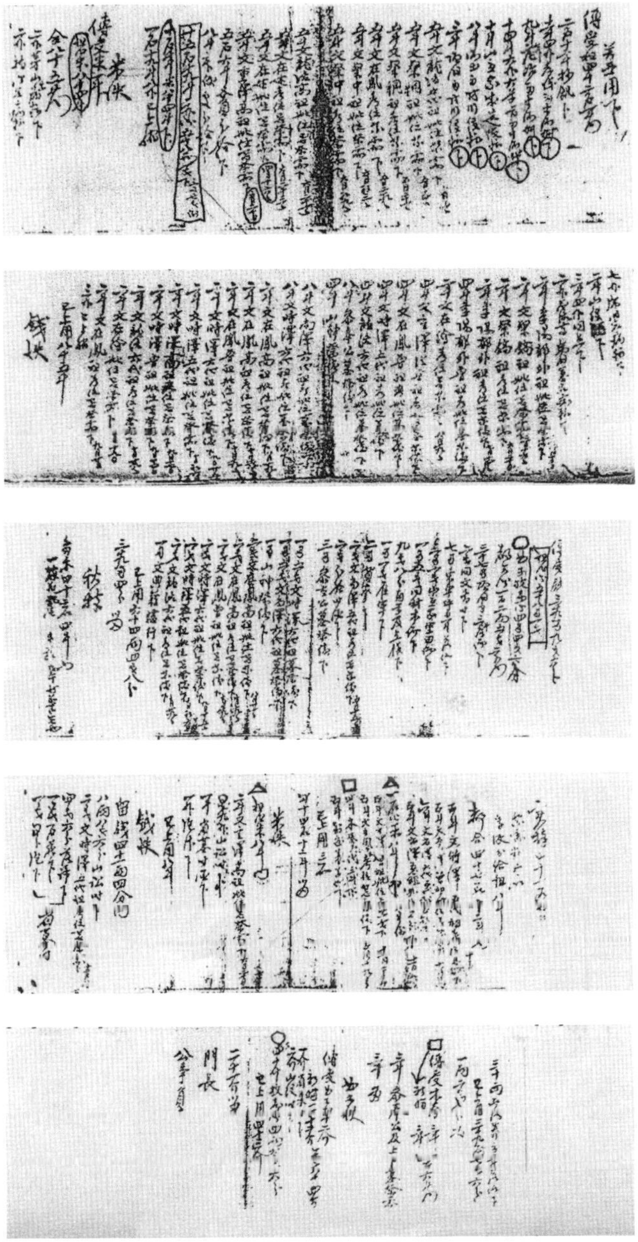

여기에서 특기할 사항은 관부회계문서에서 사용되고 있던 '받자'(捧上)와 '질'(秩)이란 문자기호가 사용되고 있는 점이다. 여기서의 전여자(傳與者)는 인계자이고, 전수자(傳授者)는 인수자임은 누구나 다 알 수 있는 사실이다. 다음에는 수많은 연도의 용하기 중 가장 대표적이라고 생각되는 연도인 계축(癸丑; 1793년)의 용하기를 다음에 인용한 (문서 6.22)를 중심으로 검토를 하고자 한다. 이 인용문서는 3장의 기록을 한 장으로 축소한 것이다. 여기서 언급해 둘 사실은 용하기의 기록형식은 대종가의 것이든 소종가의 것이든, 초기의 것이든 중기, 말기의 것이든 대동소이하다는 것이다.

계축용하(癸丑用下; 1793년)에는 ① 전수조(傳受租), ② 미질(米秩), ③ 전질(錢秩), ④ 추봉(秋捧), ⑤ 곡자질(曲子秩)이라는 계산단위를 설정, 기록하고 있다. 일년치의 회계기록을 한 면에 모두 수록하기 위하여 저자 나름의 편집을 가하였다. 특히 주의를 요하는 것은 이 인용 회계문서 기록 위에 그려 놓은 특별 부호와 기록 중의 거래 연월일의 순서이다. 특별부호가 같은 것이 붙여져 있는 거래기록은 복식기입된 부분이라고 주장되고 있는 곳이다. 이런 것을 전제로 하여 (문서 6.22)를 중심으로 기록된 내용을 정리해 보고자 한다.

① 계축년(癸丑年)의 전수조부(傳受租部) 20행 위에 표기한 장방형사각형의 기록: (15石19斗 作錢 58兩1錢 下)와 전질(錢秩)에서 같은 유형의 표기가 되고 있는 부분의 기록(租 作錢 58兩1錢)을 이중기입된 것이라 주장될 가능성이 있는 부분이다. 그러나 전수조부(傳受租部)에서 15석(石)19두(斗)가 출고된 것으로 기록되었으며 기말재고량 계산에서도 15석(石)19두(斗)의 지출로 계산되고 있다. 그 상대계산장소인 전질(錢秩)에서도 15석(石)19두(斗)가 기입되어야만 이중기입이라 할 수 있는데도 불구하고 상대의 전질(錢秩)에서는 58량(兩)1전(錢)이 입금된 것으로 기입하고 있다. 이를 복식부기에서 말하는 이중기입 또는 복식기입이라 한다는 것은 언어도단이다. 뿐만 아니라 이 기록을 이중기입이라 할 수 있으려면 '하'(下)가 있었으면 '상'(上)이 있었어야 하는데 하(下)에 상응하는 상(上)도 없다. 회계적인 상식에 불과한 복식기입의 정의를 다음에 해 둔다.

"모든 거래는 어느 계정의 차변에 일정한 금액(물량이라도 무방하다)이 기입되면 그 차변기입과 동시에 다른 계정의 대변에도 동일한 금액(물량이라도 무방함)을 기입하는 것을 말한다."

이를 더 구체적으로 설명하면 ⓘ 차변과 대변에 기입하는 금액 또는 수량이 같아야 하고 ⓘⓘ 차변과 대변에 기입하는 날짜(년월일)가 같아야 한다는 것이며 ⓘⓘⓘ 위의 정의는 누구의 학설과 같은 이론이 아니라 복식부기의 초보적인 상식이다.

이상의 정의로 위에서 인용한 용하기의 기록은 위의 두 가지 조건 중 한 가지도 충족하지 못하고 있는 것이다. 따라서 그 기록을 복식기입이라고 보는 것은 어불성설이다. 환언하면 복식기입되었다고 주장할 가능성이 있는 두 기록은 금액이나 수량도 다르고 기록한 날짜도 불명이거나 동일 날짜가 아닌 것이 틀림없어 보인다.

② 전항 ①과 완전히 동일한 유형은 계축년(癸丑年)의 '전수조'(傳受租)와 '미질'(米秩) 사이에서도 발견된다. 이에 해당하는 기록은 타원형(楕圓型)의 표기를 하여 두었다. 그 내용을 보면 전수조(傳受租) "10石10斗 作米84斗下"로 기록되고 그 계산장소에서의 전수조(傳受租)가 "10石10斗" 불출된 것으로 계산되고 있으면서 미질(米秩)에의 기입은 "租作米 84斗"가 수입된 것으로 기입되고 있는 것도 복식기입된 것으로 주장될 가능성이 있는 부분이다. 이는 앞의 ①에서 설명한 이유와 동일한 이유로 이중기입으로 볼 수 없다. 여기서도 상(上)과 하(下)의 연계는 없으며 기록된 날짜의 같음도 확인되지 않는다. 이상의 ①과 ②에서의 설명을 전수조(傳受租), 전질(錢秩), 미질(米秩)의 T형 계정으로 옮겨보면 다음과 같아진다.

전수조(傳受租)		전질(錢秩)		미질(米秩)	
	①15石19斗	①58兩1錢		②84斗	
	②10石10斗				

* 기입날짜는 명확하지 않으므로 기록하지 않았음

③ 계축용하기(癸丑用下記)에 표시되고 있는 동그라미표시와 동그라미표시, 삼각표시와 삼각표시, 정사각표시와 정사각표시도 복식기입으로 주장될 수 있는 부분이나 이들 또한 앞의 ①과 ②의 논리로 복식기입은 아니고 전수조(傳受租)출납상, 전(錢)출납장, 미(米)출납장, 곡자(曲子)출납장의 출납기록과 '시재액'의 파악을 위한 것에 불과한 것이다.

④ 이 용하기의 기록 중에는 전수(傳受)된 조(租), 미(米), 전(錢) 등의 수입액

또는 수량 밑에 '내'(內)를 적고, 그 다음은 모두 다 지출을 적었으며, 그 내용은 수량이나 금액을 먼저 적고 그 밑에 지출의 사유를 적고, 그 밑에는 거의 예외 없이 '하'(下)를 적고, 맨 끝에 월일을 적는 형식이다. 월일이 적혀 있지 않은 거래기록도 많지만 기록된 거래일자를 관찰하면 그것이 거래발생 순서대로 기록되고 있지 않고 들쭉날쭉하고 있음을 알 수 있을 것이다. 이 부분도 현병주의 사개치부법이 '내'(內)란 기호로서 대차(貸借)를 구분하는 것으로 설명한 것을 인용하여 이것으로 용하기도 대차로 구분한 계산·기록이었다고 주장할 가능성이 있으므로 다음 사실을 제시하여 그 부당성을 지적하고자 한다.

戊申十二月 (이 부분은 용하기에 수록되고 있는 것임)
　　秋 捧
畓禾四十石六斗 內
一石十三斗 文復澤 未捧
二石 文孝得 未捧
捧實三十六石十三斗
祭需租六石
禾利一石
都合四十三石十三斗 內
　　十斗 參奉公墓祭需 下
　　十斗 文尚澤六代祖考妣位墓祭需 下
⋮

洞契 開元錄
庚戌 十一月二十五日 傳與記
租本色四十石十一斗 今年停息
有司文太古二十石五斗 內 八石十二升納十一石十二斗五升 仍存
有司文獻休二十石六升 內 九石一斗納 十一石五斗 仍存

玄丙周 外上長册 一部
於音秩 去 丙辰正月初七日金乙先正月十一日出次於音 一百四十圓, 初八

日 崔丙奎正月二十一日出次金九百圓. 十六日 白壬周二月晦日出次金一千圓○

內 丙辰正月十八日 金乙先於音捧金一百四十圓○

앞의 (문서 6.22)에서 "傳受租四十二石一斗 內," 米秩의 "合八十五斗 內," 전질(錢秩)의 "都合錢 一百二兩五錢二分 內" 등의 '내'(內) 위치를 주의깊게 보아주기 바란다. 바로 앞에서 인용한 것은 많은 동일한 기록 중 극히 일부에 불과한 것이다. 이 인용을 통하여 '내'(內)의 용례(用例)를 생각해 보기로 한다. 다만 현병주(玄丙周)의 '내'(內)는 '거'(去)와 한 짝이 되어 사용되었지 그것이 따로 떨어져 사용되는 경우는 결코 있을 수 없었다는 사실을 지적해 둔다.

용하기와 개워록에서 이용한 '내'(內)는 "…으로부터"의 뜻으로 사용되고 있으나 이 기록을 대·차변의 구분기호라고 강인부회(强引附會)하다보면 유리한 것은 무리하게 이용하고, 불리한 것은 의식적으로 무시하는 경향에 빠질 위험이 있다고 지적하고 싶다.

⑤ 용하기에 표기되고 있는 '하'(下)도 현병주의 문자기호를 유리한 쪽으로 이용할 가능성이 있는 부분으로 본다. 여기서 현병주의 '하'(下)에 관한 설명 '상(上)과 하(下)'는 '현금의 수입과 지출을 나타내는 기호'라고 명확히 규정하고 있을 뿐만 아니라 조선조의 관청부기에서도 '차하'(上下)라 표기하여 물량이나 금전의 지출을 의미하는 문자기호로 이용하였다는 사실을 명확히 해 둔다.

⑥ 용하기에서 현병주의 문자기호를 유리한 근거로 악용할 가능성이 있는 또 하나에는 '질'(秩)이 있다. 현병주는 '질'(秩)을 다음과 같이 정의하고 있다.

"질자(秩字)는 물품에 성명(姓名)의 지위를 부여하는 것, 무형물을 유형물화하는 것이다"

용하기에는 진질, 미질, 곡지질에 '질'이 붙어 있지만 조(租)에는 그것이 없다. 또 동게(개원록)에는 (문서 6.23)에서 보는 바와 같은 '문서질'(文書秩), '잡물질'(雜物秩)이 있으며 그 문서에 수록되어 있는 내용을 보면 각종 문서의 명칭이 기입되고 있으며, '잡물질'에는 여러 가지 물품들의 명칭이

문서 6.23 동계개원록(洞契開元錄)의 일부

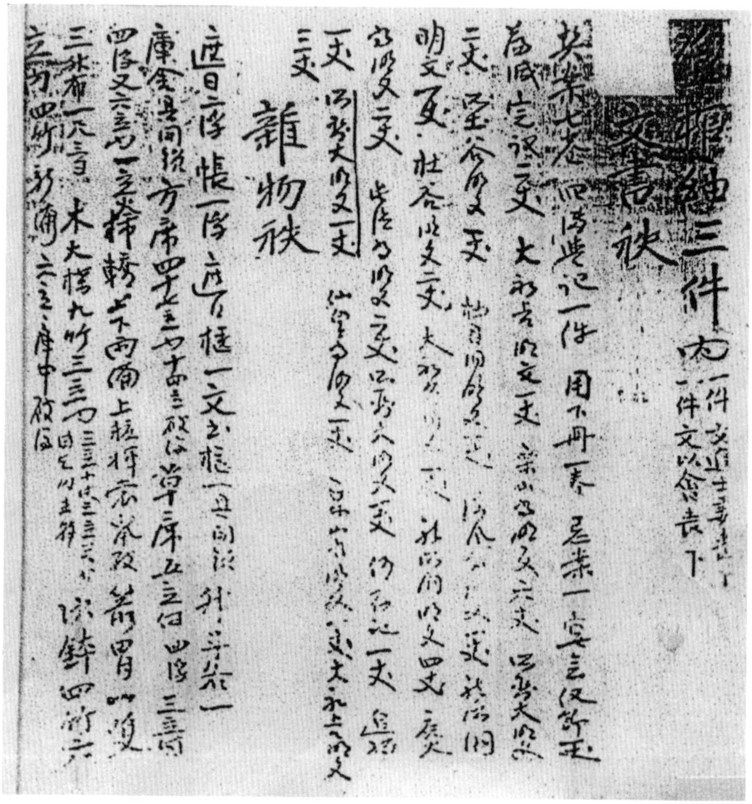

기록되고 있음을 볼 수 있다. 조선시대의 중앙 및 지방간의 왕복문서를 집대성한 「각사등록」(各司謄錄)에서도 '질'(秩)이 사용된 많은 예를 볼 수 있다. 예를 들면 양반명단과 서인명단을 작성 · 보고하는 문서의 제목을 '양반질'(兩班秩), '서인질'(庶人秩)이란 제목 아래 그 명단을 적고 있으며, 80세 이상의 장수자를 표창하기 위한 명단을 작성 · 보고하면서 "80歲老人秩," "90歲老人秩"이란 제목 밑에 80세 이상, 90세 이상의 장수자 명단을 적은 것, 기아를 돌볼 보모를 관청이 정하여 그 양육비를 지원하면서 작성한 명단에도 '질'(秩)을 붙여 일괄 보고하고 있음을 볼 수 있다.

이 '질'(秩)이 앞에서 소개한 다른 사인회계문서에서 사용된 예를 보면 신호대학(神戶大學) 소장의 외상장책에서 200개의 계정 중 단 하나인 '공용질'(公用秩)(그것도 뒤에는 公下條로 표기되었음)과 대한천일은행의 회계문서 200여 개의 계정 중 '은전질'(銀錢秩) 하나만 '질'(秩)이 붙어 있을 뿐이다. 앞에서 이미 지적한 바와 같이 홍희유는 의인화(擬人化)가 전연 필요없는 사개(四介)의 분류를 '봉차질,' '급차질,' '매득질,' '방입질'이라고 하였으며 이는 곧 '질'을 자산계정의 집합, 부채계정의 집합, 비용계정의 집합, 수익계정의 집합이라는 뜻, 즉 '동일물의 집합'이란 뜻으로 사용하였음을 보여 주고 있다.

'질'(秩)을 의인화(擬人化)의 표상이라고 한다면 명목계정에만 붙여져야 할 터인데 현병주는 물품에도 '질'을 붙이고 있으면서 '수익계정'(명목계정)에는 '질'(秩)을 붙이고 있지 않으며, 봉차, 급차, 소비, 이익의 집합에는 어김없이 '질'(秩)을 붙이고 있다.

의인설(擬人說)에 관한 현병주의 오해 · 오용은 차치하고 현병주 이전의 옛날부터 '동일물의 집합'이란 뜻으로 '질'을 사용한 예는 수없이 들 수 있다. 다만 '질'(秩)이 미(米)와 전(錢)에 붙어 있다는 이유로 용하기(用下記)가 사개치부법과 같은 복식부기 또는 복식부기일 것이란 암시를 하는 것 같은 주장을 하여서는 안 된다고 생각한다.

⑦ 용하기가 복식기입과는 거리가 멀다는 근거는 위에서 소개한 것들 뿐만이 아니다. 그 중의 한 예는 조(租)를 팔아서 금전을 받은 거래는 5회 이상 '조'(租) 밑에 기록되고 있는데도 불구하고 '전질'(錢秩)에서는 단 한번의 기록으로 끝내고 있다. 이와 동일한 사례는 수없이 많다. 위 ①, ②, ③에서 복식기입이 아니라고 지적한 것들을 모두 복식기입으로 간주하고 계산한다고 해도 다음 3년간의 통계는 용하기가 복식기입된 회계장부가 아니라는 사실을 입증하고도 남을 것이다.

연노	복식기입으로 간주한 횟수	연간 총 기입횟수
1793年	10回 (5件)	127回
1794年	6回 (3件)	112回
1806년	12回 (6件)	130回

* 괄호안은 거래수를 나타낸 것임

⑧ 그러면 용하기(用下記)의 기장원리는 무엇인가? 그것은 단식부기의 범위를 조금도 벗어나지 않고 있다는 것이다. 조(租) · 전(錢) · 미(米) · 추봉(秋捧) 어느것을 보더라도 (전기이월 + 당기수입 − 당기불출) = 기말잔고라는 형태에서 벗어나지 않고 있다. 앞에서 인용한 '내'(內)의 용법비교에서 본 바와 같이 '전기이월액'에 미수분이 포함되고 있을 때는 그 미수분을 '내'(內)의 다음에 차감하여 실제의 이월액으로 조정하고 있는 것은 공식적으로 미수를 자산으로 인정하지 않는 결과로 본다.

계산단위의 명칭(계정과목에 해당)을 한 단계 낮추어 기록하고, 거래기록은 한 단 올려 적고 있다든가, 수입은 거래내용을 먼저 적고 금액과 수량은 그 밑에 적었다든가 불출거래는 금액이나 수량을 먼저 적고, 거래내용은 그 다음에 적었다는 것까지 세밀히 관찰하였다면 어찌하여 위에서 저자가 지적한 근본문제는 간과하였는지 이해가 안 간다.

이와 같은 결함에서 자유로워지려고 용하기 기록이 복식부기가 아니라 회계정보론으로 방향을 바꾸어 회계정보를 위한 통계적 수단으로 주장할 가능성도 있다. 이 가능성을 위하여 다음에 A. C. Littleton의 논문 일부를 인용해 둔다.

"부기에서의 모든 계정은 그 증감(增減)요소를 처리하지만 통계적 분류의 일반원칙에는 감소항목을 처리하지 않는다."[9]

⑨ 용하기에는 거래날짜가 거의 기록되고 있지 않다. 거래날짜의 기록이 되어 있는 것도 일부는 있지만 그 순서가 엉망이다. 이를 좋게 해석하면 다른 장부에서 이기하였기 때문이라 할 수 있을는지 모르지만 다른 장부에서 이기하였다면 거래날짜의 앞뒤가 바뀌질 일은 만무하다. 또 이 용하기에서는 각종 문자기호가 사용되고 있다. 예를 들면 '류'(留; 기말재고), '미'(未; 미수), '납'(納; 수입), '래'(來; 입금), 받자(捧上; 이두표기로 수납의 뜻), '재'(在; 류(留)와 같음), '전'(傳; 이월), '봉'(捧; 수입), 가용(加用; 수입을 초과한 지출), '내'(內), '질'(秩), '하'(下) 등 매우 다양하지만 그들 중에서도 '내'(內), '질'(秩), '하(下)'만 특별히 강조한 것은 위에서 비판한 것과 같다. 뒤늦게나마 이두(吏讀)에 눈을 돌린 것 같지만 받자(捧上)와 가용

17) A. C. Littleton, *Ancient and Modern Bookkeeping Compared; Contemporary Studies in the Evolution of Accounting Thought*, (by Michael Chatfield), p. 51.

(加用)은 조선시대의 상인회계문서에서는 아주 드물게 볼 수 있었고 주로 관청회계에서 양반들이 자기들의 유식함을 표방하는 특수문자로 사용된 용어이다. 남평 문씨도 지방토호 양반으로서 관청부기에서 그 기록법을 응용한 것이라고 보는 것이 가장 타당한 것으로 생각한다.

이상에서 논급한 저자의 견해는 용하기의 격을 떨어뜨리려는 것이 아니라 그 위대한 업적과 보관을 찬양하고 그것이 상인들의 복식부기에 의한 기록이라든가, 초보적인 복식부기, 복식부기적인 통계기록이라는 주장에 대한 반론을 제기했을 따름이다. 환언하면 이 용하기는 남평 문씨 가문은 물론이고 우리나라의 자랑이 될 단식부기 회계문서이다. 반대로 이 용하기를 당시의 상인들이 기장하고 있던 방식으로 기장한 것이라고 한다면 남평 문씨에 대한 모독이 될 수 있을는지도 모른다.

15. 韓國電力公社 所藏 韓美電氣會社 決算書

한미전기회사(韓美電氣會社)는 한성전기회사(漢城電氣會社)의 전차시설공사와 그 운영을 도급받았으나 공사대금 및 보수를 받지 못하자 한성전기회사를 차지한 콜브란이라는 자가 1904년 2월 19일에 설립한 전기 및 전차회사였다.

1909년 6월에 일본의 일한와사(日韓瓦斯)주식회사에 양도함으로써 소멸한 미국계 회사였으나 1908년 2월에 작성된 결산보고서를 남기고 있다. 그러나 결

표 6.11 고본금급차관건(股本金及借款件)

名目		新旹
一萬股	毎股美金一百弗 合計 一百萬弗	二白萬圓
預付金		三千二百八十七圓七錢
第一回公債券	二百五十枚毎枚 美金一千弗六里邊	五十萬圓
英美合資典當會社借款條		三十九萬七千九百六十六圓七十一錢
純益金積聚條	白光武八年八月 日至 光武十年十二月三十一日	九萬七十八白八十二圓九十八錢
上 同	陸熙元年度	七萬八千六百七十二圓二十三錢
	合 計	三百七萬七千八百八圓九十九錢

산서가 유도되었으리라 예상되는 원장(元帳)이나 분개장은 남아있지 않다. 뿐만 아니라 이와 같은 결산보고서도 한 연도것만 남아 있다.

이 결산서는 붓으로 한문과 한글 혼합형식으로 종서(縱書)되어 있으며, 맨 먼저 임원명단과 그 주소를 적고 있다. 사장 콜브란을 '에취 고불안(高佛安)'으로, 부사장 보스트위크를 '에취 알 보시욱(寶時旭)'으로 표기하고 있다. 임원명단 다음이 '각 고주허설명서'(各 股主許說明書)이다. 고주(股主)는 주주를 의미하는 용어이고, '각 주주에게 올리는 설명서'가 각 고주허설명서(各 股主許說明書)이다. 그 다음에 잔액시산표에 상당하는 〈표 6.11〉과 〈표 6.12〉가 작성되어 있다. 이에 이어서 〈표 6.13〉 "순익금(純益金)의 배치(配置)"라는 "순이익의 용도"를 작성하고 있다.

순익금의 배치 다음에는 〈표 6.11〉의 고본금급차관건(股本金及借款件) 중 ① 예부금(預付金), ② 〈표 6.12〉의 현존금(現存金), ③ 미수액, ④ 잡용비, ⑤ 신선확장비와 증설개량비(작년 12월 31일-저자)에 관한 명세를 기록표시하면서 금년(1908년)부터는 잡비와 용산선확장비(앞의 신선확장비인 듯—저자)는 이익금 적취(積聚)에 산입하도록 주기(註記)하고 있다.

위의 명세서 다음에는 광무 10년(1907년)과 융희 원년(1908년) 양년간 출입액상교표(비교표)를 표시하면서 입출금 각각의 항목별 구성비를 표시하고 있다. 표의 제목, 연도, 명목, 신화 등 표제만 제외하고 입액과 출액 중 두 가지만 다음

표 6.12 자산(資産)과 비용건(費用件)

名 目	新 貨
特權占有費及設備資産	二百五十萬圓
現存金	六萬七十一圓三十七錢
未收額	一萬六千一百四圓三十七錢
貯藏雜品	二萬七千圓三十錢
現存石炭	五千六百七十七圓九十五錢
保險料先給條	一千一百五十五圓九十九錢
掌運車手服裝費先給條	一百九十四圓三十錢
公債利子報償條	三萬八千二百四十一圓二十八錢
新線擴張費	四十二萬二千三百十四圓六十七錢
雜用費	七千四十八圓七十六錢
合計	三百七萬七千八百八圓九十九錢

표 6.13 순익금(純益金)의 배치(配置)

名目	原額新貨	實額新貨
現存金	六萬七十一圓三十七錢	
各處出給條	三千二百八十七圓七錢(減額新貨)	
實額		五萬六千七百八十四圓三十錢
擴張費	四十二萬二千三百十四圓六十七錢	
公債額	三十九萬七千九百六十六圓七十一錢 (減額新貨)	
實額		二萬四千三百四十七圓九十六錢
未收額		一萬六千一百四圓三十七錢
貯藏品		一萬三千六百四十三圓九十四錢
電氣備品		六千一百三十七圓四十八錢
機械備品		七千二百十八圓八十八錢
石炭餘存		五千六百七十七圓九十五錢
保險費先給		一千一百五十五圓九十九錢
掌運車手服裝備		一百九十四圓三十錢
公債利子報償		三萬八千二百四十一圓二十八錢
雜品現存		七千四十八圓七十六錢
	總 計	十七萬六千五百五十五圓二十一錢

에 예시한다.

入 額
車票料 三十萬一千四百十一圓七錢 : 六十一割八分
運物料 二千八百四十五圓七錢 : 一割四分
⋮
出 額
電燈架設費 一萬二千九百五十七圓十五錢 : 八割八分
石炭價 六萬一千四百二十一圓六十九錢 : 四十二割二分
⋮
隆熙元年度純益金 七萬八千六百七十二圓二十三錢
光武十年度純益金 五萬六百四十八圓五十七錢
超過額 二萬八千二十三圓六十六錢
光武十年度出入相較額 七十四割二分

隆熙元年相較額	七十割九分
減額	三割三分

이 상교표 다음에는 재산목록(금액표시 없고 수량표시만 있음)이 있고, 그 다음에는 연도별의 ① 매일승객평균수, ② 전차운행리수, ③ 전등공급총수의 통계가 기록되어 있고, 이어서 산업조사원보고와 본사총무보고를 끝으로 마감되고 있다. 산업조사원보고는 기사가 기술적 문제에 관한 보고이고, 총무보고는 경영추세와 전망보고이며, 한미전기회사 총무 고불안이 한미전기회사 사장 고불안(高佛安)에 행한 보고이다.

이상의 한미전기회사의 결산보고서는 기간계산에 의한 것이나 대차대조표나 손익계산서를 표시하지 않았음을 알 수 있다. 그러나 순이익금액(純益金積聚;, 즉 순익금누계액)이 있고 순익금의 배치가 있는 것으로 미루어 보아 손익계산이 있었던 것만은 틀림없다. 그런데도 불구하고 잔액시산표로 대차대조표와 손익계산서를 대신하고 있는 것으로 보면 그 당시의 회계관행(대한천일은행도 그러하였고 현병주(玄丙周), 「사개송도치부법」도 그러했음)이 그러했고 나아가서는 우리의 고유부기가 그러하였던 것으로도 볼 수 있다.

이상에서 검토한 옛 회계문서 이외에도 다른 많은 것이 있지만 그 내용들은 위에서 분석 · 검토한 것에 비하여 그 가치가 떨어지기 때문에 더 이상 검토대상으로 삼지 않기로 하였다.

16. 韓國精神文化硏究院 所藏의 長冊第十一

이 장책은 전라북도 전주(개성, 수원과 같은 상업도시)상인의 회계문서로 그 활동무대로는 북으로 개성, 해주, 남쪽으로 제주, 부산까지 포함되고 있었음이 이 회계기록에서 확인되지만 그 기록연도가 1907년에서 시작하여 1922년까지의 것으로 보인다. 이 회계장부의 기장방법을 요약하면 다음과 같다.

① 자연인과의 거래는 인명을 계정과목으로 하지만 거래상대방이 자연인이 아닌 경우, 변전, 상회, 전방, 은행, 멱자(覓子; 소쿠리?) 등의 계정에는 '질'(秩)을 붙이고 있다.

② 계정은 상 · 하단으로 구분하여 상단을 '봉차'(捧次), 하단을 '입'(入)으로

표기하고 그 밑에 거래발생 일자순에 따라 거래내용을 기입하고 있다. '봉차'부와 '입'(入)부에 기입된 금액의 합계가 일치하면 그 계정 위에 행획(△)을 표시한다.

③ 그러나 일부 계정에서는 그 난 위에 봉차금액 합계, 입금액 합계를 표산으로 표시한 경우도 있었지만 정식으로 양 합계액과 그 차액을 기록한 것은 볼 수 없었다. 뿐만 아니라 동일 계정이 동일 장책에 여러번 기록되고 있어도 그 잔액을 이월한 경우는 없었다.

④ 가치표현에 사용된 통화는 한 가지가 아니라 지전, 백동화, 엽전, 원(圓)이 혼용되고 있으나 백동화 · 엽전을 주고받았을 때는 그것을 지전으로 반드시 환산하여 기록하였으며 그 환율은 매일 조금씩 차이가 있었다. 또 어떤 계정기록은 물량으로만 행해져 있었다.

⑤ 이 장책에는 결산의 흔적 및 일기로부터의 전기를 확인할 수 있는 증적은 아무것도 없었다.

제2절 1916년 이전의 私人(商人) 會計文書의 治簿特徵 綜合

이 절에서는 제1절에서 분석 · 검토한 한국의 고유치부법(부기법)을 총정리하고, 개성상인들이 가졌다는 사개치부법과 기타 지역의 치부법에 의미 있는 차이가 있는 것인지 찾아보고, 만약 그런 것이 있다면 그 치부의 특성은 무엇인지를 알아보고자 한다.

여기서 개성상인들의 치부법이란 현병주(玄丙周)의 사개송도치부법(四介松都治簿法)이 대표하는 것이라 가정하고, 기타 지역의 치부법이란 개성을 제외한 다른 모든 지역의 치부법으로 규정한다. 다만 개성박물관과 정치경세대학 소장의 치부책과 송준동(宋準東)과 홍희유가 그들의 논문과 저서에서 인용한 회계문서는 저자가 직접 확인하지 못하였지만 그 중요성으로 종합의 대상으로 삼을 것이다. 치부한 지역이 불명한 기록들은 어디의 치부법인지를 밝히지 않을 것이다.

여기서 제기하여야 할 문제는 사개치부법이란 치부지역에 따라 분류한 것인지 아니면 치부형식에 따른 분류인지 불명확하다는 것이다. 물론 그것은 치부방법에 따른 분류라고 생각되지만 그 한계를 정하는 것이 결코 쉽지 않다. 그러므로 이하에서는 개성부기라든가 조선부기, 절충식 부기라는 표현과 같은 구분은 가급적으로 하지 않기로 한다.

1. 會計帳簿

서양식 복식부기는 장부를 주요부와 보조부로 구분하고, 주요부는 분개장과 총계정원장으로 구성되는 것으로 알려져 있다. 서양식 복식부기가 이와 같은 장부체계를 가진 것은 1494년 Luca Paciolo 가 그의 수학교과서에서 복식부기를 소개하면서부터이다.

현병주의 회계장부 분류에는 많은 오류가 발견되었지만 그의 '실례'(實例)에서는 주요부를 일기(분개장)와 두 개의 장책(원장)을 사용하고 있었다. 서양식 복식부기는 총계정원장이라는 하나의 원장이지만 현병주의 장책은 외상장책과 타급장책이라는 두 개의 장책(원장)제도를 가진 것이 다른 점이다. 주요부의 기능을 계산의 정확성 확보를 위한 것으로 본다면 하나의 분개장, 하나의 원장제도나 하나의 분개장과 두 개의 원장제도 사이에 큰 차이가 없을 것으로 생각한다. 편리성 면에서는 전자가 더 편하리라 생각하지만 본래의 기능면에서는 별 차이가 없을 것으로 본다.

현병주의 1분개장, 2원장제도는 현병주의 발명품이 아니라 우리나라 고유부기의 장부제도였던 것이 확실하다. 왜냐하면 1854년의 회계문서(일본 신호대학(神戸大學) 소장)도 1분개장, 2원장제도를 가졌으며, 대한천일은행의 주요부는 서양식 복식부기 장부제도와 똑같이 1분개장, 1원장제도로 회계처리되고 있었기 때문이다. 원장이 한 개였던지, 두 개였던지는 알 수 없지만 직산일기(稷山日記)는 원장을 가졌던 것이 확실하나 그 존재는 확인되지 않는다. 금전도록(金錢都錄), 장책제일(掌冊第一), 칭생집(稱生集), 한화기록(韓華記錄) 등은 복식기입만은 확인되기 때문에 분개장과 원장이 있었을 것이라 추정한다. 북한에 실존하는 1786년의 사개문서나 1876년의 사개문서도 한 개의 일기책과 두 종류의 장책으로 구성되고 있었다고 단정할 수 있다. 그렇다고 본다면 서양식 주요부와 같은 체제를 갖춘 사개치부는 1786년부터 확인된다고 볼 수 있으나 실물의 확인이 되는 주요부는 1854년부터의 것이다. 기타의 회계문서도 많이 검토의 대상으로 하였지만 그것들은 모두 단순한 비망기록이거나 단식부기의 테두리를 벗어나지 못한 회계문서였다고 할 것이다.

지금까지 검토한 사인회계문서에서 제일 이해가 가지 않는 부분은 조선시대의 가장 큰 상인이요, 육의전(六矣廛)의 하나였던 면주전(綿紬廛)의 회계문서가 놀랍게도 관부회계문서와 같은 유형이었다는 사실, 환언하면 단식부기의 영역을 벗어나지 못하였다는 사실과 그 조합상인들의 개인영업의 회계기록이 한 권도 남아 있지 않은 사실이다.

장부의 명칭은 분개장을 일기, 그 표기방법은 장책이라 칭한 것은 1854년 이후 통일(정일기라 칭한 예외는 있음)되고 있었지만 그 표기방법은 장책(長冊), 장책(賬冊), 장책(掌冊) 등으로 다양하였다. 이 세 가지의 한자표기는 달랐지만 그 발음은 모두 동일하다.

북한에 존재하는 사개문서가 1786년의 것이 틀림없고 그 장부가 일기책과 두 종류의 장책으로 되고 있음이 거의 확실하고 일본 신호내학(神戶大學) 소장의 일기제이(日記第二)와 외상 · 타급장책(外上 · 他給長冊)이 함풍(咸豊) 4년 갑인년(甲寅年; 1854년)과 을묘년(乙卯年; 1855年)의 기록임이 틀림없기 때문에 우리의 고유치부법(그것이 송도치부법이 아니라도 무관함)은 일본을 통하여 서양문물이 한국으로 밀려들어 오기 이전에 서양식 복식부기의 장부제도와 똑같이 분개장(다만 현금출납장과 현금계정의 기능을 같이 겸한 것)에 해당하는 일기와 총계정원장에 해당하는 외상 · 타급장책에서 복식기입이 되도록 하는 부기법을 이미 가지고 있었다고 단정할 수 있다. 여기서 이들 책의 기장연도의 표시가 '건륭(乾隆) 51년,' '함풍(咸豊) 4년'이란 중국의 연호가 기록된 것은 이 책의 기록연도를 가름하는 데 결정적 역할을 해 주었다.

2. 日記의 記帳型式과 사용한 각종 기호

일기의 기장형식 중 무엇보다도 중요한 내용은 그 기입이 서양식 복식부기와 같이 대차변으로 이중 전기될 수 있도록 기입(분개)하였는가라는 것이다. 이 요건을 명확히 충족하였다고 확인 할 수 있었던 일기책은 직산일기, 대한천일은행의 정일기(正日記), 신호대학(神戶大學) 소장의 일기제이(日記第二)이었지만 북한에 존재하는 일기책은 직접 확인하지 못하였음으로 이들과 같이 분류하지 않는다. 현병주의 사개치부법도 복식기입되도록 분개가 되었고 전기도 된 것은 두

말 할 필요가 없다.

분개장에 해당하는 일기에서 대차로 복식기입되도록 분개한 것은 서양의 복식부기와 완전히 같았지만 대차변의 표현방법, 현금거래와 비현금거래의 분개 때 사용한 표현방법에서는 차이가 있었다. 사개치부법에서는 차변을 '거'(去), 대변을 '입'(入) 또는 '내'(內)로 구분하고 있었으나 북한에 실존하는 사개문서나 신호대학(神戸大學) 소장의 회계장부에서는 차변과 대변을 구분하는 문자기호가 다양하여 '거'(去)와 '입'(入) 또는 '내'(內)로까지는 통일되고 있지 않았던 것 같다. 신호대학(神戸大學) 소장의 사개문서의 일기에서 차변만은 '송'(送), '대'(貸), '수'(授), '봉차'(捧次)로서 구분하였을 뿐 '거'(去)라는 기호는 사용하고 있지 않았다.

신호대학(神戸大學) 소장의 일기제이, 직산일기, 초기의 대한천일은행 정일기, 현병주의 사개치부법 예설의 일기(분개)에서 발견할 수 있었던 공통점은 현금입금이면 상(上), 출금이면 하(下), 현금의 수수가 없으면 등자(鐙子)라는 시각기호로 묶는 것이었다. '상'(上)과 '하'(下)의 표시가 없는 일기는 한 거래의 대차(貸借)기록이라고 보아도 무방하다는 주장이 성립할 수 있다. 위 네 가지 회계문서의 일기(대한천일은행의 정일기는 초기의 것에 한함)에서 발견한 다른 공통점은 일기가 현금계정, 현금출납장, 분개장의 세 가지 기능을 수행 · 담당하였다는 사실이다.

이와 같이 일기가 세 가지 기능을 동시에 수행하는 일은 일본 신호대학(神戸大學) 소장의 한국 고회계문서(1854년)가 그 시초라 할 수 있지만 실제로는 그 이전부터 그와 같은 기능을 수행하고 있었다고 보아도 무방하리라 생각한다.

위에서 본 바에 의하면 우리의 고유치부법이 사용한 문자기호는 대체로 통일되고 있었던 것 같으나 그래도 상당한 분산(分散)을 보이고 있는 데 반하여 시각기호나 과학기호는 거의 통일된 양상을 보이고 있었다.

사인회계문서에서 사용된 시각기호와 과학기호의 이용을 보면 대한천일은행의 회계문서나 직산일기는 전기대조 필 표시로 타점(붉은 색깔)을 2중, 3중으로 한 것, 일기기록 후 곧 청산된 거래는 그 일기 위에 열기표시를 하였다. 이것과는 달리 일본 신호대학(神戸大學) 소장의 일기제이(日記第二)에서는 장책의 해당계정에 전기하였다는 표시로 해당 일기 위에다 기다란 선을 위에서 아래로 그었으며, 일기를 적고 난 후에 발견한 오류로 그 거래기입을 취소할 때는 그 기록을 지우지 않고, 이미 기록한 일기 상부에 열기표시를 하면서 일기의 끝 부분에 '오기'

(誤記)라 기록하였다. 이와 같이 일기에 사용된 시각기호도 약간의 변형은 있었지만 비교적 잘 통일된 상태를 나타내고 있다. 거래내용에서는 단가, 어떤 기록의 합계는 과학기호인 호산을 이용하고 있었던 것도 공통된 사항이었다

북한에 실존하는 1786년 이후의 사개문서와 1876년의 사개눈서(홍희유의 저서와 논문에 수록되어 있는 것만으로 평가함)에는 일기가 인용되고 있지 않기 때문에 거기에 사용된 문자기호, 시각기호, 과학기호 등에 대한 언급은 할 수 없다.

3. 長冊(賬冊, 掌冊)의 기장방법과 사용한 기호

앞에서 종합한 일기는 그 기능을 제대로 발휘할 수 있도록 된 것이 3-4개에 불과하였지만 여기서 종합할 장책의 기장형식은 그 종류가 많아서 그것들을 종합한다는 작업이 쉽지 않을 것 같다.

먼저 장책의 각 기록장소인 지면의 활용방법을 보면 ① 상단과 하단으로 나누어 차변과 대변으로 활용한 경우, ② 상단과 하단으로 나누지 않고 기장자의 자의(恣意)에 따라 적당한 장소를 특정 문자기호로 구분하여 대변과 차변으로 사용한 경우로 대별할 수 있다. 전자에 상당하는 장책은 대한천일은행의 장책(賬冊), 한화기록, 칭생집 등, 책명없는 겸용문서, 규장각 소장의 타급장책이고, 후자에 해당하는 장책은 북한에 있다는 1786년 이후의 사개문서, 1876년 이후의 사개문서, 신호대학(神戸大學) 소장의 외상장책과 타급장책, 현병주(玄丙周)의 사개송도치부법의 외상 및 타급장책이다

① 상단과 하단을 명확하게 구분한 사례: 대한천일은행의 장책, 한화기록, 징책제일 · 칭생집, 겸용문서, 규장각 소장의 타급장책

② '내'(內)로 대치변을 구분한 사례: 북한에 실존하는 사개문서(단 홍희유의 저서와 논문에 인용된 것), 신호대학(神戸大學) 소장의 외상 · 타급장책, 현병주의 사개치부법(외상 · 타급장책)

장책에서 차변과 대변을 구분하는 데 사용한 문자기호에는 일정한 원칙이 성립하고 있었던 것 같지만 그것이 거의 통일된 것은 그리 오래된 것 같지 않다. 장책에서 차변과 대변을 구분하는 데 사용한 문자기호를 보면 다음과 같다.

- 상단을 거(去), 하단을 입(入)으로 구분: 대한천일은행의 장책(賬冊), 규장각 소장의 타급장책

- 상단을 입질(入秩), 하단을 출질(出秩) 또는 거질(去秩)로 구분: 한화기록(韓華記錄)
- 차변을 거(去), 대변을 내(內)로 구분: 책명없는 겸용문서, 현병주의 사개송도치부법의 외상장책
- 차변을 수(授), 송(送), 대(貸), 봉차(捧次)로, 대변을 내(內)로 구분: 일본 신호대학(神戶大學) 소장의 외상장책
- 대변을 입(入), 차변을 내(內)로 구분: 현병주의 타급장책, 일본 신호대학(神戶大學) 소장의 타급장책
- 차변을 방(放), 대거(貸去), 봉차(捧次)로 표기하고 그 대변을 '내'(內)로 구분: 북한에 존재한다고 홍희유가 인용한 사개문서의 일부
- 대변을 입(入), 채입(債入), 임입(任入)으로 표기하고 그 차변을 '내'(內)로 구분: 북한에 존재한다고 밝히면서 홍희유가 인용한 사개문서

장책상의 각 계정과목(일기에서 미리 지정되고 있음)에 전기하는 방법도 크게 두 가지 형태로 대별할 수 있다. 그 첫째는 상단의 맨 위에서부터 계정과목, 연월일, 거(去), 거래내용, 금액을 적고, 하단은 계정과목 없이 연월일, 입(入), 거래내용, 금액을 기록하는 방식이고, 둘째는 한 면(page)의 상단이나 오른쪽 위쪽에 계정과목을 적고 그 밑에 그 계정의 성질에 따라 거(去), 입(入), 수(授), 송(送), 대(貸), 봉차(捧次), 방(放), 대거(貸去) 등을 기입한 후 거래내용과 금액만을 계속하여 적어 나가다가 적당한 장소에서 내(內)를 기입하여 그 앞 부분의 거래와 반대되는 거래(예를 들면 앞 부분에서 외상매출이 기입되고 있었으면 여기서는 그 회수를 기입하는 것)를 기입해 나가는 방식이다. 어느 회계문서가 위의 첫 번째 방법과 두 번째 방법에 의하여 기록되었는지는 위의 예에서 판별될 수 있을 것이다.

다음에는 장책의 각 계정 마감방법을 종합한다. 이것 또한 약간식의 변형은 있지만 기본적인 것으로는 두 가지 방법으로 집약할 수 있다.

① 合去文五十元內, 合入文二十元除, 在捧次文三十元
合去文二十元除, 合入文五十元內, 在給次文三十元

② 合捧次文 三十元計, 合給次文 三十元完 (대차합계가 일치할 때)
合捧次文 五十元內, 合給次文 二十元除, 實捧次文 三十元
合捧次文 二十元除, 合給次文 五十元內, 實給次文 三十元

이와 같은 계정마감에 앞서서 대차의 합계와 그 차액을 난외에 과학기호인 표산으로 계산표시한 것으로 보인다. 이와 같은 계정마감의 목적은 결산을 위한 것이었거나 새로운 계정으로 이기하기 위한 경우였을 것이다. 그러나 이 계정마감이 결산으로 이어져 간 경우는 대한천일은행과 현병주(玄丙周)의 사개송도치부법 이외에서는 그 예를 볼 수 없었다. 계정마감이 된 계정과목은 그 과목명 위에 시각기호인 △표시를 하였으며, 일기의 전기 확인을 나타내는 시각기호인 타점(打點)도 예외 없이 있었다. 북한에 있다는 사개문서는 이에 관하여 알 도리가 없다.

4. 決算方法

사인회계문서에서 논할 결산은 정기적으로 행한 결산과 모험기업의 청산손익계산, 그리고 상품별로 행한 결산으로 나눌 수 있고, 위에서 분석 · 검토한 고회계문서에서는 앞의 두 가지 형태의 결산(기간별 결산과 거래별 결산)이 있었다. 이 중 정기적으로 행한 결산에는 대한천일은행의 결산이 있었고, 모험기업의 손익계산을 위한 결산에는 각포간수본전회계(各圃間數本錢會計)가 있었고, 위탁자별 채권 · 채무확정을 위한 결산에는 공자삼(孔子三)회계, 이군일계(李君日計), 김생원댁(金生員宅)이 있었고, 현금수지에 의한 전체기간 손익계산은 '마차회사'의 도유안이 있었다.

다만 여기서 다시 뒤로 되돌아가는 노고를 줄이기 위하여 먼저 대한천일은행, 기타의 결산방법을 요약 표시해 둔다.

■ 大韓天一銀行 ■

① 결산과 연결된 장책(帳册)상의 계정마감에 대한 확증은 없지만 거의 틀림없이 장책(帳册)상의 계정마감을 한 다음, 그 잔액으로 잔액시산표를 작성하였을 것으로 보인다.

② 그 잔액시산표에서 본점의 수익과 비용을 모아서 '본전(전당포는 본점에 포함)순익금회계'(본점손익계산표)를 작성하였다.

③ 본점의 순익금, 각 지점의 순익금을 모아 '일주순익금회계(一周純益金會計)'(연간손익계산표)를 작성하였다.

④ 영미식 결산 절차와 똑같이 손익관계계정은 결산분개로 집합손익계정인

'순익금'(純益金)계정으로 집합시켜 순이익이 계산되도록 하였으며, 그 순이익을 각 출자자 인명계정의 대변에 전기되도록 한 분개를 행하였다.

⑤ 자산, 부채, 자본에 속한 계정들은 개시분개에 의하여 다음 연도의 장책(賬册)으로 이월하였다.

■ 공자삼회계(孔子三會計) · 이군일계(李君日計) ■

① 객주 또는 거간이 매입수탁이나 판매위탁을 받아 그 대행을 해 주고 차액을 청산하여 그 결과를 공자삼(孔子三)에게 준 정산서가 공자삼회계이고, 이군일 계는 계주(計主)가 원장에 등재되고 있는 채무자에게 그 거래명세서를 주고 청구를 한 회계문서이다.

② 이들 정산서 · 청구서에서도 회계주체의 채무를 '입'(入)으로 표현하였고, 채무이행을 '거'(去)로 표현하여 구별하고 있다. 그리고 합계액이 많은 금액 밑에 '내'(內), 적은 금액 밑에 '제'(除)를 부기하는 전통치부의 일면을 보이고 있다.

■ 각포간수본전회계(各圃間數本錢會計) ■

① 삼포(蔘圃; 인삼 밭)의 구입가격, 경작비용 지출을 본전으로 계산하면서 그 본전에 대한 이자(삼포처분 때까지의 경과이자)를 계상하고 있다.

② 경작비용과 경과이자는 월 1회 기록하고 있다.

③ 삼포(蔘圃)를 판매하거나 인삼을 완전판매할 때까지의 원본(본전) 및 이자 합계액을 계산기록한 다음 '계'(計)를 추가 첨부하였으며, 삼포판매액(인삼처분액)을 기록한 밑에 '이'(以)를 추기하여 그 차액(이익)을 계산하고 있다.

④ 계산기록된 이익은 '여이조'(餘利條)의 표기 아래에 그 금액을 적었으며, 그 이익을 이등분하여 일인당 이익액을 산출하여 기록하고 있다. 그 일인당 이익이 실제로 분배되었는지 여부는 알 길이 없다.

⑤ 삼포 또는 인삼의 판매가격에서 회수된 본전(원본)과 그것에 대한 경과이자액은 다음의 투자기회를 위하여 대기하였거나 재투자에 이용되었을 것으로 예상한다. 그 증거가 미대 · 서유 · 별암의 삼포(三圃) 이외로 다른 많은 삼포(蔘圃)의 회계기록이 있기 때문이다.

⑥ 순이익의 처분계산은 있었지만 본전과 그 경과이자를 분배한 근거가 없

는 것으로 보아 이 각포간수본전회계는 '순자산 증가에 의한 손익계산'이었다고 판단된다.

■ 마차회사 도유안 ■

이상에서 언급한 회계기록 이외에도 비록 그것이 단식부기이기는 하였지만 청산계산서라 할 수 있는 변종(變種)손익계산을 보았다. 그것은 마차회사의 도유안(都遺案)이다. 4년간의 현금수입총액(출자액 포함)과 같은 기간의 현금지출총액(출자액의 반환을 포함)과의 차액계산이 도유안이었다. 현금수입총액에는 고정자산의 처분액도 포함되고 있었다. '현금주의에 의한 전체기간 손익계산'이라 하여도 무방하리라 생각한다

앞에서 인용한 홍희유의 논문 "송도사개문서에 반영된 송상들의 도가활동"에서는 "순손익과 그 원인을 밝히는 수단으로서 '회계책'이라는 장부가 사용되었다"라고 하는 것으로 보아 그 형태가 어떠하였는지는 모르지만 북한에 존재하는 사개문서에서는 손익계산이 이루어지고 있었음을 시사하고 있다.

5. 捧次, 給次, 치부법의 지역간 차이

관부회계문서에서는 받자(捧上), 차하(上下)라는 문자기호가 상용되고 있었으나 그와 같은 문자기호가 사인회계문서, 특히 상인들의 회계문서에서는 전혀 볼 수 없었다. 그 대신 상인회계에서는 '거'(去)합계를 '봉차'(捧次)로 표현하고, '입'(入)합계를 '급차'(給次)라 표현하는 방법을 사용하고 있었다. 장삼식(張三植)의 대한한사전(大漢韓辭典)에는 봉차(捧次)란 단어는 보이지 않고 다만 봉납(捧納), 봉입(捧入), 봉상(捧上)은 봉납(捧納)과 같은 단어로 규정하고, 급차(給次)는 "치러 주어야 할 돈"으로 풀이해 놓고 있다.

봉상(捧上)과 봉차(捧次), 상하(上下)와 급차(給次)간에 관련성도 없고, 이런 회계용어가 중국으로부터 전래된 것도 아니다. 그렇다고 한다면 이는 우리의 순수 회계용어, 즉 문자기호로 보는 도리 밖에 없다. 그러면 급차(給次)가 '치러 주어야 할 돈'이라면 봉차(捧次)는 '치러 받아야 할 돈'으로 해석하여야 할 것 같다.

우리 고유치부법에서 사용한 문자기호 중 '거'(去)는 자산의 증가, 부채의 감소, 자본의 감소, 비용의 증가를 표현하는 기호였고, '입'(入)은 자산의 감소, 부

채의 증가, 자본의 증가, 수익의 증가를 나타내기 위한 기호였지만 이 봉차(捧次)와 급차(給次)는 이들 거(去)와 입(入)하고도 의미상으로 차이가 있는 것으로 본다. 왜냐하면 봉차(捧次)는 거(去)의 합계 또는 자산, 즉 채권의 합계를, 급차(給次)는 입(入)의 합계 또는 부채, 즉 채무합계를 나타내기 위한 표현기호이기 때문이다.

사인회계문서에 등장한 문자기호로는 이 봉차(捧次), 급차(給次), 거(去), 입(入) 및 의인화(擬人化)하기 위하여 사용한 질(秩)의 다섯 가지가 특기할 문자기호이며, 시각기호로는 열기(列旗), 타점(打點), 등자(鐙子), 이하여백(以下餘白)기호, 청산완료를 나타내는 행획(行劃)(삼각형) 등과 과학기호인 표산(慓算)이라는 사실은 이미 지적하였다.

위에서 '질'(秩)을 계정과목(計定科目)의 의인화(擬人化)를 위한 문자기호라 하였지만 이는 앞에서 이미 지적한 바와 같이 이 '질'(秩)은 "동질물의 집합"이란 우리 고유의 의미용어이지 '의인화'를 위하여 특별이 창조된 문자기호가 아니라는 사실은 명백히 지적하고 넘어가고 싶다. 일본의 신호대학(神戸大學)이 소장하고 있는 우리의 고유치부책에서 '공용질'(公用秩)도 있지만 같은 성격의 계정을 '공하조'(公下條)로 표현한 것, 칭생집 등과 대한천일은행의 회계장부에서 '공용'(公用)계정이 '질'(秩)없이도 충분히 의인화되고 있기 때문에 구태여 '질'(秩)로서 의인화하였다고 하는 것은 잘못된 해석이라고 생각한다. 서양의 복식부기도 명목계정의 등장과 그 계정에의 기록자체를 의인화 한 것으로 보았지, 그 명목계정에 특별한 기호나 문자를 붙였다는 것을 이유로 의인화하였다고는 하지 않은 것도 참고할 사항이다.

다음에는 사개치부법을 특별히 개성부기(이는 주로 일본의 회계학자들이 사용한 것)라 칭하고 기타 지역의 치부법을 조선부기라고 구별한 것을 보았다. 지금까지 검토한 사개회계문서를 그 치부방법과 치부지역을 기준으로 분류해 보면 다음과 같다.

① 일기의 기장방법이 현병주의 사개치부법과 유사한 것: 일본 神戸大學소장의 일기제이(日記第二), 직산일기, 대한천일은행 정일기

② 장책의 기장방법이 현병주의 사개치부법과 유사한 문서: 일본 神戸大學소장의 장책, 장책제일(掌册第一) · 칭생집 등, 대한천일은행 장책(賬册),

기타

③ 회계문서의 작성이 개성부근인 것: 일본 神戶大學 소장의 회계문서(?), 각포간수본전회계(?)

④ 개성 이외의 지역에서 작성된 회계문서: 대한천일은행의 회계문서, 직산일기, 장책제일 · 칭생집 등, 공자삼회계

⑤ 결산방법이 사개치부법과 유사한 것: 대한천일은행의 회계문서

제 7 장

日本과 中國, 그리고 渡來人과 基督敎 등이 우리의 固有簿記에 미친 영향

제 7 장 日本과 中國, 그리고 渡來人과 基督敎 등이 우리의 固有簿記에 미친 영향

제 1 절 1876年 以前의 事情

한국의 고유부기와 그것과 비교될 서양부기에 관한 사정은 1876년을 경계선으로 하여 그 전후를 고찰해 보아야 한다고 생각한다. 왜냐하면 한국은 조선의 장기간에 걸친 쇄국(鎖國)으로부터 1876년 일본과의 강화조약(강화도에서 체결되었다 하여 이렇게 부르고 있음)으로 처음으로 외국에 문호를 개방하게 되고 이를 계기로 다른 여러 외국과의 수교조약을 체결하게 되어 서양문물이 한국으로 유입되기 시작하였기 때문이다.

한국의 고유부기 생성은 외래부기(外來簿記), 특히 서양부기에 의하여 영향받은 것이 아닌가 의심해 볼 필요가 있다. 물론 역(逆)의 가능성, 즉 한국 고유부기가 서양부기의 어머니란 주장도 있지만 그것은 우리나라에 현존하는 회계문서를 완전 부정하고 소설로만 있을 수 있는 것으로 본다.

1876년 이전의 조선시대는 중국과 일본하고의 약간의 교역을 제외하면 거의 고립된 나라였으므로 서양문화는 물론이고 그 중에서도 '부기'가 유입해 올 가능성은 거의 없었다고 생각되지만 그래도 조선시대에도 서양인의 도래사실이 있었고, 그 도래인이 서양부기를 전하였을 가능성을 완전 부인할 수는 없다. 특히 조선시대에는 중국과의 왕래가 비교적 많았고 그로부터 중국의 고유부기가 전래되었을 가능성은 충분히 있었으리라 추정할 수 있다. 여기서는 ① 도래 서양인을 통하여 서양부기가 한국에 전래되었을 가능성을 찾아보고, ② 중국과의 왕래를 통하여 서양부기나 중국의 고유부기가 전래되어 왔을 가능성을 찾아봄으로써 1876년 이전의 한국 고유부기가 외국의 복식부기에 의하여 영향받았을 상태를 확인해 보고자 한다.

서양인이 조선에 도래하여 비교적 장기간 체재하였다는 서양도래인들은 임진왜란(1592-1598)때 일본군에 종군한 '세스베데스'가 있고, 1628년 '네덜란드' 출신의 Weltevree(한국명 박연(朴燕))일행 3명이 조선에 표류해 와서 조선에 귀화한 사실, 그 다음은 1653년 '네덜란드'인 '하멜'(뒤에 「하멜표류기」[1]를 출판함)이 있다. 이외에도 고려시대에는 '아라비아'상인들이 100여 명 다녀갔다는 기록이 고려사에 기록되고 있다고는 하나 그 행적은 아무것도 알려진 바 없었지만 이 역사기록이 한국 고유부기가 서양부기의 어머니라는 근거가 되었다.

저자는 표류해 온 서양도래인들이 서양부기를 한국에 전했을 가능성에 대하여 여러 가지 측면으로 고찰해 보았으나 아무런 흔적을 발견할 수 없었다. 다만 「하멜표류기」에는 다음과 같은 당시의 계산제도에 관한 언급이 발견된다.

> "그들(한국인을 지칭함)의 수법(數法)은 오등(吾等; 하멜의 나라를 지칭)이 계산기로 계산하는 것과 같이 작고도 긴 산목(算木)에 의하여 계산하고 있다. 그들은 계산서나 상업장부를 비치하는 것을 모르고 다만 무엇을 샀을 때는 그 물건의 명칭 밑에 가액을 기입하고 소득을 적어 쉽게 손익을 판별하였다."[2]

이 인용문에서 언급하고 있는 산목, 계산서, 상업장부, 매입한 상품의 명칭 밑에 가격을 기입하고, 소득을 기입하여 쉽게 손익을 판별하였다는 사실은 저자에게 많은 시사를 준다. 산목은 앞에서 이미 소개한 바와 같이 대단히 원시적인 계산도구같이 느껴지지만 한편으로는 당시의 수학자들에게는 산목을 매우 복잡한 계산에 활용하였다는 기록[3]도 있다.

계산서, 상업장부에 언급한 것을 보면 '하멜'은 회계에 관한 지식을 가진 사람으로 보인다. 특히 수학사에서 취급한 산목에 주목한 것은 그가 계산제도에 관한 혜안(慧眼)을 가졌던 사람으로 추측된다. 또 당시의 상인들의 손익계산방법을 구체적으로 기술하고 있는 것은 놀라운 사실이다. 그가 기술한 손익계산방법은 '매출상품별 손익계산'이라고 보아야 할 것이다. 환언하면 한 개 또는 여러 개의 상품을 매입했을 때 그 매입가격을 그 상품명칭 아래에 기입하고, 그것이 판매되

1) 하멜(이병도 역주), 하멜 표류기-부 조선국기 p. 10.
2) 하멜(이병도 역주), 하멜 표류기-부 조선국기 p. 94.
3) 김용운 · 김용국, 「세계수학문화사」, p. 96-98(직경 10척의 원에 외접하는 정팔각형의 한 변의 길이를 산목으로 풀었다는 것, 방정식을 산목으로 풀었다는 실례를 들고 있다).

었을 때 그 판매가격을 먼저 기록해 두었던 상품명칭 아래에 적어서 매매손익을 파악한 계산제도를 언급하고 있는 것이다. 편의상 이와 같은 손익계산방법을 '매출상품별 손익계산방법'이라 부르기로 한다.

그러나 이를 뒷받침할 구체적인 상업장부가 없어서 더 이상 언급할 수 없지만 이와 같은 계산제도는 어디에서나 있을 수 있는 계산방법이다. 특히 조선시대의 상업이 '행상'을 주축으로 하였다고 한다면 '매출상품별 손익계산제도'가 아주 적합했던 계산제도였을 것이다. 매입단가 50량 또는 쌀 10두, 매입수량 10필의 포목 중 한 필을 65량 또는 쌀 15두를 받고 팔았다면 다음과 같이 기록하였을 것으로 추정한다.

포목: 50필 매입단가 50량 또는 쌀 10두
1필 판매 판매가격 65량 또는 쌀 15두 이익: 15량 또는 쌀 5두

이와 같은 상품별 손익계산개념을 확대해 나가면 앞에서 검토한 '각포간수본전회계(各圃間數本錢會計)'와 같은 '순자산증감손익계산'제도가 될 것이며, 그 다음 단계로 발전하면 일정기간별 손익계산의 필요성을 통감하여 '기간 손익계산'의 사고가 출현할 수 있는 기반이 될 수 있다. 이로서 우리나라에서 행해졌던 손익계산의 모든 단계를 발견하였다는 것에 자부심을 가진다. 왜냐하면 「하멜표류기」의 기록에서는 '상품별 손익계산'을, '각포간수본전회계'(各圃間數本錢會計)에서는 '개별 거래별 순자산증감손익계산'을, 마지막으로 대한천일은행의 회계문서에서 '기간손익계산'을 발견하였기 때문이다. 그러나 이것이 곧 복식부기와 연계된 것으로는 보지 않는다. 이를 위하여 우리는 좀더 인내심을 가지고 우리의 복식부기 역사를 살펴보아야 할 것이다.

'하멜'이 조선에 체재한 1653년부터 1666년까지의 기간은 공교롭게도 우리나라에 화폐가 전국적으로 유통되기 시작한 시기였다. 그의 표류기에서도 "당시는 인삼이 많이 생산되어 귀인(貴人)과 대상인(大商人)은 화폐로 매매하였지만 상민(常民)은 쌀 · 기타 물품으로 교역하고 있었다고 적고 있을 뿐만 아니라 교역은 일본 대마도와 부산의 왜관 간에서 이루어지는 것이 거의 전부이고 중국과의 교역에는 3개월이라는 시간이 소요되었으므로 그 실적은 미미한 것이었다"[4]라고 적고 있다.

4) 하멜(이병도 역주), 「하멜 표류기-부 조선국기」, p. 93.

이상의 사정을 종합하면 외래인이 서양식 복식부기를 전한 흔적은 없었다고 할 것이다. 서양의 복식부기가 조선조에 전래되었을 다른 하나의 기회는 기독교의 전래에서 찾아볼 수 있을 것 같다. 1785년 천주교 교전 등을 당시의 관상감(觀象監)[5]의 역관(譯官)들이 번역 · 유통시킨 것이 계기가 되어 당시의 사회불안에 힘입어 요원의 불길과 같이 전파되고, 1794년에 청국(淸國)으로부터 주문모(周文謨)가 입국함으로써 그 세력은 더욱더 세어져 갔다. 이에 놀란 정부당국은 1801년 '사학금지령'(邪學禁止令)을 발하여 신해박해(辛亥迫害)에 이르러 많은 희생자가 생겼다. 그 후 1836년 프랑스 신부 '모방', '안벨', '샤스탕' 등이 입국하였지만 당시 관헌의 눈을 피하고 선교에만 열중한 나머지 서양부기라든가 과학기술 등의 발전에는 별로 공헌한 바 없는 것 같다. 이와 같은 사정으로 미루어 보면 1876년의 수교조약 이전에는 한국 고유치부법이 서양의 복식부기로부터 영향받지 않은 순수 고유치부법이었을 가능성이 높다. 이 결론은 다음에 논급할 중국으로부터의 서양부기 전래(傳來)가 없었다는 것이 입증될 때에 한하여 성립할 수 있는 결론이다.

조선시대의 500여 년은 중국을 종주국으로 섬기고 그 속방으로 만족하는 시기였다. 중국의 개항이 우리보다 앞섰으며 서양식 복식부기의 채택도 우리보다 앞섰으리라 생각하는 것은 상식일는지 모르지만 사실은 그러하지 않은 것 같다. 그간의 사정을 곽도양(郭道揚)의 저서에서 보기로 한다.

> "1840년 아편전쟁 후 외국의 '불조아지'는 중국에 근대적 기업을 강제적으로 설립시켜 중국에 자본주의적 경영방식을 전하였다. … 냇물이 끊임없이 흐르는 것과 같이 사정은 매일 변화하여 봉건사회에 적합하였던 체제는 붕괴되어 중국식회계까지도 대공업생산, 대기업경제에 적합하지 않는 결점을 노출하기 시작하여 … 회계를 개량하지 않은 기업은 뒤떨어진 기업으로 전락하고 그 불편함과 적합하지 못한 사실을 알아차린 기업은 개량을 원했으나 그 방법을 몰랐다. 이와는 반대로 제국주의 열강은 이 틈을 기회로 삼아 떼를 지어 침입하여 복식부기도 그 파도를 타고 들어와 중국도 외래 부기법을 이용하지 않으면 안 되었다. … 옛날에는 … 중국을 교사로 중국 부기를 배웠던 일본인까지도 명치유신과

5) 조선시대의 천문 · 지리를 관장한 중앙관서.

함께 그 방향을 바꾸어 구미제국을 교사로 삼아 대차복식부기를 학습 · 도입하였다. 과거의 교사는 학생으로 그 지위가 바뀌었다. 광서(光緖)연간 중국정부는 일본에 유학생을 보내어 선진 부기법을 학습시켰다."[6]

이에 의하면 서양부기에 관한 한 중국은 우리 한국의 교사는 아니었다는 것이 명확하다. 중국도 한국과 마찬가지로 서양부기에 관한 한 일본을 교사로 배웠던 것이다. 즉 1876년 이전의 한국 고유부기는 서양부기에서 완전 독립한 부기였다는 것이다.

제 2 절 1876년 이후의 서양 複式簿記와 한국 固有簿記

중국은 1840년의 아편전쟁 이후 서구의 산업자본이 중국에 진출하여 왔지만 한국은 그것보다도 30여 년 뒤인 1878년 일본의 금융자본이 진출하여 왔다. 이들 자본의 중간에는 상업자본이 있었던 것은 중국이나 한국의 사정은 같았으리라 생각한다. 당시의 한국 상권은 육의전이 독점한 상태였는데 갑자기 들어닥친 선진 상업자본에 직면한 육의전의 행동은 상업의 선진화를 위한 노력보다는 정부에 대한 '금란전'(禁亂廛)의 조항으로 항의하기 바빴을 것으로 추측한다. 그러는 사이 한국에 진출한 일본의 상업자본이 필요로 하는 자금의 공급을 위하여 일본의 금융자본이 뒤를 이어 진출해 왔다. 그것이 1878년 부산에 처음으로 진출한 일본 제일은행이었고 그 은행은 1880년에 원산에 출장소를, 1882년에는 인천에, 1888년에는 지금의 서울에 출장소를 개설하여 조선의 중앙은행 역할까지 하는 형편이 된다. 일본 제일은행보다는 조금 늦게 오오사카제십팔은행, 나가사키제오십팔은행도 한국으로 진출하여 한국 주요 도시에 지점을 설치하여 영업을 하였다.

이시기는 조선이 직면한 최대 · 최고의 변혁기였다. 세계열강의 군사 · 경제적 이해관계의 충돌, 즉 상업자본을 앞세워 놓고 그 뒤에서 군사적 압박을 가하는 형태가 한반도에서 벌어졌다. 조선은 그 파도를 타지 않을 수 없게 되어 타기는 탔으나 금융면에서의 두드러진 약세로 조선의 상업은 거의 괴멸상태에 빠진

6) 곽도양,「중국회계발전사강」(津谷原弘 역), pp. 302-303.

다. 육의전의 상업자본이 모여 1897년에 특립제일은행을, 1899년에는 왕실과 민간인이 합작하여 대한천일은행을 설립하는 등 조선의 상업을 되살리려고 노력하였으나 역부족이었던 같다.

중국이 그들의 산업에 적용한 초기의 회계가 그들의 고유치부법이었던 것과 같이 조선시대의 상인들이 채택한 회계도 한국 고유의 것이었다. 그러나 그 방법의 비효율성이 점차로 알려져 1905년도의 대한천일은행의 공첩존안(公牒存案; 주주총회 의사록)에서 다음과 같은 결의가 나타났다.

> "現의 貨幣整理의 時를 當하야 本銀行의 各般事務와 記簿도 外國規例를 參互하야 新式을 向하야 實行하는 것을 可하다 하야 本年年終會計로서 本年末을 妥結하고 開月부터 *以新貨實施*하야 *以便檢閱*할사"

우리나라도 중국과 마찬가지로 서양식 복식부기를 일본으로부터 전수받은 것이 확실하다. 우리나라의 전통회계를 올바르게 평가하기 위하여는 일본이 서양에 문호를 개방한 전후의 일본의 회계사정을 살펴보는 것이 필요하다.

일본은 우리보다 22년 앞서서 그 문호를 서양에게 열어 주었고, 그 이후 서양의 국가들로부터 서양식 부기를 수입하였다. 그러나 일본의 서양식 부기에 결정적 영향을 준 것은 인쇄된 부기서적이었다고 한다. 여기에 공헌한 사람이 Vincent E. Braga, Alexander Allan Shand, William Gogswell Whitney 이었으며 이들은 일본을 서양부기화한 3두마차라고 한다.[7] A. A. Shand의「은행부기정법」의 일본 번역판(1873년)과 福澤諭吉이 번역한 *Bryant and Stratton's Common School Bookkeeping*(1873년)은 일본의 서양부기화에 결정적인 역할을 한 것으로 평가되고 있다. 이들은 모든 거래를 현금거래로 간주한 공통성을 가지고 있다. 이 내용을 요약 표시하면 다음과 같다.

① 현금일계표란 명칭으로 그 좌우에 현금란, 대체란, 합계란을 각각 만든다.

② 모든 거래를 현금일계표에 기록한다.

③ 일계표의 왼쪽에 기입하기 위해서는 대변전표(현금입금)를 작성(대변과목이 기재됨)한 다음 그 전표가 지시한데로 일계표 좌측의 적요란에 계정과

---

7) 이 부분은 K. Nishikawa의 "The Early History of Japan"에서 발췌하였으며, 이 논문은 *Studies in the History of Accounting*, edited by A.C. Littleton and B.S. Yamey, 1956 의 p. 385에 있는 내용이다.

목을, 금액은 현금란에 기입한다. 일계표의 우측의 적요란에는 차변전표(현금출금)에 기입된 계정과목을 기입하고 그 금액은 우측의 현금란에 기입한다. 이와 같은 기입은 하루의 전표를 동일 계정별로 집계한 것으로부터 기입한다.

④ 현금출납이 없는 거래는 현금거래와 동일한 논리에 따라 '대변대체전표'를 작성, 일기장 좌측의 적요란에 그 계정과목을, 금액은 좌측의 '대체란'에 기입한다. 일계표의 우측은 차변대체전표에 의하여 적요란과 대체란에 기입한다. 이것도 그 날의 전표집계표에 의하여 일괄 기입한다.

⑤ 일계표의 차변(왼편)의 현금란, 대체란에 기입된 계정금액은 총계정원장의 해당 계정의 대변에 전기하고, 일계표의 대변(오른쪽)에 기입된 계정금액은 총계정원장의 해당 계정의 차변에 전기한다.

⑥ 왼편과 오른쪽의 현금란에 기입된 금액의 합계(또는 차변전표와 대변전표의 금액 합계)는 총계정원장의 현금계정의 차변과 대변에 일괄 전기한다.

이와 같은 분개와 전기방법을 그 후의 일본회계학자들이 '현금수지부기법'(Cash receipt and payment bookkeeping)이라고 칭하였다. 그러나 이 방법이 복식부기의 원리에는 어긋남이 없었다.

1878년 일본의 제일은행이 우리나라로 진출해 옴으로써 당시 일본의 은행회계에 사용되고 있던 Shand의 회계시스템도 같이 들어와 그것이 1899년의 대한천일은행의 회계처리방법에 영향을 주었을 것으로 짐작한다. 다음에서는 앞에서 그 원리를 요약 소개한 일본의 Shand 은행회계와 중국의 전통회계의 한 종류인 삼각장(三脚帳)을 일기제이, 직산일기, 초기의 대한천일은행의 회계처리방법과 비교 · 검토한다.

Shand의 부기법

원장계정에의 전기는 분개장의 지시에 따라 행한다. Shand 부기에서의 분개장은 "현금일계표"이며 그 일계표는 전표집계표로부터 작성된다. 일계표로부터 원장에의 전기는 일계표 작성완료 시점에서의 일괄전기된다.

삼각장(三脚帳):

현금의 수수가 있는 거래분개는 현금계정과 그 상대 계정에 바로 전기하였으며 현금출납을 수반하지 않는 거래분개도 그 차변과목 및 대변과목에 그때 그

때 바로 전기하였다.

日記第二, 稷山日記, 初期 大韓天一銀行의 治簿法

① 현금의 수수가 있는 거래분개는 현금수수의 상대 계정에만 거래시에 전기하고, 현금자체의 기록은 분개장인 日記의 끝에 '上', '下'로 구별하였다가 매일의 일기기록 끝에 또는 한 페이지의 일기기록이 끝날 때에 한번씩 전일(전일)로부터의 이월액 또는 전 페이지로부터의 이월액에다 그 날 또는 그 페이지에 기입되고 있는 '上'의 금액을 합치고 그 합계액에서 그 날 또는 그 페이지의 '下' 표시가 되고 있는 일기금액들을 차감하여 그 날 또는 그 페이지의 현금시재액으로 일기(분개장)에 기록한다. 앞에서도 지적하였지만 이와 같은 우리의 전통일기(日記)는 분개(分介)기능도 하면서 동시에 현금출납장 · 원장(元帳)의 현금계정 기능까지를 담당하는 것이 명백하다.

② 현금의 수수가 없는 거래는 그때 그때의 일기(日記)로부터 원장(元帳)인 장책(賬册)에 있는 차변과목과 대변과목에 전기(轉記)되었다.

이상의 Shand, 삼각장 및 일기제이 · 직산일기 · 정일기의 기장방법은 모두 현금수지부기법(Cash receipt and payment bookkeeping)이란 공통점을 가지고 있지만 세부에 들어가서는 각각의 특색을 발견할 수 있다. 현금거래의 분개 및 원장의 현금계정 조작에서 한국은 일본보다는 중국과의 유사성이 높지만 한국의 일기는 중국이 유수장이란 분개장에서 현금계정도 다른 계정과 똑같은 문자기호로 그 증감을 기록하는 것과는 다르게 '상'(上)과 '하'(下)의 표시로 다른 거래기록과 명백히 구별하였다. 또한 중국의 유수장이 가지지 않는 현금계정기능을 우리의 일기는 가지고 있었으며 현금보유액의 정확성을 매일 검증하는 특징을 가지고 있었다.

이러한 한국 · 일본 · 중국의 복식기입방법 비교를 통하여 한국 고유의 복식기입법은 일본의 은행부기법이 조선에 들어왔으리라 추측되는 1878년보다 24년이나 앞서서 실행되고 있었다는 것이 확실하게 증명되고 있다. 그 객관적 증거가 신호대학(神戶大學) 소장의 일기와 두 장책이다. 일기제이(日記第二)가 분개장, 현금출납장, 원장의 현금계정의 세 가지 기능을 한꺼번에 가진 한국 최초(북한은 제외)의 장부이기 때문이다.

표 7.1 일기(분개장) · 원장의 기장방법의 비교

기록의 형태	삼각장	Shand	일기제이 · 직산일기 · 정일기
비현금거래의 분개 · 전기	유수장에 분개 · 등청장에 전기	일계표로부터 각 계정에 1일 1회 전기	일기에서 분개 · 상책에 전기
현금거래시 현금계정 상대계정에의 전기	현금과 상대계정 모두에 전기	위와 같음	상대계장에만 전기
현금출납기록	유수장에서 타계정과 똑같은 방법으로 분개	일계표 좌우의 현금란 기입액 합계	일기(분개장)
현금계정에의 전기	행함	1일 1회 일괄 전기	안함
원장상의 현금계정	있음	있음	없음
현금잔액의 확인	10일-15일간격으로 유수장에서 계산	원장의 현금계정 잔액	매일 또는 매면에서 현금시재액 기록
현금출납장의 기능	유수장(다른 계정과 같은 유형으로)	전일 이월액의 기록 없는 일계표	일기
현금출납의 구별방법	收-現金-來帳, 付-現金-去帳	좌 · 우측	上 · 下

이와 같은 일기의 기장방법은 그 뒤를 이어 1896년(또는 1836년)의 직산일기로 이어지고, 더 나아가서는 대한천일은행의 초기 정일기와 현병주의 사개치부법으로 이어져 내려온 것이다. 이 결론은 일본 신호대학(神戸大學) 소장의 일기제이(日記第二)가 함풍(咸豊) 5년(을묘(乙卯); 1855년), 두 장책(長冊)은 함풍(咸豊) 4년의 실제 기록이 아니었다는 증거가 없는 한 정당한 결론으로 받아들어져야 한다.

중국은 현금수입을 표시하는 문자기호로 수-래장(收-來帳)은 현금지출을 표시하는 문자기호로 부-거장(付-去帳)을 사용하였다. 또한 이 문자기호가 현금 이외의 채권 · 채무의 발생 · 소멸에도 똑같이 사용되고 있었던 것으로 보아 많은 기장 중에서 현금거래를 구분해 내는 것은 한국의 고유치부법이 현금거래를 상 · 하(上 · 下)로 구분해 놓았을 때보다 훨씬 어려웠을 것이다. 또 중국의 유수장은 분개장과 현금출납장의 두 기능을 수행한 것으로 볼 수 있지만 원장상의 현금계정 역할은 유수장상의 현금출납확인(10일~15일 간격)액에 대한 통제계정이었던 것으로 보인다.

이에 반하여 한국의 일기는 각 페이지마다 또는 하루 분개의 최종부분에 '시재현금'을 정확히 기입함과 동시에 다음 페이지 또는 다음 날의 '전일 이월액'으로 정확히 기록되어 있어 현금관리가 훨씬 효과적으로 이루어질 수 있도록 되어 있었다. 이와 같은 사실뿐만 아니라 일본 신호대학(神戶大學) 소장의 일기제이(日記第二)와 외상장책(外上長冊), 타급장책(他給長冊)에는 봉차(捧次)라는 문자기호, 총계정원장에 해당하는 장책(長冊)이 단일 장책(長冊)이 아니라 외상장책(外上長冊), 타급장책(他給長冊)이라고 하는 2장책제도를 가졌으며, 기장에서 사용한 문자기호 등이 특수할 뿐만 아니라 대한천일은행은 그 총계정원장을 장책(賬冊)이라 표현하였고, 서양식 복식부기와 같이 단일원장(총계정원장)제도를 가지기는 하였지만, 자산과 비용을 나타내는 기호로 봉차(捧次)를, 부채, 자본, 수익을 나타내는 문자기호로 급차(給次)를 사용함으로써 외상장책, 타급장책이 구별되도록 하였다. 이와같은 것들을 일본이나 중국의 회계문서에서 찾아볼 수 없다는 점도 우리의 고유치부법이 순수한 우리의 것이었다는 사실을 더욱더 뒷받침해 준다고 본다.

〈표 7.1〉과 앞에서 인용한 홍희유의 사개문서(장책)에서 사용된 문자기호를 합쳐서 고려하면 한국의 고유치부법이 서양부기 또는 중국의 회계방법의 영향에

표 7.2 韓·日·中의 기장에 사용된 문자·시각기호 비교

구 분	한 국	일 본	중 국
차변과 대변을 나타내는 기호(상하단으로 구분되었을 때)	去·入	借方·貸方	付 ↔ 去帳, 收 ↔ 來帳
차변과 대변을 나타내는 기호(상하단으로 구분되지 않았을 때) a) 자산계통계정 b) 부채계통계정	 去·內 入·內	해당사항 없음	해당사항 없음
去合計－入合計 (去合計－內合計) 入合計－去合計 (入合計－內合計)	捧次 給次	借方殘額 貸方殘額	발견되지 않음
전기대조·동일 거래의 분개표시	打點·鐙子표시	元丁·仕丁	발견되지 않음

의하여 변형된 흔적은 보이지 않는다. 이들 치부원리는 1786년 이래 일관(一貫)하여 적용되었기 때문이다. 이상의 〈표 7.1〉, 〈표 7.2〉에서의 일본의 비교기준은 일본 고유의 부기법이 아니고 Shand의 부기법임을 부기하여 둔다.

서양식 복식부기가 일본을 통하여 우리나라에 들어오기는 하였지만 그 이전부터 있었던 우리나라의 전통회계에는 영향을 미치지 못하였던 같다. 더욱이 서양의 합리적인 문물이 일본을 통하여 들어 왔을 때도 당시의 한국인은 그 서양문물을 일본의 것으로 생각하여 무조건적으로 반감을 가졌던 당시의 정서로 미루어 보아 복식부기도 그러하였을 가능성을 배제할 수 없기 때문이다. 이와 비슷한 예는 양력 설(1월 1일)을 일본 설이라 하여 강력한 거부반응을 보인 것, 단발이나 양복, 신발, 양말 등도 일본 것이라 하여 거의 반사적으로 반발하거나 경멸한 것들이 그 예이다.

당시 일본의 침략에 강력히 반대하고 있던 이용익(당시 조선의 정부재정의 총책임자)에 의하여 설립되고, 그의 심복인 최석조가 그 운영을 담당하였던 대한천일은행이 채택한 회계가 우리 고유의 사개치부법이었다가 그가 해외로 망명하자마자 서양부기를 채택한 것도 그 한 예라고 생각된다.

마지막으로 강조하거니와 우리나라 사람들에 의한 복식부기 교과서가 출판되기 이전에는 비록 일본이 복식부기를 우리나라에 전하였어도 그것이 우리 고유치부법에 큰 영향을 주지 못하였으며, 우리의 고유부기가 간직한 불편함과 서양 복식부기의 편리함이 우리나라 사람들에 의하여 저술된 복식부기 교과서로 알려짐으로써 비로소 서양식 복식부기가 우리의 고유치부법에 영향을 주었을 것으로 본다.

제8장

四介松都治簿法과 그 以前의 會計文書에 관한 實證分析

제 8 장 四介松都治簿法과 그 以前의 會計文書에 관한 實證分析

제 1 절 玄丙周「四介松都治簿法」이후의 日本·한국 회계학자들의 반응

이 장의 1절과 2절의 서술은 세2차 및 제3차 자료에 의한 것이며, 그 주원천은 일본 龍谷大學의 杉本德榮가 저술한 '개성부기법(開城簿記法)의 논리(論理)'와, 기타 입수 가능했던 몇 가지 자료임을 미리 밝혀 둔다. 다음에서 杉本德榮의 저서를 인용하였을 때는 그 저서의 페이지를 괄호 속에 표시하였고, 기타의 경우는 그 원전을 별도로 밝혔다.

1916年 현병주(玄丙周)의 「실용·자수 사개송도치부법전」(實用自修四介松都治簿法全)이 출간되자 가장 먼저 반응한 사람은 일본의 神戶高等商業學校를 졸업하고, 당시 서울에 주재하면서 개성부기에 관한 기사를 「학우회보」(學友會報)에 게재한 須藤文吉이었다. 그는 그 논문에서 "개성부기법은 구미의 어느 나라보다도 앞선 지금으로부터 600년전인 고려시대에 복식부기를 독창한 것으로 부기·회계사연구상 복식부기의 기원으로 여겨왔던 '이탈리아'는 부기학의 원조가 아니고 조신의 개성이야말로 신성한 원조임은 오인의 기장 영광으로 생각하는 바이다"라고 하였다(p. 44). 이와 때를 거의 같이하여 조선신문(朝鮮新聞) 기자였던 田村流水라는 일본인이 1917년에 "고려시대에 복식부기가 있었다"라는 논문 제목으로 "내가 정사한 개성부기는 그 대차의 이치, 계정과목의 응용, 장부의 분류 등 모든 것이 완전한 학리를 기초로 하여 활용되고 있었다는 것은 실로 이탈리아보다 이백여 년전에 이를 독창하고 있었던 것이다"라고 「동경경제잡지」(東京經濟雜誌)에 발표(p. 2)함으로써 일본의 회계학계가 충격을 받았던 것으로 추측된다. 신문기자의 예민한 취각의 발휘인지, 그가 기술하고 있는 '정사'의 결과인지는

알 수 없지만 이 보도는 회계의 기원이 이탈리아라고 하는 통설을 뒤집을 수 있는 기대감을 일본회계학자들에게 준 것만은 틀림없다. 須藤과 田村의 논문들이 무엇을 근거로 한 결론이었는지 알 수 없지만 이와 같은 발표가 있은 지 얼마 되지 않은 1918년에는 호주 회계사회 기관지인 *The Federal Accountant* 편집후기에서 개성부기 기원설을 언급하였다고 한다(p. 3).

田村과 須藤의 주장을 계기로 大谷顯太郎, 平井泰太郎, 大森研造 등 교수들과 "조선인(朝鮮人)의 상업(商業)"이란 보고서를 쓴 善生永助가 우리의 고유치부자료의 수집 · 검토에 몰입한 것 같다. 먼저 大谷顯太郎의 개성부기 연구행각과 그 소론을 본다.

그는 1926년의 논문에서 수년전 재선(在鮮) 당시에 수집한 자료를 실지조사한 후의 결론으로 복식부기와 거의 비슷한 법칙에 의한 개성부기법(開城簿記法)이 그 지방 사람에 의하여 고안되었다고 기술하였으나 그 근거였던 장부의 소재를 밝히지 않았다(pp. 57-60). 그는 개성부기(開城簿記)가 언제 창안되었는지에 관하여도 언급하고 있지 않다.

다음에는 善生永助가 조선총독부의 위촉에 의하여 1924년에 작성한 '조선인(朝鮮人)의 상업(商業)'에서 "개성은 상업이 발달하고 있었으므로 그 치부법도 일찍 발달하여 일반인이 개성부기라 부를 정도로 유명한 것으로, 그 양식은 추호도 서양부기에 손색이 없는 특색을 가지고 있으며, 기장방법은 신식부기와 부합되는 것이었다. 그러나 그 발명은 고려시대의 말기 또는 이조(조선시대-저자)의 초기였던 것 같으나 정확한 연대는 불명하여 서양부기의 발명과 대체로 동시대의 것이라 칭해지고 있다.[1] 그러나 그의 결론이 무엇에 근거하였는지가 불분명하고 그가 수집 · 분석하였다고 한 장부(1875년에서부터 1908년 사이의 것으로 추정됨)의 행방도 묘연하여 그의 진실성을 평가하기 어렵다. 일본학자들 중에서는 善生永助가 1918년 이후 개성부기의 기원을 고려시대 말기 또는 조선시대 초기로 적극적으로 주장한 유일한 사람이다.

이상은 사개송도치부법(四介松都治簿法)을 서양의 복식부기와 손색없는 독특한 부기로 보고 있으며, 또 그 기원을 대체적으로 고려시대로 보는 주장들이었다. 다만 이들 중 사개치부법의 고려시대 기원설을 적극적으로 주장한 사람(Australia의 *The Federal Accountant*를 포함)은 善生永助를 제외하면 모두가

1) 조선총독부(朝鮮總督府); 「朝鮮人의 商業」, pp.136-137.

현병주(玄丙周)의 사개송도치부법(四介松都治簿法)이 출간된 1916년 직후라는 사실이다. 이하에서는 위의 주장과 다른 주장을 하고 있는 당시의 일본 교수들의 주장을 소개한다.

그 첫 번째 주장자로 大森研造의 소론을 그의 유고에 실려 있는 논문 "개성부기법(開城簿記法)의 형식과 내용(1923)," "개성부기(開城簿記)의 기원"(大森研造教授遺稿, 故大森研造教授記念事業會 刊)에서 간추려 보기로 한다. 그는 앞 논문(1923년 발표)에서 1920년 하계휴가 때 개성의 전재근(全在瑾), 개성사(開城社) 등에 대하여 행한 조사의 일단이라 전제하고, 개성부기(일명 사개송도치부법이라고도 칭함)는 개성상인이 자기의 회계를 정리하기 위하여 사용하였던 특수 부기법으로 그 대차의 관념, 장부의 조직, 기장방법, 결산절차 등은 현재 사용중인 복식부기와 흡사하다"고 하였다. "개성부기의 기원"(1922년 발표)에서는 "모든 학설과 제도는 우연하게 생기는 것이 아니라 반듯이 그 유인(誘因)이 있어야 한다"라고 전제하고 이탈리아는 복식부기를 생성시킬 만한 충분한 유인이 있었지만, 고려는 자기 스스로만 문화와 상업이 발전하였다고 말할 뿐 실질적으로는 중국의 모방문화를 가졌고, 자체적 필요에 의한 복식부기의 창조를 가져 올 유인이 없었다고 하면서 개성부기의 고려기원설을 부정하였다. 또한 조선시대의 가렴주구주의는 개성상인들만 자유롭게 활동할 수 있도록 방치하지 않았을 것이라고 하여 조선시대 기원설도 허구라고 하고 있다. 중국에서 배워온 평안도 상인들로부터 개성상인들이 배웠다는 설이 있으나 중국자체가 아직도 단식부기적인 원시적 기장을 하고 있는 실정에서 이 또한 믿을 수 없다고 제3설도 배척하고 있다. 마지막으로 기독교 선교사가 번역한 양식부기법을 개성상인에게 전하여 개성부기가 성립하였다는 주장도 있으나 그 증거는 아무것도 없다고 하면서 제4설도 부정하고 결론에서 "개성부기도 일반 학술공예 등과 마찬가지로 외래문화이며, 현존하는 고장(古帳)으로 추정하여도 정확한 연대는 알 수 없지만 극히 최근의 것이라고 추단(推斷)할 수 있다"라고 적고 있다. 그러나 그도 그가 참고하였다는 고회계문서를 하나도 남겨 놓지 않아 지금 그 내용을 검토할 수 없어 매우 유감으로 생각한다.

平井泰太郎은 자기가 수집한 우리의 옛 회계문서 중 일기제이(日記第二), 외상 · 타급장책병부제일(外上 · 他給長册并付第一), 선복기(船卜記)에 관해 자세한 분석을 하였을 것으로 추측하지만 그 결과는 세상에 알려져 있지 않을 뿐만 아니라

杉本德榮도 平井泰太郎의 수집문서 중 1916년 이후의 필사본만 검토하고 있다. 이에 저자는 앞에서 실제의 회계문서(1854-1859)에 대하여 비교적 자세히 분석하고 검토하였다. 平井泰太郎의 개성부기 연구행각과 그 소론을 杉本德永의 저서를 통하여 보기로 한다.

“平井泰太郎은 개성부기(開城簿記)의 회계학사(會計學史)상의 중요성을 ‘오스터라리아’의 회계학 잡지에서 힌트를 얻었다고 생각되며 그 기원을 규명하고 그 내용을 상세히 소개하는 것으로 자기가 회계학에서의 국제적 지위를 획득하는 첫걸음으로 생각한 것 같다”(p. 3). 그의 개성부기의 옛 기록을 수집하려는 노력은 매우 강력하였으며, 진지하였던 것 같다. 그 과정은 杉本德榮의 저서에 소상히 소개되고 있으며, 그렇게 수집된 자료들이 현재 일본의 신호대학(神戸大學)에 소장되어 있는 귀중본들이다.

平井泰太郎는 개성부기의 고려기원설은 “한국민족의 한 가지 전설과 같은 것”이며, “향토애의 발로”라고 말하면서 “大森研造는 개성부기의 기원을 완전한 근대라 하고, 그 기원은 복식부기로부터 영향받은 것으로 추정하고 있지만 나는 그의 근본사상에는 동의하지 않는다. 그렇다고 해서 그 기원이 약 500년전이라고도 하지 않는다. 그것은 개성상인들이 자기들의 행상의 필요성에 따라 창안되었다고 가정하고 싶다. 그러므로 그 창안은 단시간 내에 가능하였을 것이다.” (p.19-20).

“… 그 기원을 500년 전의 일이라고도 하지 않는다. 그 창안은 단시간 내에 가능할 것이다”라고 말한 문언을 어떻게 해석하여야 할 것인가? 이 중 “500년 전”이란 표현은 조선시대 초기를 의미하는 것으로 보아도 별 문제가 없다고 생각하지만 “그 창안은 단시간 내에 가능하였을 것”이란 표현의 해석은 간단하지 않은 것 같다. 그것은 개성부기의 창안에 시간이 걸리지 않았다는 뜻으로 쓴 표현일 수도 있고, 그 기원론하고 연결하여 생각하면 “그렇게 오래된 것이 아니다”라는 뜻으로도 해석할 수 있을 것 같다. 또 이 인용문이 중간부분을 생략한 것으로도 볼 수 있으므로 이 ‘단시간’의 뜻이 ‘최근’으로 볼 수 있을는지 모른다. 거기에다 그 기원설 중 고려 기원설을 “한국민족의 전설”이라고 한 것, 그 기원을 500년 전 이라고도 보지 않는다는 견해, 또 大森研造의 소론을 부정하고 있는 사실들을 종합하면 개성부기의 창안은 그다지 오래된 것이 아니며[2] 조선시대의 고유

2) 저자의 추정으로는 그가 검토한 1854년의 회계문서를 근거로 한 결론으로 보인다.

성이 있는 것으로 표현한 것이 아닌가 생각한다. 어쩌면 平井泰太郎은 지금 북한에 존재하고 있다는 사개문서들을 접하였을는지 알 수 없으며 만약 그렇다고 한다면 그 기원을 1786년으로 보고 그것을 개성상인들이 행상의 필요에 의하여 창안한 것이라고 하고 그 기원을 애매모호하게 표현한 것으로 추정할 수도 있다.

이들을 종합하면 1917년의 논문들은 대체로 개성부기의 고려기원설을, 그 이후의 실증분석 결과로 나온 논문들은 고려기원설, 조선 초기 기원설을 모두 다 부정하고 조선 후기설, 또는 서양부기 영향설로 바뀌었다. 뿐만 아니라 이와 같은 기원설은 모두가 다 의식적이던 무의식적이던 개성부기가 복식부기라는 사실을 전제로 하고 있었던 것 같다.

1920년 전후의 일본 정통회계학자들이 한국주재원의 보도나 호주의 회계잡지 보도에 자극받아 행한 실증분석에서 그들의 보도가 사실과 다르다는 것을 안 다음부터는 개성부기에 대한 열정이 식기 시작하여 망각의 피안으로 떠내려가 버린 감마저 주었다. 한국이 일본제국주의에 의하여 강점 당하고 있을 때(1910년부터 1945년까지)는 한국인으로서 사개치부법 연구는 꿈에도 생각하지 못한 것이었다.

일본제국주의가 제2차 세계대전에서 패망하자 한국은 분단된 상태로 독립하게 되고, 회계학 교수들도 많아지자 소리를 내기 시작하였다. 특히 그 동안 망각의 피안으로 떠내려갔던 개성부기(開城簿記), 즉 송도치부법(松都治簿法)이 대학교수로서의 입지를 굳히는 데 가장 알맞은 소재가 되었다. 1945년 이후 한국회계학 교수들이 행한 주요 연구논문(송도치부법에 관련한 것)과 단행본들을 연도별로 보면 다음과 같다.

윤병욱(尹炳旭): "개성부기 소고(開城簿記 小考)": 1955년
허종현(許宗炫): "동양의 부기조직에 관한 일 연구": 1955년
최경천(崔慶天): "송도사개치부법(松都四介治簿法)에 대한 연구": 1961년
박종문(朴鍾文): "송도사개치부법(松都四介治簿法)": 1962년
이상훈(李常薰): "개성부기의 양식과 기장법에 관하여": 1964년
김정태(金貞泰): "사개송도치부법(四介松都治簿法)": 1968년
조익순(趙益淳): "사개송도치부법(四介松都治簿法)에 관한 소고—대한천일은행의 기록과 공개문헌을 중심으로": 1968년
윤근호(尹根鎬): "개성부기(開城簿記)에 관한 연구—대한천일은행의 장부를

중심으로": 1969년
윤근호(尹根鎬): "복식부기의 고려소원론시고(高麗溯源論試考)": 1970년
윤근호(尹根鎬): "복식부기의 선구자—한국의 사개송도치부법(四介松都治簿法)": 1978년
윤근호(尹根鎬): "한국회계사연구"(단행본): 1984년
권순백(權淳白): "사개치부법문서(四介治簿法文書)의 분석"(단행본): 1986년
조익순(趙益淳): "사개송도치부법전사(四介松都治簿法前史)"(단행본): 2000년

사개송도치부법(四介松都治簿法)에 대한 연구대상영역이 자꾸 좁아지자 우리의 고전치부법에 관심을 둔 학자들이 조선조의 관부회계에 눈을 돌리기 시작하였다. 그러한 결과로 다음과 같은 논문들이 나타나기 시작하였다.

윤근호(尹根鎬): "조선왕조회계제도연구(朝鮮王朝會計制度研究)": 1976년
박원택(朴源澤): "조선조의 관청회계—중기(重記)와 해유(解由)를 중심으로": 1987년
조익순(趙益淳) · 정석우(鄭錫佑): "조선시대의 산원(算員)(산사(算士) · 계사(計士) · 회사(會士))제도에 관한 연구": 2000년

위의 송도치부법을 연구한 사람들의 연구내용은 앞에서 이미 언급하였으므로 여기서는 그들의 송도치부법 기원설만을 보기로 한다. 다만 저자의 기원론은 여기서 언급하지 않을 뿐만 아니라 이들 기원론도 저자가 분류하는 것보다는 제3자, 즉 일본 龍谷大學의 杉本德榮의 분류를 인용한다.

윤병욱(尹炳旭): 이조시대(조선시대—저자)기원설
박종문(朴鍾文): 이조시대(조선시대—저자)기원설
최경천(崔慶天): 이조시대(조선시대—저자)기원설
허종현(許宗炫): 고려시대 기원설
윤근호(尹根鎬): 고려시대 기원설

이들 중 조선시대 기원설은 平井泰太郎의 주장과 비슷하고, 고려시대 기원설은 田村流水나 善生永助의 주장과 궤를 같이한다. 조선시대 기원설도 조선시대 초기 · 중기 · 후기로 나눌 수 있다고 보지만 윤병욱을 비롯한 기원설은 화폐의 전국적인 유통에 따른 상업의 발달을 가지고 송도치부법의 창안을 상정하고

있으므로 그의 기원설은 조선시대 중기설에 가깝다.

한국 고유치부법에 관한 기원설을 크게 나누면 현존하는 회계문서를 실증분석한 다음의 기원설과 그러하지 못한 기원론으로 나눌 수 있다. 大森研造, 大谷顯太郎, 平井泰太郎의 기원론은 전자에 속한다고 볼 수 있지만 기타의 기원론자들은 제2차, 3차자료에 근거한 기원론자들이라 생각한다.

한국의 회계학자들 중 고려시대 기원설을 강력히 주장하는 논거는 일본제국주의자들에 의한 조선시대 · 고려시대 역사를 왜곡한 것에 반발하고 또 서경(徐兢)의 고려도경(高麗圖經)을 민족주의적 입장에서 반발한 나머지 그들이 스스로 우리의 역사를 또 한번 왜곡한 우를 범한 면이 없지 않다고 본다. 환언하면 사개치부법의 고려기원설에 불리한 역사적 기록은 역사왜곡이라는 이유로 기각하면서, 고려 기원설에 유리한 기록은 그것을 고려 기원설의 근거로 이용한 것이 아닌가 생각한다. 이와 같은 이유로 平井泰太郎이 지적한 바와 같이 고려 기원설을 '한국적 전설'과 '향토애'의 발로라는 지적을 되씹어 볼 필요가 있다.

홍희유의 논문과 저서에서 본 1786년부터의 사개문서, 1798년부터의 사개문서를 근거로 한 그의 기술이 옳은 것이라고 한다면 한국 고유치부법의 기원은 적어도 1786년 전후까지는 거슬러 올라갈 수 있다.

이상의 한국 주장자들도 일본의 회계학자들과 마찬가지로 모두 다 송도치부법이 복식부기라는 것을 인정하고 있음은 두말 할 필요가 없다. 어떠한 장부를 어떠한 치부방법에 의하여 기장하고, 어떻게 결산하는 것이 복식부기의 충분조건인지를 최종적으로 재음미하면서 과연 송도치부법이 서양식 복식부기와 부합되는 것이었는지를 다음 절에서 자세히 살펴볼 것이다.

제2절 四介의 意味論

"송도치부법(松都治簿法)이 서양시 복식부기와 같은 수준의 치부법이냐," "송도치부법(松都治簿法)의 기원을 어느 시점으로 보느냐"하는 문제에 못지않게 '사개'(四介)의 해석도 회계학자들간에 이견이 분분하다. 과거에는 저자도 '사개'(四介)의 해석에 혼란을 야기시킨 장본인의 한 사람이었다. 그러나 지금은 '사개'(四介)란 용어를 맨 처음 사용한 사람의 용법을 그대로 수용하여야 한다라는 쪽으로 입장을 정리하였다. 따라서 사개(四介)라는 용어를 최초로 사용한 사람은 현병주(玄丙周)이고, 그는 '봉차', '급차', '이익', '소비'를 의미한다 라고 정의하고 있기 때문에 후학들이 그 용어의 해석을 왈가왈부하는 것은 부적절하다고 생각한다.

다만 이 사개(四介)는 현병주(玄丙周)의 사개송도치부법(四介松都治簿法)에서 사용되었고, 그 해설서에서 내려진 정의대로 치부가 되고 있었지만 지금까지 진행해 온 고회계문서의 분석 · 검토에서는 이 정의가 그대로 적용되고 있는 완벽한 예는 찾아보기 힘들었다. 한편 홍희유는 앞에서 이미 소개한 바와 같이 그의 저서와 논문에서 '사개'(四介)를 '봉차질', '급차질', '매득질'(買得秩), '방입질'(放入秩)이라고 해석하고 있다. 이는 현병주의 '사개'(四介)와 그 표현만 다를 뿐 실질내용은 완전히 일치한다.

또 이 사개(四介)는 순수한 현병주(玄丙周)의 창조어인지 아니면 외래어, 특히 중국의 표현을 수입한 것은 아닌지를 검토해 볼 필요가 있다. 중국에는 삼주법(三柱法), 즉 '수입－지출＝시재'이라고 하는 세 가지를 계산하는 구조와 사주법, 즉 '전기이월', '당기수입', '당기지출', '기말잔액'을 계산하는 방법, 그리고 진(進; 수익), 교(繳; 비용), 존(存; 자산), 해(該; 부채)를 계산하는 체제로 사각법(四脚法)이라는 제도를 가지고 있었다. 우리의 사개(四介)가 혹시라도 중국의 사각(四脚)을 우리 표현으로 변형한 것이 아닌지 의심해 본다. 脚이 '다리 각'이라 읽으며, '사개(四個) 다리 맞춤'이란 우리 고유표현에서 '개'(個)가 '개'(介)로 변형된 것이 아닌가 하는 의심이다.

그런데 앞에서 사개(四介)의 표현을 현병주(玄丙周)가 최초로 사용하였다고 하였지만 사실은 현병주(玄丙周)에 앞서서 김대희(金大熙)가 1908년에 출간한 그의 저서 「응용상업부기학전 부공업부기학」(應用商業簿記學全 附工業簿記學)에서 우리의 고유치부법을 '사개족치부법'(四介足治簿法), 즉 '사개다리치부법'이라고 칭하고 있는 것으로 보아 중국의 '사각법'(四脚法)을 따른 표현이 아닌가 하는 의심은 간다.

그러나 이 표현의 유사성 문제보다 더 중요한 것은 그 치부의 내용 또는 기본원리문제이다. 중국의 고유부기에서 '사주법'(四柱法)이 '전기이월', '당기수입', '당기지출', '기말잔액'에 관한 기록 · 계산을 하는 체계, '사각법'(四脚法)이 '수익', '비용', '자산', '부채와 자본'을 계산하는 체계라는 두 개의 계산구조를 우리의 고유치부법이 따른 것이냐가 문제이다. 사주법(四柱法)은 '단식부기법'에 해당하고 후자, 즉 사각법(四脚法)은 서양식 치부법과 유사한 계산체계를 가진 것으로 볼 수 있다.

현병주(玄丙周)의 사개송도치부법(四介松都治簿法)은 2장책제도였고, 일본의 신호대학(神戸大學) 소장의 장책도 2장책제도였으나 전자에서만 '봉차질'(捧次秩; 자산집합), '급차질'(給次秩; 부채집합), '이익질'(利益秩; 이익집합), '소비질'(消費秩; 비용집합)이란 사개(四介)가 있었을 뿐, 후자에서는 '공용질'(公用秩)이라는 한 개의 계정명칭에서만 '질'(秩)이란 표현이 보일 뿐 보다 더 넓은 분류단위를 나타내는 '질'(秩)은 전혀 찾아볼 수 없을 뿐만 아니라 '봉차'(捧次)(대차변을 구분하는 문자기호로만 극히 드물게 사용됨)나 '급차'(給次)라는 개념도 볼 수 없다는 것이다. 한편 대한천일은행의 회계장부에서는 '봉차'(捧次)나 '급차'(給次)가 '거'(去)와 '입'(入)의 합계액과 그 차액을 표현할 때만 사용하었을 뿐 '봉차질'(捧次秩), '급차질'(給次秩) '이익질'(利益秩), '소비질'(消費秩)같은 분류용 문자기호로는 전혀 사용되고 있지 않았다는 것이다. 뿐만 아니라 일본 신호대학(神戸大學) 소장의 회계기록에서도 사개(四介)라는 개념은 그 장부상으로나, 장부에 설정된 계정의 성격으로나, 아니면 대차를 구별하는 문자기호 등 어디에서도 발견할 수 없다는 사실이다. 다만 대변과 차변을 구분하는 기호로서 '봉차'가 사용된 기록은 있었지만 이는 '사개'개념하고는 거리가 먼 것이었다. 대한천일은행·신호대학(神戸大學) 소장의 회계문서는 현병주의 저서보다도 앞선 연도의 회계문서인데도 불구하고 자산, 비용, 부채, 수익 개념에 상당하는 계정들을 가지고 있었던 것이 확실하다. 단 현병주는 이들을 봉차·급차·이익·소비라고 이름하여 '사개'(四介)라고 하였을 뿐이다.

이와 같은 '사개'(四介)개념은 복식부기가 가지고 있는 손익계산이 목적에서 동서양을 불문하고 필요로 하였던 개념이나. 다만 그 표현방법에서 동양과 서양, 동양에서는 국가간에 차이가 있었을 뿐이다. 서양은 자산·부채·자본·수익·비용이라는 5요소, 중국은 '진'(進), '교'(繳), '존'(存), '해'(該)란 '사각'(四脚)으로 표현하였으나 한국은 '봉차질', '급차질', '이익질 또는 방입질', '소비질 또는 매득질'을 '사개'라고 표현하였을 뿐이다. 서양식 복식부기에 있는 '자본'이 한국과 중국의 복식부기에 없는 이유는 경제사정의 차이에서 나타난 결과라 할 것이다. 또 중국의 '사각'(四脚)과 우리의 '사개'(四介)는 우리의 부기와 중국의 부기의 공통점으로 볼 수도 있지만 다른 한편으로는 그것들의 구성요소가 전혀 상이하기 때문에 두 나라의 부기가 서로 독립적인 것이었다고 할 수 있다.

서양의 복식부기에 대차대조표방정식이 있었던 것과 같이 한국의 사개부기에서는 '사개방정식'(봉차질+소비질=급차질+이익질)이 있었다고 생각한다. 다만 자본과 부채의 구분을 명확히 하지 않았다는 면에서 차이가 있을 뿐이다. 서양식 복식부기가 대차대조표방정식의 균형이 이루어지도록 거래분개를 행하고, 그것을 원장에 전기하였던 것과 똑같이 개성부기도 사개(四介)방정식의 균형이 잡히도록 분개하고 전기하였던 것이다. 다만 이를 사개방정식이라고 이론화하지 않았을 뿐 그 개념은 명확히 그 기장원리에 구현되고 있었던 것이다. 이와 같은 개념은 북한에 실존하는 사개문서와 신호대학(神戸大學) 소장의 회계문서에서 확인되었고, 그 후의 회계문서(칭생집, 직산일기, 대한천일은행 회계문서)에서도 확인되었다.

따라서 저자는 이 '사개'를 단순한 '사개'로 보지 않고 사개방정식으로 표현하여야 할 것으로 생각한다. 그런데도 불구하고 사개(四介)가 '주는 사람', '받는 사람', '주는 물건', '받는 물건'이라던가, '상'(上), '하'(下), '거'(去), '입'(入)이라고 해석한다는 것은 말도 되지 않는 것이라 할 것이다. 한 번 더 강조하거니와 사개란 사개방정식의 구성요소들이며 그 개념은 1854년의 회계장부(神戸大學 소장)에 실질적으로 구현되고 있었다. 더 나아가 북한에 존재하는 사개문서(1786년의 문서)에서도 있는 것으로 보인다.

제 3 절 官府會計(官廳會計)文書에 대한 評價

저자들이 역사학자가 아니기 때문에 편견을 피력하는 것일는지 모르지만 고려 · 조선시대는 왕권을 중심으로 한 완전 양반주도형이면서도 문이 무를 폄하하고, 서자차별, 일종의 노예제도와 같은 엄격한 신분제도 및 공·상업의 천시사상과 중국의 시와 사서삼경에 통달한 무기력한 사대부가 지배한 사회였다고 본다. 국가가 시행한 관리등용시험(과거라 칭하였음)에 합격한 관료는 양반출신을 제외한 피지배인민의 생사여탈권을 가질 만큼 강력한 권한을 왕으로부터 부여받았던 것으로 추정한다.

고급관료는 작시와 작문으로 등락을 결정하는 과거에 의하여 등용되었으므로 그들은 실무로부터 멀리하려고 노력하는 사람들이었으며, 실무는 양반의 서자나 중인계급의 인재를 취재(取才)라는 임용시험을 통하여 임용하거나 병역이나 부역의무 대신으로 근무하게 된 서리나 아전들에 의하여 수행되었다. 그와 같은 실무에 해당하고 취재를 통하여 하급관리를 채용한 업무분야는 의약, 외국어 통역, 법률 해석, 계산 및 측량, 천문 지리, 도화(圖畵) 등이었다.

이 중 계산 및 측량담당 실무관료인 산원(算員)의 시험과목은 수학이었으나 그 담당업무는 계산, 즉 회계업무였으며 산사(算士; 일등합격자), 계사(計士; 이등합격자), 회사(會士; 삼등합격자)의 자격으로 출발하여 정삼품까지만 승진할 수 있는 전문직 관료였다. 이들 산원(算員)의 업무내용은 조선시대의 경국대전(지금의 행정법에 상당함), 호조(戶曹; 지금의 재경부에 상당)항에 명백히 규정되고 있고, 그 절차도 탁지지(度支志)같은데 자세히 규정되고 있었지만 그 회계처리규정은 아무곳에서도 규정하고 있지 않았다. 그러나 현존하는 관청회계문서 중 산원(算員)들의 회계기록에서는 그 형태의 분산이 그다지 심하지 않았지만 서리나 아전들에 의하여 기록된 지방의 관청회계문서에서는 그 기록형태가 다양하였다. 그리고 산원(算員)들은 국가로부터 선택된 관료임을 자부하였던지 그들의 회계기록은 천민이었던 상인들의 회계기록에 비하여 엄청나게 많은 양의 문서를 후세에 전하고 있다.

관청회계의 회계처리의 기본원리는 일관되고 공통되어 있었다고 보아도 무방하다. 왜냐하면 그 회계처리원리는 단식부기이고, 그 기록을 위한 장부제도는 3책제도, 즉 받자책(捧上冊), 차하책(上下冊), 회계책(會計冊)이란 우리 고유의 제도를 가졌기 때문이다. 기록의 대상은 다양한 금전과 물품이었고, 그것들을 받은 것은 받자책(捧上冊)에, 지급한 것은 차하책(上下冊)에 각각 별도로 기록하였다가 이들 두 개의 장부기록 내용을 하나로 회계책에 통합하였다. 이와 같은 금전이나 물품의 수지를 두 개의 장부에 분산기록하였다가 회계책으로 통합기록한다는 것은 매우 경제적이지 못한 것 같지만 회계책임의 분산이란 측면에서는 나름대로의 이점도 있었을 법하다.

조선시대의 관청회계는 위의 공식적인 장부 이외에 회계책임자의 자기통제용 비공식 장부, 즉 초책(草冊), 중초책(重草冊), 흘림(流音) 등으로 불리는 회계책과 왕에게 제출한 회계보고용 계본이 있었다. 계본(啓本)은 호조의 회계사(會計司)가 각도의 연도말 전곡의 종류별 시재량과 그 각각의 총량을 기록한 '각도전곡연

종회계'(各道錢穀年終會計)라는 것이 대표적인 것이다. 이 예를 〈표 8.1〉로 제시한다. 이들 관청회계의 기장원리는 모든 수입과 지출을 있는 그대로 기록하면서, 전재 + 받자 − 차하 = 시재, 즉 현재잔액을 알 수 있도록 기록 · 계산하는 것이었다. 이와 같은 기록계산에 사용된 문자기호로 받자(捧上), 차하(上下), 가하(加下), 잉가하(仍加下), 가상(加上) 등을 들 수 있고, 시재(時在), 전재(前在) 등은 누구나 그 뜻을 알 수 있는 용어들이다. 이 때의 잉가하(仍加下), 가하(加下)는 지출이 수입을 초과한 수량, 즉 부수(負數)를 나타내는 기호이다. 이들 문자기호는 우리 고유의 이두표현(吏讀表現)이 기본이 되고 있으나 상인회계나 민간회계에서 사용하였던 시각기호는 일부 흘림(流音)을 제외하면 그 예를 볼 수 없다. 그 대신 관청의 회계문서에는 기장관서의 관인이나 기장관료의 성명과 서명이 있는 것이 특징이다.

조선왕조가 행사한 중앙통제는 효과적인 회계제도와 보고에 의하여 이루어진 것이 아니었다. 왜냐하면 그들의 회계통제는 효과적이지 못하였을 뿐만 아니라 회계의 정확성을 확인하는 데 너무나 많은 장애요인이 있었기 때문이다. 세금으로 받은 곡물류의 보관 · 운수 · 재고실사 등은 그 장소가 멀리 떨어진 곳이고, 교통 또한 불편하였으며, 통신과 보고에 많은 시간과 인력이 필요하였기 때문에 그 중간에 개입하기 쉬운 부정 · 자연장애 등을 피할 도리가 없었을 것이기 때문이다.

조선시대의 만기요람(萬機要覽)[3]에 의하면 당시의 회계보고제도는 〈표 8.2〉와 같이 요약 표시할 수 있다.[4]

〈표 8.2〉에 의하면 지방정부에서 중앙으로의 회계보고는 연 1회인 것을 고려한다면 당시의 재정운용이 외획제도에 주로 의존한 것 같다. 조선시대의 중앙통제는 회계에 의한 것보다는 지방관서책임자(郡守 · 府使 · 縣令)의 교체시에 행해진 사무인계 · 인수와 봉급지급을 연계시킨 해유제도(解由制度)에 있었지 않았나 생각한다. 해유(解由)란 지방장관이 취임시에 인수한 관유물품과 재임 중에 새로 취득한 물품 · 건축물품 등을 후임자에게 틀림없이 인계하였다는 확인서를 말한다. 이 해유장을 얻지 못한 관료는 후임지에서의 봉급을 받지 못하도록 규정된 관

3) 1809년의 재정 · 군사행정에 관하여 상세히 해설한 규칙.

4) 조익순 · 정석우, "조선시대의 算員(算士, 計士, 會士)제도에 관한 연구," 「회계저널」(한국회계 학회, 2000. 12), p. 116.

표 8.1 各道 錢穀 年終 會計請出

去丁卯年終 錢穀회계	?	?	?	?	?
경기도		二萬二千二百十一石五斗	七斗		
공청도 (公淸道)		四萬九千六百七十石十四斗			
전라도		七千五百四十四石五斗 蒸米 六石			
경상도		十三萬一千三百八石九斗 蒸米六百三十三石六斗			
강원도		一仟六十七石八斗	八千九十石八斗		還上一萬六百十二石五斗
황해도		三百九十三石十一斗	一萬一千三百八十八石十三斗		
평안도	六萬一千一百八十三石十二斗				
함경도					
己上	六萬一千一百八十三石十二斗	二十一萬二千二百二石七斗 蒸米六百三十九石八斗	一萬九千四百七十九石十三斗		還上一萬六百十二石五斗

* 의문부호(?)는 그 면에서는 판독할 수 없었지만 그 뒤의 면에서 이들이 白米·蒸米·田米·牟米 … 小豆·眞麥·止租 등 36종의 품명이 기록되고 있었음.

리(管理)제도가 중앙정부가 지방정부를 통제한 가장 중요한 수단이었던 것으로 파악된다.

조선시대의 관청회계는 통하를 포함한 수많은 물품들의 출납과 현재 잔고를 파악한 것에서 끝나고, 예산상의 출납과 그 시재액의 파악이 4분기별로 이루어지고 있었지만 예산이 천재지변으로 현실과의 괴리가 심할 때 그 예산통제는 그

표 8.2 기간별 회계보고제도(만기요람)

보고유형	보고서명	보고주체	호조의 기능	왕의 비서실과의 관계
월별보고	(1) 物種捧下會計 (2) 錢穀倉庫監査報告書	(1) 各司(中央官署) (2) 戶曹 · 司憲府(監査院)	(1) 比較檢討 · 錯誤有無 · 修正 (2) 事故有無 · 摘發	(1) 關係없음 (2) 別單(要約報告書)提出要求
분기보고	(1) 在庫量 · 拂出量 (2) 捧上重記	(1) 各司 (2) 各司	(1) 出庫指示記錄簿와 對照 · 修正 (2) 위와 같음	(1) 보고 (2) 관계없음
연도말보고	(1) 各樣捧下會計 (2) 年末在庫量報告 (3) 分期別로 決算한元會穀및錢穀 · 軍糧豫算 (4) 田賦考(田畓 · 人口臺帳)	(1) 六曹 (2) 六曹의各擔當官 (3) 8道3都 (4) 8道 · 4都	(1) 添錄要約報告書 (2) 在庫數量修正 (3) 虛僞記錄修正 (4) 添錄	(1) 年終會計請出 (2) 報告 (3) 元會穀및錢穀 · 軍糧豫算請出 (4) 田賦考請出

* 원회곡(元會穀)이란 각 도의 전답면적에서 산출되리라 예상한 곡물산출량을 말함. 이는 기준량일 뿐, 매년의 흉풍에 따라 실제생산량을 조정함. 예산은 후자에 해당함.

효율을 기대할 수 없었을 것이다.

제 4 절 우리나라 傳統會計의 地域性과 固有性

본절에서는 관청회계와 비영리단체의 회계를 제외한 상인회계에서 송도치부법과 기타 지역의 치부법이 서로 다른 형태로 존재하였는가, 그와 같은 회계는 외국의 것과 완전히 독립한 순수 우리의 고유한 회계제도였는가를 검토한다.

송도치부법이 사개치부법이고 그것은 송도사람들에 의하여 고안된 것이라는 것이 일반적 견해이다. 송도치부법은 봉차질, 급차질 이익질(방입질), 소비질(매득질)을 기본으로 삼고, 그 중 이익질과 소비질의 합계액을 비교하여 손익계산을 행하며, 그 순손익을 자본계정에 이기한 것까지를 그 특징으로 삼아야 할 것이다.

저자는 여기서 우리의 전통치부법을 지역이나 기장자의 출신으로 분류하지 않고 현병주(玄丙周)의 사개송도치부법(四介松都治簿法)을 포함한 모든 치부법을 우리의 전통치부법으로 인식한다. 그 근거는 앞에서 검토한 회계문서들 중 일부(稷山日記, 大韓天一銀行의 會計文書)는 그 치부법이 송도치부법과 원리면에서 똑같거나 그보다 앞서면서도 그 지역이 송도가 아니고, 기록자가 송도사람임이 입증되지 않았기 때문이다.

북한에는 1786년 또는 1798년으로부터 약 20년간 기록한 사개문서가 존재한다고 하지만 저자가 직접 확인한 한국 최고(最古)의 전통회계기록은 1854년부터 1859년까지의 상인기록인 일본의 신호대학(神戸大學)이 가지고 있는 회계문서였다. 그 이후 한국의 고유부기에 영향을 주었으리라 보이는 기회는 ① 1883년의 전환국 설치와 함께 일본 조폐국 출신의 기사 및 고문의 초대[5], ② 1878년에 한국에 진출한 일본 제일은행이 당시 설립과 동시에 소멸한 특립제일은행에 대하여 서양식 복식부기의 채택을 권고한 일, ③ 1900년에 설립한 광신상업학교(1901년 1월의 황성신문에서 이 학교에서 은행부기를 가르친 사실을 크게 보도하고 있음), ④ 1903년 미국인 '콜부란'에 의한 '한성전기회사'의 설립과 운영, ⑤ 1907년 인천항의 미곡상인들이 개설한 복식부기 강습소, ⑥ 탁지부 고문 '目賀田種太郎'이 당시의 한국인 관리를 대상으로 한 복식부기 강습, ⑦ 1908년에 임경재(任璟宰)와 김대희(金大熙)의 복식부기 관련 저서 출간 등이다.

이들을 고려하면 현병주(玄丙周)가 사개송도치부법(四介松都治簿法)은 음으로 또는 양으로 서양식 부기에 오염되었으리라 짐작되고, 대한천일은행의 치부법도 정도의 차이는 있을지 모르지만 서양식 치부법에 오염되었을 가능성이 있었다고 할 수 있다. 현병주(玄丙周)는 회계장부의 분류에서 장부를 주요부와 보조부로 분류한 것, 장책(賬册)을 원장(元帳)이라 표현한 것, 대한천일은행이 '현금출납장 · 현금계정 겸용 일기식치부법'에서의 탈피한 것[6], 1900년 이전까지의 전통회계에서는 볼 수 없었던 기긴손익계신을 행한 것 등이 오염의 가능성을 의심해 볼 수 있는 내용이다. 그러나 이 후자는 경제사정이 변하에 따라 생겨난 자연적 현상

5) 이에 관련된 문서는 모두 다 뒤져 보았으나 부기에 관한 단서는 발견할 수 없었다.

6) 개업초기에는 현금출납장 · 현금계정 겸용 일기식으로 치부하다가 현금계정에 상당하는 계정으로 고방계정이란 것을 만들어 치부한 것.

(공동사업체의 증대와 정기적인 배당요구)일 가능성을 배제하지 않는다. 이들은 모두 단순한 가능성을 의미할 뿐 증거에 의한 추정은 아니다.

그러나 일본의 신호대학(神戶大學)이 소장하고 있는 平井泰太郎의 수집문서에서는 그와 같은 의문을 개입시킬 여지가 전혀 없다. 거기에는 한국 특유의 일기(세 가지 기능을 동시에 수행한 것)기장 · 활용방법, 암호적 성격을 강하게 보이고 있는 문자기호(送, 貸, 授, 捧次), 현병주의 사개치부법까지 전승되어 온 문자기호(捧次, 給次, 上, 入, 下, 內 등) 및 시각기호(打點, 列旗, 行劃), 과학기호인 표산 등이 1854년에 이미 사용되고 있었으며, 장부제도도 현병주의 사개치부법과 전적으로 같은 일기 · 외상장책 · 타급장책을 가지고 있었을 뿐만 아니라 이들이 모두 복식기입이 되고 있었다는 사실이다.

신호대학(神戶大學) 소장의 회계문서기록방법과 그 후의 추이(推移)에서 볼 수 있는 기장방법 변천은 문자기호가 '거'(去)로 통일되었고, 시각기호에는 등자(鐙子)가 추가되었으며 또 원장(장책)에 기초한 결산 · 손익계산이 추가되었다. 원장을 기초로 하지 않는 손익계산(각포간수본전회계), 거래명세서적인 손익계산(공자삼회계), 현금주의청산손익계산(마차회사)은 논외로 한다. 이와 같이 생각하면 한국의 전통고유부기는 "원장에 현금계정을 가지지 않는 이장책(二長冊; 외상 · 타급장책)과 세 가지 기능(원장의 현금계정 기능, 현금출납장 기능, 분개장 기능)을 가지고 있는 일기를 장부의 기본으로 삼으면서 입금거래의 분개는 '인명계정(또는 수익계정) 入 … 上'(이 분개방법은 1854년 이후 현병주까지 불변), '授 … 上', '貸 … 上', '上 … 上' 등이 있었으며(神戶大學 소장의 문서), 출금거래의 분개는 '인명계정(비용계정) 去 … 下'(神戶大學의 문서에서는 去가 아닌 '授 … 下', '貸 … 下', '上 … 下' 등으로 다양함), 현금의 수수가 동반하지 않는 거래분개는

인명 또는 수익계정	入	×××× ┐
이명 또는 비용계정	去(捧次)	×××× ┘

라는 체계로서 복식기입을 실현하고 있었다.

장책(長冊)은 그것이 외상장책이던 타급장책이던 구별하지 않고 상하(上下) 양단으로 나누어 상단을 '거'(去) 하단을 '입'(入)이란 기호로 표시하는 방법이 우리나라 전통회계의 첫 번째 방법이고, 장책을 상하단으로 구분하지 않고 좌우로 구분하면서 좌우를 외상장책은 '거'(去)와 '내'(內), 타급장책은 '입'(入)과 '내'(內)

라는 문자기호로 구분하여 사용한 방법이 두 번 째 방법이었다. 일기(분개)에 표시되고 있는 문자기호에 따라 각각의 장책의 해당 계정에 전기되었지만 1854년의 외상장책만은 각 계정의 대차변 구분을 위 제2법에 따랐을 뿐만 아니라 일기에 사용한 문자기호도 다양하였음은 앞에서 보았다. 그러나 타급장책에 전기하여야 하는 일기(분개)에 사용한 문자기호나 대차변의 구분방법은 현병주의 일기 및 타급장책과 완전히 동일하였다.

이상과 같은 장부제도, 기장방법은 일본이나 중국의 그것들과 완전히 다른 제도였다고 말할 수 있다. 다만 이와 같은 장부 · 기장제도가 한국 내의 지역별로 의미 있는 차이를 보이고 있었느냐가 문제로 등장한다. 일본 신호대학(神戶大學) 소장의 회계문서에는 경환(京換; 경성에서 결제되는 환어음), 고창환(高敞換; 전라도 고창에서 결제되는 환어음), 통영환(경상도 통영에서 결제되는 환어음) 등이 기록에 보이고, 또 우피(牛皮), 포목 등이 선박으로 보내진 기록(船卜記) 등으로 미루어보아 그 회계주체는 경성(한강을 이용한 주운(舟運)), 개성(예성강을 이용한 주운), 인천(인천항을 이용한 주운)에서 영업을 한 상인의 회계기록으로 추정될 뿐이며 그것이 개성부기인지 여부는 알 수 없다. 그러나 그 기록방법 · 장부제도는 현병주가 개성부기라고 정의한 제도의 모체(母體)로 보인다.

직산일기는 명백히 충청도 천안의 일부였던 직산(稷山)에서 기록된 일기이고, 대한천일은행의 회계문서도 명백히 개성에서의 기록이 아니지만 그 기록형식은 현병주의 사개치부법보다 더 합리적이어서 과연 그것들을 개성부기라 말하여야 할 것인지 망서려진다. 일기와 장책의 기장양식에 의한 사개치부법과 기타의 부기는 있을지 모르지만 기장된 지역에 따른 부기의 분류는 의미가 없다고 본다

이상의 한국 고유치부법에 대한 서양식 복식부기의 영향은 일기 및 장책에서는 전혀 확인되지 않지만 1899년부터의 대한천일은행의 회계에서 잔액시산표(수정 전), 손익계산표, 결산분개, 개시분개가 이루어지고 있었던 것은 서양의 복식부기 영향이었을 가능성이 있다. 그러나 그것을 수용하거나 거부할 객관적 증거는 아무것도 없다. 만약 대한천일은행의 결산방법이 서양식 복식부기의 영향을 받았다면 왜 대차대조표를 작성하지 않았는지 이해가 가지 않는다. 당시의 자산과 부채의 대부분은 인명계정으로 이루어져 있었기 때문에 개인의 비밀을 보호할 목적으로 일부러 작성하지 않았을 가능성과 손익계산표상의 순이익을 자본

금계정에 이기하면 사개방정식 또는 (자산 = 부채 + 자본)이란 방정식이 자동적으로 성립함으로 그것을 개시분개에서 확인하는 것으로 끝낸 것이 아닌가 라고 추측할 뿐이다. 이를 애국주의적 입장에서 해석한다면 이것이야말로 한국 고유부기의 본질이다 라고 할 수 있을 것이다. 대한천일은행의 이와 같은 결산절차는 서양의 복식부기의 직접적인 영향이라기보다는 당시의 급변한 경제환경의 변화에 맞게 한국 고유부기의 원리를 개량한 결과라고 생각한다.

일본 신호대학(神戸大學)에 소장되고 있는 회계문서에서 본 '공용질'(公用秩), '공하조'(公下條), '매득'(買得) 등의 명목계정은 A. C. Littleton이 설명하고 있는 "상업적 자본주계정의 증감을 가져오는 요소가 명목계정의 등장이다"[7]라고 말한 것과 일맥상통하는 면을 가지고 있다. 바꾸어 말하면 신호대학(神戸大學) 소장의 회계문서에는 자본주의 몫을 증감시키는 명목계정은 물론이고, 물품계정, 자본주계정으로 추정되는 계정의 출현은 손익계산을 예정하고 있었던 것으로 볼 수 있다고 말할 수 있다. 그러나 그것을 입증할 증거는 발견할 수 없었다.

제5절 우리나라 固有治簿法에서 볼 수 있었던 損益計算

지금까지 행한 우리 고유치부법의 분석 · 검토에서 본 손익계산에는 ① 개별상품별 손익계산, ② 개별 · 모험기업별 순자산증감손익계산, ③ 개인별 · 거래별 청산수지계산, ④ 현금수지에 의한 전체기간 손익계산, ⑤ 기간손익계산이 있었다. ①의 개별상품별 손익계산은「하멜표류기」의 내용에서 보았고, ②의 개별 · 모험기업별 순자산증감손익계산은 '각포간수본전회계'에서 ③은 '공자삼회계' 등에서 보았으며, ④는 '마차회사의 도유안'에서 보았으며, ⑤는 "한미전기회사 결산서," "대한천일은행의 주회계(周會計)"와 "현병주(玄丙周)의 사개송도치부법의 회계책(會計册)"에서 보았다. 북한에 존재하는 사개문서 중 1786년의 문서인지 아니면 1876년의 것인지는 불분명하지만 ⑤에 상응하는 손익계산이 있었던 것 같다.

이들 손익 또는 수지계산에 관한 평가는 앞 장에서 충분히 고찰하였다고 생각하지만 여기서 한 가지 더 논급하여야 할 것은 이들 제계산이 원장과 일기를

7) A. C. Littleton, *Accounting Evolution to* 1900(片野一郎 譯), p. 46.

기초로 하였는지 여부이다. 신호대학(神戶大學) 소장 회계문서는 일기 · 장책 및 명목계정 · 물품계정, 자본주계정으로 보이는 계정이 있었음에도 불구하고 결산 절차를 취한 증거가 없는 대신 각포간수본전회계에는 손익계산은 있었지만 그것을 뒷받침할 원장이나 일기는 발견되지 않고 있다. 그러나 그와 같은 손익계산은 그 근원인 원장이나 현금출납장 없이 이루어질 수 없었을 것이다. 그러므로 그 손익계산은 순자산증감에 의한 손익계산이었고, 원장이나 일기를 기초로 한 손익계산이었겠지만 불행하게도 그 근거가 남아 있지 않은 손익계산 및 이익처분 계산이었다고 생각한다.

손익계산은 기간수익과 기간비용의 비교계산에 의하는 것과 순자산증감에 의한 손익계산이 있음은 상식에 속하는 것이지만 그 손익계산을 ① 원장을 기초로 하지 않는 손익계산표, 대차대조표 작성을 의미하는 것이냐? ② 원장에서 유도된 계정잔액으로 집합손익계정과 결산잔액계정을 원장에 설정하고 그 두 계정을 대차평균시키는 손익계산을 의미하는 것이냐? ③ 원장으로부터 유도된 계정잔액에서 수익과 비용에 속하는 계정잔액만을 집합손익계정에 집합시켜 그 차액을 계산한 다음 그 집합손익계정의 잔액을 자본금계정에 이기함으로써 집합손익계정을 대차평균시키고, 수정 전 잔액시산표에서 집합손익계정으로 넘어가지 않고 남아 있는 잔액계정들을 '결산잔액계정'으로 간주하여 그것들을 개시분개로 대차평균을 확인하는 것도 복식부기의 결산으로 볼 수 있느냐?하는 의문이 생긴다. 이들 중 ②가 보다 완벽한 결산이지만 ③도 영미식 결산법에서는 허용될 수 있는 결산방법의 하나 일 수 있다고 본다.

대한천일은행이나 현병주의 결산법은 모두 위 ③의 범주에 속하는 것이었다. 여기서 제2장 3절에서 이미 한번 인용한 바 있는 A. C. Littleton이 소개한 Paciolo 부기를 재인용함은 매우 유용할 것으로 믿는다.

"원장계정이 재무표화(財務表化)를 향하여 발전해 간 그 다음 단계는 손익계정과 잔액계정에서 찾을 수 있다. Paciolo의 저서는 잔액계정에 대하여 언급하고 있지 않을 뿐만 아니라 상품계정 · 비용계정을 손익계정에 넘기고 그 다음에 손익계정을 자본계정에 넘겨서 마감절차를 끝내고 있다."

한국 고유부기에 관하여 앞 장에서 지적하지 않은 몇 가지만 추가하면 다음과 같다.

① 대한천일은행 · 현병주의 사개치부법에 의한 수익 · 비용은 모두가 다 완

전 현금주의에 의한 것뿐이지 발생주의 · 실현주의에 의한 비용 · 수익의 인식까지는 이르지 못하였다. 그러나 현병주의 사개치부법 결산에서 있었던 기말재고상품의 평가(저가 평가)는 예외에 해당한다.

② 저자가 분석 · 검토한 것이 아니고 1920년대의 일본 회계학자들이 행한 개성부기에 관한 실증적 분석 · 검토 결과인 손익계산구조를 다음에 종합해 둔다.[8)]

현병주(玄丙周): 일면(一面)적 손익계산(이익질 · 소비질의 비교계산만 있는 계산구조)

神戸大學 소장의 회계책제일호(會計册第一號)(저자가 분석한 것과는 다른 筆寫本임): 일면(一面)적 손익계산(捧次 · 給次의 비교계산만 있는 손익계산)

大森研造: 이면(二面)적 손익계산[一面: 타급장책 계정잔액 합계와 (외상장책 계정합계＋재물＋현금)과의 차액]
(二面: 이익금 · 손실금 · 순손익계산)
결산서란 … 試算表이면서 동시에 손익표, 자산부채표 및 재산목록을 겸함

大谷顯太郎: 이면(二面)적 손익계산[一面: 부채합계 + 순이익과 (재산합계 + 재물 + 현금)]
(二面: 이익합계 · 손실합계 · 순손익)

平井泰太郎: 이면(二面)적 손익계산[一面: 타급합계 · (외상합계 + 재물 + 현금) · 순손익]
(二面: 이익합계 · 손실금합계 · 순손익)

大森研造, 大谷顯太郎, 平井泰太郎의 손익계산에 대한 기초가 되었던 회계문서가 무엇이었는지 알 수 없지만 그 중에서도 大森研造가 내린 결산서에 대한 해석은 대한천일은행의 주회계(周會計)에 관한 설명과 비슷하다는 감이 든다. 만약 大森研造와 같은 손익계산관에 의하면 현병주의 사개치부법도 이면(二面)적 손익계산 구조로 분류하여야 할 것으로 보인다.

또 신호대학(神戸大學) 소장 「회계책제일호」(會計册第一號)[9)]의 일면적

8) 杉本德榮, 「개성부기법의 논리」, p. 195.
9) 저자는 이 회계책이 1916년 이후의 필사본인 것을 이유로 분석대상에서 제외하였음.

손익계산은 저자가 분석대상으로 삼았던 '각포간수본전회계'의 순자산증감손익계산과 같은 류의 것으로 생각한다. 왜냐하면 일반지출합계와 이자지출의 합계를 '봉차합계'(捧次合計)로 하고 수입합계와의 차액을 순손익으로 하는 손익계산이었기 때문이다.

③ 임경재 · 김대희의 「상업부기교과서」에서는 영미식 결산법은 물론이고 대륙식 결산법도 설명하고 있다. 바꾸어 말하면 자산부채계정(결산잔액계정을 지칭하는 용어)으로 대차대조표를, 손익계정(집합손익계정을 의미함)으로 손익계산표를 작성하도록 설명하고 있다. 이 교과서 보다 7~8년 뒤에 저술된 현병주의 「사개치부법」에서의 결산절차는 임경재 · 김대희의 그것과 크게 다르다는 사실을 생각해 봐야 할 것이다.

④ 대한천일은행은 은행업이면서도 당시 일본의 "전표(傳票)제도"를 채택하지 않고 1900년 10월경부터는 상업부기법을 채택하고 있었다. 여기서의 상업부기법이란 모든 거래를 대체거래와 같은 것으로 보고 분개(전표 없이)하는 부기법을 말한다. 바꾸어 말하면 1900년 후반기까지 현금수입을 '상'(上), 현금지출을 '하'(下)로 치부해 오던 방법을 1900년 후반기부터 '고방계정'(庫房計定)을 신설하여 모든 거래를 대체거래와 같은 형태로 분개함으로써 전통적 사개치부법에서 이탈한 기록방법을 채택하였다.

⑤ 대한천일은행의 결산절차가 현병주가 설명하고 있는 결산절차보다 더 합리적이었다. 왜냐하면 현병주는 수익 · 비용계정의 잔액에 관한 결산분개의 상대계정을 불합리하게도 현금의 수입과 지출로 하고, 그 차액을 자본금계정에 전기되도록 결산분개를 하였는 데 반하여 대한천일은행은 수익과 비용계정 잔액은 순손익계정에 집합되도록 분개 · 전기한 다음 순손익계정 잔액을 자본금계정에 전기되도록 분개하였을 뿐 자산 · 부채계정 잔액은 그 다음의 개시분개로 다음 연도로 넘어가게 하였기 때문이다. 그러나 그 결산분개에서 전년도 회계마감일 이후의 거래분개도 신년도의 거래로 만들기 위하여 개시분개와 같이 또 한번 더 분개를 하는 번잡한 방법을 택하였다. 북한에 존재하는 사개문서는 모르지만 현재 한국에 존재하는 옛 회계문서 중에서 1년 기준으로 정기결산을 행한 회계문서는 대한천일은행의 회계문서뿐이었다. 이와 같은 정기결산이 일본의 은행회계가 미친 영향이었는지 아니면 임경재 · 김대희의 복식부기 교과서의 영향

표 8.3 옛 회계문서와 거기서 볼 수 있는 손익계산 형태(1)

각포간수본전회계	각포간수본전회계 속의 김생원 댁	공자삼회계
삼포명(경작기간 30개월 가정)	乙未九月 수익액	연 월 일
삼포취득원가+본전에 대한 30개월분 월 1.5% 이자액	위 금액에 대한 2개월 지연 이지액 가산	入 합계액 內
월 별 경작비 지출액+동 금액에 대한 경과이자 29개월 … 1개월 단리액	本邊合給次文 內	去 합계액 除
本錢合計額　　邊合計額	乙未九月捧次額+동 금액에 대한 2개월간의 이자	在錢金額 出給印
本·邊合計額 計	本·邊合捧次額 除	이하여백 표시
放入間賣價額 以	餘給次額 印	
순이익을 二等分한 一等分이익액	雲溪計呈	計主 崔瑞五
(순자산증감 손익계산)	(수지계산 및 정산서)	(수지계산 및 정산서)

옛 회계문서와 거기서 볼 수 있는 손익계산 형태(2)

마차회사	대한천일은행	현병주
股金捧上額	周會計册	會計册
(1) 은행예입액	(1) 실제보고(잔액시산표) 합급차금=합봉차금	(1) 잔액시산표 捧次秩殘額=給次秩殘額
(2) 일별현금수입·지출·잔액 월별현금수입합계·지출합계·월말잔액 4년간의 현금수입·지출 종합·잔액(해산)	(2) 본점순익회계 收益關聯給次金　內 公用去金　除 實餘金　內 積儲金·賞與金　除 實餘利益 (수익·비용을 집합손익계정에 해당하는 '순익금'에 전기되도록하는 결산분개)	(2) 재고실사에 의한 상품매매이익계산
(3) 전체기간손익계산	(3) 일주순익금회계 본점·송지점·인지점순익금　內 전기손익 수정손실　除 實餘利益 松지점·仁지점순익금, 전기손	(3) 손익계산 이익질(상품매매이익포함) 소비질 순이익문 순이익을 자본계정으로, 각종

	익수정손실을 '순익금'계정으로 이체하는 결산분개	이익질 · 소비질잔액을 '현금'의 수입 · 지출로 결산분개
	(4) 각 衿主별 이익분배 순익금계정 잔액을 주주 인명계정에 이체하는 결산분개 (5) 자산 · 부채 · 주주계정 잔액의 개시분개	(4) 후록복부(後錄復簿) 자산 · 부채 · 자본계정 잔액의 개시분개

옛 회계문서와 거기서 볼 수 있는 손익계산 형태(3)

임경재	김대희
(1) 시산표 작성	(1) 시산표 작성
(2) 재고조사표작성 → 자산부에 첨부 상품 · 집기 · 가옥 · 기기 · 공채증서의 時價평가	(2) 재산목록 작성 상품 · 토지 · 가옥 · 유가증권 등 市價평가
(3) 원장에 손익계정 · 자산부채계정 신설 재고표금액을 해당 계정의 貸方에 기입 각 계정잔액을 각각의 성격에 따라 위 두 계정으로 전기	(3) 원장에 손익장부와 자산부채장부를 설정
(4) 손익계정 잔액을 자본계정으로 이체(순손익 산정)	(4) 손익장부에 수익 · 비용계정 잔액을 이기. 시가평가한 상품은 상품계정의 貸方에 기입. 그 차액은 매매손익
(5) 자산부채계정에 자본금계정 잔액을 기입	(5) 손익장부 대차차액을 자본계정에 이체 → 순손익
(6) 모든 계정을 대차평균시킴	(6) 자본 · 부채 · 자산계정 잔액을 자산부채장부에 전기–대차평균확인
(7) 손익표, 재산목록, 대차대조표작성	(7) 손익표, 대차대조표작성
(8) 수정분개, 결산분개, 개시분개 없음	(8) 결산분개는 없지만 개시기입은 행해지고 있음

인지, 아니면 은행 스스로의 결정이었는지는 알 길이 없다.

지금까지 분석 · 검토한 회계문서 중 손익계산의 흔적을 남기고 있는 것들에 관하여 그 형태를 일람할 수 있도록 정리해 보면 〈표 8.3〉과 같다.

제 6 절 우리나라 固有治簿法이 가진 會計帳簿의 特色

지금까지 분석 · 검토한 우리의 고유치부책들 중 관부회계만을 예외로 하고, 상인들이 남긴 회계책(會計册)들만 보면 한결 같이 완질(完帙)이 아니다. 대한천일은행의 회계장부는 여러 가지 종류의 장부로 구성되고 있었지만 가장 중요한 장책(총계정원장)에 결책이 많았다. 일본 신호대학(神戸大學)에 소장되고 있는 우리의 옛회계문서도 예외는 아니었을 뿐만 아니라 일기제이(日記第二), 외상 · 타급장책병부제일(外上 · 他給長册并付第一), 선복기(船卜記)와 같은 상인이 직접 기록한 것과 1916년 이후(현병주의 사개치부법 이후)의 필사본으로 구성되고 있었다. 1916년 이후의 필사본도 어떤 원본에서 필사하였을 것이라 생각되지만 그래도 그것들은 서양의 복식부기 때문에 우리의 고유성을 잃었을 가능성이 높기 때문에 여기서는 검토대상에서 제외하였다. 장책제일(掌册第一), 칭생집(稱生集), 합성관(合成觀), 방원당(方圓堂)도 기록자체는 방대하고, 장기간에 걸친 것이었지만 완질(完帙)은 아니고 많은 결본이 있었다. 기타의 회계장부도 거의가 부분적인 잔류분에 불과하였다. 이들 잔류회계장부에서도 우리 고유치부법으로 지목할 수 있는 장부제도, 그 역할, 그 기장방법을 검토하였다. 지금까지 발견한 한국고유치부법에서의 장부제도를 일괄하여 보면 〈표 8.4〉와 같다.

〈표 8.4〉에 의하면 상인회계문서는 하나의 분개장(일기)과 두 종류의 원장(장책)을 원칙으로 하였고, 대한천일은행만 하나의 일기와 하나의 장책으로 운영되었음을 알 수 있다. 서양식 복식부기는 업종에 관계없이 한 개의 분개장과 한 개의 원장을 원칙으로 하고 있었지만 우리만이 유독 한 개의 일기와 두 개의 원장제를 가졌다. 이러한 제도는 다른 나라에서는 그런 예를 찾아볼 수 없다. 특히 '이두'표현의 장부이름을 사용한 조선시대의 관청회계장부는 다른 나라에서 그 예를 볼 수 없는 것이다. 북한에 있다는 사개문서는 실제로 볼 수는 없었지만 북한의 저서와 논문을 참고하면 그 장부체계는 초일기, 중일기, 외상장책, 타급장책, 회계책으로 구성되어 있었고 손익계산은 계산 목적만 달성하면 곧 폐기한 것으로 파악되었다.

제 4 장 현병주의 사개치부법의 소개에서 그의 장부분류가 잘 못되었다고 지적한 바 있지만 그 증거의 일부가 〈표 8.4〉에 나타나 있다. 즉 그는 현금출납장

을 보조부에 열거하고 있으나 앞에서 누누이 언급한 바와 같이 사개치부법에 의한 일기(日記)는 현금출납장을 겸하고 있으며 그의 저서에서도 명백히 그렇게 예설하고 있음에도 불구하고 별도의 현금출납장을 보조부로 분류해 놓고 있다.

여기서 특별히 지적할 것은 1854년의 신호대학(神戶大學) 소장의 주요부가 1916년의 현병주 사개치부법에서 실제로 사용한 주요부와 일치하고 있는 점으로 보아 그것이 한국 고유부기의 특성 중의 하나라는 점이다. 이와 같이 주요부가 1854년으로부터 62년이 지난 회계장부에 그대로 승계되고 있다는 것을 우연이라 할 수 있을지 모르지만 실상은 그렇지 않다는 강력한 증거가 있다. 그것은 그

표 8.4　실증분석에서 확인한 장부조직

회계문서의 구분/명칭	주 요 부	보 조 부
神戶대학 소장	일기, 외상장책, 타급장책	선 복 기
장책제일 · 칭생집 · 합성관	장책(일기의 존재 여부는 불확실)	장기
각포간수본전회계	본전 · 발생이자기록	순자산증감손익계산서 · 처분계산서 · 장기
직산일기	일기(장책의 존재가능성은 확실하나 실존하지 않음)	—
마차회사	현금출납장	고금봉상장, 집물구매회계, 준천하기, 도유안 등
대한천일은행	정일기 · 장책	회계책, 주회계 · 출납기부, 금식과일기, 금식부, 무정기임금총부, 탁지부세금출납통장, 일기
공가산회계	—	장 기
금전도록	일기 · 장채(형식으로 보아 판단함)	—
관부회계	받자책 · 차하책 · 회계책 또는 봉하회계	초책 · 흘림(流音)
육의전 문서	상용책, 차하책, 회계책	열거할 수 없을 만큼 많음
현병주	일기 · 외상장책 · 타급장책	현금출납장*, 물품거래장, 어음기래장
임경재 · 김대희	구분장(분개장) · 원장	현금출납장 · 매입장 · 매출장 등

* 일기가 현금출납장 역할을 하기 때문에 사개치부법에서는 현금출납장이 있을 수 없음.

장부 중 일기(분개장)의 기장방법과 그 역할이 그대로 계승되고 있다는 사실이다.

이상의 일기기장방법과 그 역할에서 본 우리나라 전통부기에서의 일기에는 현금계정이 없고, 오직 상(上)과 하(下)가 있을 뿐이고 현금잔액의 계산은 〈표 8.5〉의 (5)방식으로 계산하도록 한 것, 즉 분개장 기능, 현금출납장 기능, 원장의

표 8.5 일기기장방법과 역할 비교

역할/분개/장부	神戶대학 소장 문서	직산일기	대한천일은행 (초기)문서	현병주
일 기 (1) 입금거래	인명계정 入 ××× 上 인명계정 授 ××× 上 인명계정 貸 ××× 上 인명계정 上 ××× 上	인명계정 入 ××× 上	인명계정 入 ××× 上 변전 入 ××× 上	인명계정 入××× 上 이자질 入 ××× 上
일 기 (2) 출금거래	인명계정 授 ××× 下 인명계정 貸 ××× 下 공용조 ××× 下	인명계정 去 ××× 下 공용 去 ××× 下	인명계정 去 ××× 下 공용 去 ××× 下	백삼질 去 ××× 下 인명계정 去 ××× 下 공용질 去 ××× 下
일 기 (3) 비현금거래	인명계정 入 ××× 인명계정 捧次 ×××	인명계정 入 ××× 인명계정 去 ×××	왼쪽과 같음	왼쪽과 같음
일 기 (4) 현금출납장	上 표시금액－ 下표시금액	왼쪽과 같음	왼쪽과 같음	왼쪽과 같음
(5) 일기상의 현금계정	전일시재문 ××× ＋ 上표시합계액 ××× － 下표시합계액 ××× = 시재문 ×××	왼쪽과 같음	왼쪽과 같음	왼쪽과 같

현금계정 기능을 동시에 수행하고 있었다는 것이다. 또 이와 같은 기능은 1854년 이래 면면(綿綿)이 이어져 1916년의 현병주 사개치부법에까지 이르고 있다. 이는 앞의 주요부제도보다도 더 확실한 고유성의 승계라고 생각한다.

다음에는 원장에 설정되는 계정의 형식을 살펴본다. 앞에서 두 가지 형식 즉 상단과 하단으로 구분하여 차변과 대변으로 하는 형식과 우측과 좌측으로 구분하여 차변 · 대변을 구분하는 형식을 설명하였다. 전자의 형식을 가진 회계문서는 "장책제일 · 칭생집 등과 대한천일은행 장책이고 후자의 형식을 취하고 있는 것은 북한에 있는 장책들과 신호대학(神戸大學) 소장의 외상 · 타급장책, 그리고 현병주의 외상 · 타급장책을 들 수 있다.

차변과 대변을 나타내는 문자기호에는 ① 거(去)와 입(入)으로 구분하는 방법, ② 거(去)와 내(內), 입(入)과 내(內)로 구분한 방법과 ③ 송(送) · 수(授) · 대(貸) · 봉차(捧次)와 내(內), 입(入)과 내(內)의 세 가지 형식이 있었다. ①의 형식은 대한천일은행과 칭생집을 들 수 있고, ②의 방법은 현병주의 장책들, ③의 예는 신호대학(神戸大學) 소장의 장책을 들 수 있다. 이것 또한 상당한 기간 동안 동일한 문자기호가 거의 변화없이 계승되어 왔음을 보여주고 있는 증거이다.

장책(원장)에의 전기방법은 일기(분개)의 지시에 따르면 되는 것으로 생각하고 크게 주의를 하지 않았지만 두 개의 원장제도(외상장책 · 타급장책)에 따른 특수성이 있으므로 다음에 그 개요를 일람표시해 본다.

신호대학(神戸大學) 소장의 일기와 장책을 서로 대조해 본 결과가 〈표 8.6〉과 같았고, 때로는 예외적인 사실이 발견되기도 하였지만 그래도 대차평균에는 지장을 주지 않는 것이었다. 그 예가 만약 분개한 대로 전기를 하면 대차가 평균될 것이 확실한 경우는 '내'(內)의 표시나 금액의 기록도 생략하고 '상'(上)만 기록하여 대차평균을 시키고 있는 경우이다.

또한 조선시대 상인회계장부에서는 공통적으로 문자기호, '거'(去)(送 · 貸 · 授 · 捧次)부에 기입된 금액합계가 '내'(內) 또는 '입'(入)부에 기록된 금액합계를 초과할 때는 그 금액을 '봉차문'(捧次文)이라 표기하고, 위와 반대의 경우의 금액은 '급치문'(給次文)이라 표기한 경우와 시각기호인 타점, 염기, 등자 등과 과학기호인 표시(소주숫자)이 오랜 기간 동안 변함없이 계승 · 사용되어 왔다는 것이 놀랍다. 이상과 같은 장부양식, 기장방법, 수행한 장부의 기능, 문자기호, 시각기호, 등의 오랜 기간에 걸쳐서 계승되어 왔다는 것은 한국의 고유치부법이 외국으

표 8.6 두 원장제도하의 전기방법 종합

차변 · 대변 표시와 상 · 하 표시	神戶대학 소장의 외상 · 타급장책	현병주의 외상 · 타급장책
××계정 入	타급장책 해당 계정 대변에 전기	해당 계정이 타급장책상의 계정일 때는 타급장책 해당 계정의 대변에 전기 외상장책 계정일 때는 그 계정의 대변(內)에 전기
××계정 入 … 上	타급장책 해당 계정 차변인 內(차변)에전기	왼쪽과 같음 해당 계정이 외상장책상의 계정일 때는 그 계정의 대변(內)에 전기
××계정 去		외상장책의 계정일 때는 그 차변에 전기, 타급장책 계정일 때는 그 차변(內)에 전기
××계정 去 … 下		외상장책 해당 계정 차변에 전기 타급장책상의 계정일 때는 그 계정의 차변(內)에 전기
××계정 貸 … 下	외상장책 당해 계정의 차변(送 또는 貸)에 전기	
××계정 捧 … 上	외상장책 당해 계정의 대변(內)에 전기	
××계정 捧	외상장책 당해 계정의 차변(捧 또는 貸)에 전기	
××계정 貸 … 上	외상장책 당해 계정의 대변(內)에 전기	
××계정 貸	외상장책 당해 계정의 차변에 전기	
××계정 捧 … 下	외상장책 당해 계정의 차변(內)에 전기	
××계정 上 … 上	외상장책의 지정된 계정의 대변(內)에 전기	
××계정 送	외상장책 당해 계정 차변에 전기	
××계정 捧次	외상장책 당해 계정 차변에 전기	

* 송 · 봉차에는 상과 하의 표기가 없었으며 어떤 이유인지는 알 수 없었지만 수 … 상, 대 … 상의 분개를 송과 봉차의 '내'에 전기하고 있었다.

로부터의 영향을 받지 않은 증거 즉 한국치부법의 고유성을 나타내는 것으로 보아야 할 것이다. 또 대한천일은행이 1900년 후반기에서부터 현금계정에 해당하는 '고방(庫房)'계정이 한국 고유치부법으로서는 최초로 원장에 등재되었다는 것, 대한천일은행의 원장이 최초부터 단일원장제도였다는 것도 한국 고유치부법상 명확히 기록 해 놓고 넘어가야 할 사항이다. 특히 우리의 고유치부법이 일본의 은행부기에서 빼놓을 수 없는 전표(傳票)제도를 대한천일은행이 채택하지 않았다는 사실, 마차회사나 현병주가 전표제도를 취하지 않았다는 점은 우리의 고유치부법이 일본으로부터 들어온 서양식 복식부기의 영향을 받지 않았다는 증거로 빼놓을 수 없는 것이라 할 것이다.

제 7 절 우리 固有治簿法은 複式簿記였던가?

앞에서 여러 번 지적한 바와 같이 1916년에 현병주(玄丙周)의 사개송도치부법(四介松都治簿法)이 출판된 뒤 일본인 기자나 대학교수가 한국에 복식부기가 있었으며, 복식부기의 기원이 '이탈리아'가 아니라 고려시대라고 하였지만 그 근거가 무엇인지는 알 수가 없다(田村流水, 須藤文吉 , 善生永助 등). 그 이후의 실증주의 회계학자들에 의하여 개성부기 고려기원설은 대폭적으로 수정되고, 그 주장의 타당성을 잃었지만 일부 한국회계학자들은 개성부기 기원설에서 고려시대 기원설을 넘어서 '이탈리아'복식부기의 모체(母體)가 개성부기였다라고까지 주장하였다. 이들 복식부기 고려기원설은 개성부기(사개치부법)가 복식부기라고 하는 면에 있어서는 이의가 별로 없었던 것 같다. 그러나 복식부기 고려기원설을 부정하는 학자들도 사개치부법이 복식부기였는지에 관한 입장만은 긍정적이었다.

저자의 부주의로 인한 것인지는 모르지만 杉本德榮이 소개하고 있는 平井泰太郎의 개성지방 회계문서의 실증분석 논문 중에서 개성부기가 복식부기였는지 아닌지에 관한 직접적인 표현은 발견할 수 없었다. 다만 이 장 제5절 '개성부기의 손익계산 구조'에서 이면성(二面性; 비용수익비교 손익계산과 순자산비교 손익계산)이라 표현하고 있는 것으로 보아 사개치부법이 복식부기라는 점에서 동의한 것으로 추측할 수 있다. 그러나 大森研造가 "개성부기의 대차관념, 장부조직, 기장방법, 결산절차 등은 현재의 서양식 복식부기와 흡사하다"[10]라는 표현을 한 것도 명백히 개성부기를 복식부기로 본 것이라 할 수 있다. 그러나 그는 1902년 이후의 회계문서가 서양식 복식부기와 흡사하다는 것이지 그 이전의 회계문서는 인명계정만을 가진 일본의 '대복장'(大福帳; 1615-1634의 일본 최고(最古)의 상인 회계문서)과 같은 것으로 단식부기법과 대차 없는 것이었다고 말하면서 마지막으로 "개성부기는 서양복식부기라는 외래문화 소산이다"[11]라고 결론내리고 있다

여기서 한국의 전통부기가 복식부기였던가에 대한 결론을 내리기 위하여 먼저 복식부기의 특징을 다시 한번 되돌아보고 개성부기에 관하여 명확한 견해를 표현하고 있는 주장들을 보기로 한다. 그 첫 번째 작업으로 이 책 제2장 제1절에서 내려 둔 복식부기의 정의를 요약해 본다.

① 회계주체의 모든 자산과 그것에 대한 청구권을 기록대상으로 한다.

② 대차대조표방정식의 균형이 유지되도록 기록한다.

③ 분개장과 총계정원장이라는 장부제도와 모든 자산, 부채, 자본을 기록할 수 있는 계정체계

④ 총계정원장에서 유도되는 손익계산(집합손익계정 · 결산잔액계정)

⑤ 명목계정이 미치는 자본계정에의 직접적 영향

⑥ Luca Paciolo의 복식부기(원장계정이 재무표(財務表)를 향하여 발전해 간 다음 단계에서는 손익계정과 잔액계정이 나타났다. 그러나 Paciolo의 저서에서는 잔액계정에 대하여 아무런 언급도 없었고 다만 상품계정, 비용계정을 손익계정에 이체하고 나아가서는 손익계정을 자본계정으로 이체하여 마감절차를 끝내고 있다.)

이와 더불어 복식부기의 특질과 관련 있는 A. C. Littleton의 견해를 인용하기로 한다. 이 인용문은 좀 길기 때문에 저자가 그 내용을 가급적으로 충실히 요약하여 표시한다.

> "복식부기의 특질은 그 명칭이 잘 표현하고 있듯이 '기록의 이중성'이 복식부기의 특성이라고 할 수 있다. '이중성'이란 분개장과 원장이라는 장부의 이중성, 차변과 대변이라는 계정형식의 이중성, 전기의 이중성을 의미한다. 이는 복식부기의 특질을 그 형식에 초점을 맞춘 견해이다.

10) 大森研造, "개성부기법의 형식과 내용," 大森研造教授遺稿, 故大森研造教授記念事業會 p.35.

11) 同上, pp. 64-65.

이와 같은 형식의 하나인 계정식계산은 '반대기입에 의한 감산(減算)'이며 이 감산은 잔액계산을 위한 것이 아니고 대차를 평균시키기 위한 것이다. 이와 같은 형식의 이중성은 복식부기의 불가결의 요건이 아니고 그것보다도 더 깊고 더 근본적인 특질 '결과의 균형성'에서 찾지 않으면 안 될 것이다. 대차대조표에 의한 균형성이 결정적인 요소이다. 이는 자산 = 부채 + 자본 또는 자산 − 부채 = 자본에서 발견할 수 있고, 이는 앞에서 지적한 '형식의 이중성'으로 얻어진 결과이다. 균형성은 부기를 통계와 구별할 수 있는 방법론적 특색이다. 완전한 복식부기의 성립은 균형성과 이중성 이외로 '자본주관계' 즉 소속 재화에 대한 직접적인 소유권과 이익에 대한 직접적요구권이 그것이다. 그것은 기업자본증식계산이며 이윤계산이다. 자본주가 재산을 소유하는 것은 그것을 영리활동에 제공하기 위한 것이며, 명목계정은 재산의 소유와 이용의 성과를 계산하고 설명할 수 있도록 하기 위하여 설정된다. 복식부기의 성립과정은 채권 · 채무계정(인명계정)에 상품계정(비인명계정)이 추가되고, 거기에 자본주계정(자본과 비용계정)이 추가되어 복식부기의 골격이 형성되고 있다. 다른 한편으로는 수지기록에서 시작한 부기가 관청회계방향으로 발전하였다."[12)]

〈표 8.7〉에서 위에서 열거한 복식부기의 요건의 충족여부를 한국 고유회계문서별로 정리해 본다. 이 〈표 8.7〉에 의하면 형식적인 복식부기에 해당하는 고유회계문서는 신호대학(神戸大學) 소장의 일기제이, 외상 · 타급장책 병부 제일, 직산일기, 대한천일은행의 정일기(正日記) · 장책(賬册)이며, 고유치부법에 관한 저서인 현병주의 사개치부법도 이에 상당하다. 북한에 있다고 하는 사개문서도 형식적 복식부기 조건과 손익계산의 조건들은 충족하는 것으로 보이지만 그 사실여부는 확인할 수 없어 안타깝기 짝이 없다. 거의 완전한 복식부기(균형성, 이중성, 이윤계산)로 볼 수 있는 것은 대한천일은행의 정일기 · 장책과 현병주의 사개치부법에 불과하다. 특히 Luca Paciolo 의 복식부기원리와 완전 일치하는 한국 고유회계문서는 대한천일은행의 회계문서와 현병주의 저서, 거기에다 홍희유의 주장을 100% 믿는다고 한다면 북한에 존재하는 사개문서가 그 전부이다.

12) A. C. Littleton; Accounting Evolution to 1900 (片野一郎 역), pp. 38-46.

표 8.7 주요 고유회계문서별 복식부기 요건 충족상황

복식부기 충족요건	神戸大學 소장	장책 · 칭생집	직산일기	대한천일은행	현병주 사개치부법
(1) 자산과 자산에 대한 청구권	불명	불명	불명	충족	충족
(2) 균형성(대차대조표방정식)	충족	일부 충족 확인	충족	충족	충족
(3) 주요부제도	완비	불확실	완비확실	완비	완비
(4) 명목계정과 자본계정	명목계정 존재, 자본계정 존재 추정	명목계정 있음	명목계정 있음	명목 · 자본계정 있음	명목 · 자본계정 있음
(5) 원장으로부터 유도된 손익계산	확인되지 않음	확인되지 않음	원장이 없음	행해지고 있음	행해지고 있음
(6) 집합손익계정 · 결산잔액계정	확인되지 않음	확인되지 않음	원장이 없음	집합손익계정만 있음	집합손익계정만 있음
(7) 순손익을 자본계정에 이체	확인되지 않음	확인되지 않음	원장이 없음	이체되고 있음	이체되고 있음
(8) 이중성(장부 · 계정형식 · 대차 · 전기)	완전 충족	거의 확실히 충족	거의 확실히 충족	완전 충족	완전 충족
(9) 결산잔액계정	없음	없음	없음	없음	없음
(10) 개시기입	확인되지 않음	확인되지 않음	확인되지 않음	되고 있음	되고 있음
(11) 수정전잔액시산표	확인되지 않음	확인되지 않음	원장 자체가 없음	존재함	존재함

이상의 견해에 대한 반대의견이 없는 것은 아니다. 그 반대의견은 현병주의 사개치부법에 한정된 것이었지만 그 논리는 대한천일은행의 회계에도 적용된다고 본다. 이 반대논리를 전개한 사람은 일본 九州大學의 藤田昌也이다. 그의 복식부기 논리는 정연하였다. 그의 논리를 정리해 보면 다음과 같다.

"그는 복식부기를 단식부기에 내재하고 있었던 비용과 수익이 현재화(顯在化)하여 발전한다는 전제와 아세아에서 생겨난 부기의 분석에 이탈리아식부기를 기준으로 하는 '아프로치'에 의문을 가진다고 하면서 그의 독특한 "표현재(소맥) · 피표현재(설탕)간의 물물교환거래에서 피표현재에 내재하는 수익 · 비용이 파악된다고 시사(示唆)하고, 표현재의 증감을 Stock 비교손익계산이라 하고 수익 · 비용의 증감을 Flow 비교손익계산이라 규정하고 있다. 이 두 가지 손익계산은 ① 두 가지 손익계산에 필요한 모든 자료가 수집될 수 있을 것, ② 두 가지 손익계산의 피감수(被減數)와 감수(減數)의 식별이 가능할 것, ③ 원칙적으로 두 손익계산이 이루어지고 있어야 한다고 하고 있다. 그러나 그 형식은 어떠해도 관계없다고 하면서 개성부기는 Flow 비교계산만 있는 단식부기로 이해된다고 하고 있다. 그 이유는 다음과 같다.

개성부기에 Stock 비교계산이 없다는 것은 개성부기가 Stock 비교계산을 기초로 하지 않고 "기초현금재고액 + 수입 − 지출 = 기말현금재고액"이라고 하는 사주계산(四柱計算)의 구조를 기초로 하여 현금수지계산의 수입의 내용을 타급장책에 기록하고, 지출의 내용을 외상장책에 기록함에 따라 매출수입을 전자에, 매입지출을 후자에 기입하는 것을 기본으로 하였으므로 Flow 손익계산도 그 연장선상에서 부가적으로 고안된 것이라고 이해하는 것이 자연스럽다고 생각하는데 현병주가 예시하고 있는 상품계정이 등장한 것은 위화감(違和感)을 준다고 하지 않을 수 없다."[13]

다음에서는 이 藤田昌也의 주장을 우리의 고유치부법 원리와 비교하며 비판하여야 할 것 같다.

① Flow 비교손익계산과 Stock 비교손익계산에 필요한 모든 자료를 사개치부법에서 수집가능한가?
신호대학(神戸大學) 소장의 회계문서에서도 그것이 가능하며, 직산일기에서는 원상이 없었으므로 확신할 수는 없지만 만약 있었다고 한다면 두 가지 손익계산에 필요한 자료의 수집이 가능하였을 것으로 추측하며, 대한천일은행은 그 '주회계'(周會計)의 '실제보고'부분에서 양 손익계산에 필요한 자료의 수집은 충분히 가능하였으며, 현병주의 '회계책'(會計冊)에서도 그것이 가능하였다. 이는 필요한 자료의 수집에 어떠한 전문성과 얼마만한 주의를 필요로 하는가는 문제가 되지 않는다는 전제하에서의 이야기이다.

13) 藤田昌也, 「회계이윤의 인식」, pp. 5, 8, 85, 90-91.

② Flow 및 Stock 비교손익계산의 피감수와 감수의 식별이 사개치부법에서 가능한가?

이에 관하여는 양 손익계산에 필요한 자료의 수집가능성과 같이 피감수와 감수의 식별도 외상장책과 타급장책으로 가능하다고 藤田昌也도 인정하고 있다.

③ Stock 및 Flow 비교손익계산이란 두 가지 손익계산이 한국 고유치부법에는 없었고 단지 Flow 비교손익계산만 있었느냐?

藤田昌也는 Stock 비교손익계산은 자산계정－부채계정－자본계정으로 계산되는 것이지만 현병주 · 杉本德榮이 예시한 것에 의하면 '거'(去)합계－'입'(入)합계로 이루어지는 것으로 되고 있다. 바꾸어 말하면 Stock 비교손익계산은 '지출－수입'으로 계산된다는 것이다. Flow 비교계산을 '지출－수입'으로 계산하는 것은 이상하지 않지만 Stock 비교계산을 '지출－수입'으로 한다는 것은 자연스럽지 못하다고 말하고 있다.

저자는 위의 ③에 대하여 藤田昌也가 없었다고 말한 Stock 비교계산이 명백히 있었다고 확신한다. 왜냐하면 사개치부법은 앞에서 지적한 바와 같이【사개방정식】즉 (봉차 + 소비 = 급차 + 이익)이 균형되게 기장되었고, 그 중 이익과 소비의 계상은 현금주의에 의하였지만 봉차와 급차는 현금수지와 관계없는 채권과 채무가 주축을 이루고 있을 뿐만 아니라 물물교환, 채권채무의 상계 등도 포함되고 있으므로 그것의 비교계산도 지출과 수입으로 본다는 것에는 동의할 수 없기 때문이다. 물론 이와 같은 채권채무도 마지막에는 현금화 했다고 주장한다면 할 수 없지만 서양의 복식부기에서도 채권채무가 미래의 현금수지를 상정하지 않는 것은 없기 때문에 더욱 그의 논리에는 동의할 수 없다. 여기서 다시 한번 상기 시킬 것은 거래의 종류에 입금거래와 출금거래 및 현금수수가 따르지 않는 거래로 분류하고 그 거래형식이 서로 달랐으며 어떤 거래의 일기든지 '거'(去) 또는 '입'(入)의 문자기호가 붙었지만 특히 현금의 수수가 따르지 않는 거래의 분개에서는 일기의 끝에 '상'(上) 과 '하'(下)의 기호가 붙지 않고 두 줄의 기록을 등자로 묶었던 것을 기억하면 될 것이다.

藤田昌也도 사개치부법이 Stock 비교계산이 없는 단식부기라고 말하면서도 단정적으로 한 것 같지는 않다. 여기서 저자는 한국의 전통부기가 복식부기원리와 흡사하였음을 다른 문헌을 통하여 입증하고자 한다. 앞의 (주 12)에서 인용한

Littleton의 복식부기 발전과정에서 채권채무를 나타내는 인명계정에서 출발, 거기에 상품계정이 추가되고 그 다음에 자본과 비용계정이 추가되어 복식부기의 골격이 성립하였다고 말한 것은 한국의 고유치부법에도 합당한 것이라 생각한다. 또 Littleton이 말한 '완전한 복식부기'의 요구조건도 한국의 고유치부법이 충족하고 있었다고 본다. 다만 그가 말한 '자본증식계산' 즉 대차대조표의 균형성문제(Stock 비교손익계산)만은 더 검토할 문제라고 생각하며 藤田昌也도 이를 간접적으로 지적한 것으로 생각한다.

여기서 저자는 A. C. Littleton의 다른 논문에서 Luca Paciolo의 복식부기와 그 이후에 수정이 가해진 복식부기 내용[14]에 관한 것을 인용함으로써 한국의 사개치부법의 위치를 조명하고자 한다.

Luca Paciolo의 복식부기 절차

① 재산목록의 작성(an opening entry from an inventory)

② 비망장에의 원시 거래의 기록(an original record of transaction (in a memorandum book))

③ 개별거래의 대차분석과 기입(an analysis and entry of the debit and credit elements(the journal by individual transactions))

④ 원장에 있는 좌우 대칭계정에의 분개기록을 전기(a posting into a classified record (in ledgers with bilateral account only))

⑤ 정확성의 검증(a test of accuracy)

⑥ 명목계정을 손익계정에 이체한 다음 손익계정을 자본계정에 이체함(a closing of nominal account through profit and loss to capital)

여기서 Paciolo의 복식부기에서는 기업자본증식계산이라 볼 수 있는 절차는 있지만 대차대조표에 의한 균형성이란 국면은 찾아볼 수 없다. 이는 저자가 잘못 해석한 것이 아닌가 생각하고 Littleton의 그 다음의 설명을 더듬어 보았더니 역시 저자의 판단이 옳다는 사실을 알았다. 다음에 이에 대한 증거를 인용한다. 이 인용문은 앞의 인용문에 바로 이이져 있는 문장이기 때문에 재차 주석을 달지 않는다.

14) A. C. Littleton, Ancient and Modern Bookkeeping Compared; Contemporary Studies in the Evolution of Accounting Thought, (by Michael Chartfield), p. 52.

> "Although the essential steps in bookkeeping have changed little, many details have been modified under the urge for efficiency and grater accuracy. An increasing refinement of the classification－an increase in the variety of account-has appeared, especially in the area covered by expense accounts. The closing process has become a definitely periodical matter, and the old "balance account" has been replaced by separate financial statements constructed upon information supplied by the trial balance and the inventories. These are the principal new elements in bookkeeping." (부기의 기본적인 절차는 거의 변하지 않았지만 자세한 면으로 들어가면 정확성의 증진과 효율화라는 명목으로 많은 개정(改訂)이 가해졌다. 계정의 다양화, 계정분류의 합리화, 특히 비용계정이 많아졌다. 결산절차가 정기화 한 것, 장부상의 계정잔액은 시산표와 재고표(在庫表)에서 얻어진 정보를 기초로 하여 원장에서 독립한 재무제표로 바뀌었다. 이들이 부기에 가해진 주요한 새로운 요소들이다.)

이에 의하면 Paciolo의 복식부기와 그 뒤에 보정된 부기 사이에는 약간의 차이가 있음을 알 수 있다. 그 주요 차이는 단순한 장부잔액이 시산표로 발전하고, 재고표에 의하여 단순장부잔액에 수정이 가해지고, 원장에서 독립한 재무제표를 정기적으로 작성하게 되었다는 점이다. 여기서 Luca Paciolo의 복식부기를 '전근대적 복식부기'라 칭하고, 그 뒤에 보정이 가해진 복식부기를 '근대적 복식부기'로 구별하기로 한다. 이 두 가지 복식부기에서 특히 지적해 둘 사실은 전자, 즉 전근대적 복식부기에서는 잔액시산표의 작성과 정기적 결산은 있었지만, 재무제표의 작성은 없었다는 사실이다.

지금 저자가 시도하는 일은 현병주(玄丙周)의 저서나 그 이전의 우리 고유치부법이 복식부기인지 여부와 그 기원시기에 관하여 Paciolo의 그것과 비교하는 것이므로 복식부기의 특질도 근대적인 복식부기 특질과 비교하는 것보다는 Paciolo 의 복식부기 특질과 비교하는 것이 보다 더 합리적이라고 생각한다.

이와 같은 논리가 정당하다면 대한천일은행의 회계기록(절차)이나 현병주의 사개송도치부법의 기장절차는 Paciolo의 그것과 조금도 다를 것이 없다. 다만 재산목록의 작성이 없었다는 점에서는 차이가 있었다. 여기서 마음에 걸리는 것은 동양의 복식부기를 논하면서 서양의 복식부기원리를 원용한 문제이다. 이는 A. C. Littleton의 논문이 마치 한국의 고유치부법이 Luca Paciolo의 복식부기와 거의 일치한다고 언명하고 있는 것 같은 생각이었으므로 인용했을 뿐이다.

한국 고유치부법이 Paciolo 부기법과 거의 일치한다고 볼 수 있는 회계문서는 대한천일은행의 회계문서와 현병주의 사개치부법이지만 거기에는 약간의 보충설명이 필요하다.

① 원장(장책)상의 계정잔액만으로는 사개방정식의 균형이 이루어지지 않는다. 왜냐하면 장책에는 현금계정이 없었기 때문이다. 그러나 일기에 기록되고 있는 현금잔액이 봉차(자산)이므로 그것을 '봉차'에 가산하면 사개방정식의 균형관계는 성립할 것이다.

② 대한천일은행의 장책(1900년 9월 이전) 그 정일기(분개장)가 한국 고유치부법(현금계정 · 현금출납장 · 분개장 기능의 동시 수행)을 따르다가 1900년 후반부터 '고방'(庫房)계정을 설정하여 정일기를 순수분개장으로 이용함으로써 일반적인 상업부기방식을 채택한 것이다. 이와 같은 변화는 한국의 고유치부법이 서양식 복식부기와 흡사하였다는 점에는 영향을 주지 않지만 Shand의 전표 → 전표집계표 → 일계표(분개장) → 원장전기를 기본으로 삼은 기장법에서 독립적이었던 대한천일은행의 회계처리방법은 일본의 은행부기방법과 명백히 구별된다 할 것이다.

③ 한국 고유치부법이 가졌던 계정의 대부분은 인명계정이었으며, 간혹 비용계정, 수익계정을 가진 회계장부는 있었지만 상품계정이 있으면서 거기서 매매손익계산을 한 예는 현병주의 사개치부법에서만 볼 수 있었을 뿐이다. 1854년의 회계문서(神戸大學 소장)에는 우피(牛皮), 오배자(五倍子), 마미(馬尾) 등 상품계정과 공용(公用), 매득(買得) 등 비용계정이 있었고, 칭생집으로 대표되는 회계장부에서도 토염(土鹽), 천은(天銀) 등의 상품계정이 있었고, 공용(公用; 비용)계정이 있었지만 그 곳에서 상품매매손익을 계산한 흔적은 발견할 수 없었다. 이러 면에서 생각하면 현병주의 상품매매손익계산은 大森研造가 지적한 것과 같이 서양의 복식부기사고를 한국 고유치부법으로 표현한 것이란 지적이나 藤田昌也가 "전통부기

와는 위화감이 느껴지는 것"이란 지적에 일리가 있다고는 생각하지만 "각포간수본전회계"는 일종의 상품매매손익계산의 형태였다고도 볼 수 있기 때문에 그런 지적이 한국의 전체 고유치부법에 적용되는 것으로 보는 것에는 동의하지 않는다. 따라서 상품손익계산이 없었다고 하는 것이 손익계산이 없었다는 것과는 엄연히 다르다는 사실도 확실히 지적해 두어야 할 사실이다.

시각을 바꾸어 생각하면 현병주가 그 회계책에서 상품손익계산을 한 것은 당시의 변화한 조선시대의 사정을 독자적으로 반영한 결과라고도 볼 수 있다. 특히 저자는 대한천일은행의 고유치부법이 현병주의 그것보다도 합리적이고 정확하다고 말 한 것과 같이 현병주의 저서인 「사개치부법」이 없었다 하더라도 대한천일은행의 회계만으로도 충분히 전근대적인 Paciolo의 손익계산과 견줄 수 있다고 확신한다. 이는 한국 고유치부법이 완전한 복식부기라고 믿는 사람이나 한국 고유부기가 단식부기라고 해석한 사람들에게 실망을 주는 결론이 될는지 모른다.

최종적으로 한 가지 더 지적할 것은 Littleton이 복식부기의 형식적 특성으로 지적한 장부의 이중성, 계정형식의 이중성, 전기의 이중성을 충족한 한국 고유부기가 1854년 또는 그 이전부터 존재하고 있었다는 증거로 신호대학(神戸大學)의 소장 회계문서를 들 수 있고, 더나아가 북한에 존재하고 있는 사개문서도 이에 해당될지 모른다는 점이다.

제8절 要約과 限界

이제 이 책을 마무리할 단계에 왔다. 일본 신호대학(神戸大學)이 소장하고 있는 우리나라 고유치부책들, 그 중에서도 「일기제이」(日記第二), 「외상 · 타급장책 병부 제일」(外上 · 他給長册并付 第一), 「선복기」(船卜記)는 저자가 입수한 최고(最古)의 회계기록이며, 그것은 잘 체계화된 회계기록이므로 현재로서는 거기서 우리 고유치부법의 원형(특질)을 많이 찾아내어야 할 것이다. 북한의 홍희유가 발표한 사개문서가 홍희유의 설명과 같다고 한다면 그것이 더 우리의 사개치부법의 원형이라고 할 수 있겠지만 현재로서는 저자가 그 내용을 직접 확인하지 못하였으므로 무어라 단언할 수 없다.

단식부기의 사료(史料)로서는 조선시대의 각종 관청회계문서, 면주전 회계문서, 남평 문씨 족계 '용하기'가 있지만 그들 회계문서는 회계자료보다는 당시 정부의 재정운영에 관한 연구자료, 육의전, 한 씨족의 구심점이었던 족계에 관한 연구자료로 이용하는 것이 더 바람직한 방향이라고 생각한다.

일기책에 의한 복식기입과 그 때에 사용된 여러 가지 기호는 거의 변함없이 1854년 이후로, 어쩌면 1786년부터 승계되고 있지만 대차의 표기법과 계정형식은 두 개의 큰 흐름으로 승계되고 있다. 대차의 표기법은 '거(去) · 입(入)'과 '거(去)－내(內) · 입(入)－내(內)'의 두 가지 흐름이고, 계정형식은 상·하단으로 양분하는 방법과 임의적으로 좌우로 나누는 두 가지 흐름을 말한다. 다만 신호대학(神戶大學) 소장의 회계문서에서 자산계통 계정의 차변 표기법 및 대변 표기법만은 다양하였다.

외상장책 · 타급장책상의 계정의 대부분은 인명계정이었고, 그것은 채권 · 채무의 기록장소였다. 상품의 외상거래에서는 외상매출 채권을 나타내는 인명계정, 외상매입하였을 때는 채무자 인명계정을 가지고 분개하였지만 1854년의 회계문서에서는 인명계정 이외에 명목계정이 등장하고 있다. 외상매입처 인명계정 대신의 상품계정과 자본주에 해당하는 것으로 보이는 인명계정은 1854년의 회계문서와 1880년의 칭생집으로 대표되는 회계문서 및 1897년의 마차회사 회계문서에서 발견되었다. 명목계정의 등장은 전근대적 복식부기로 접근하는 과정으로 볼 수 있다.

순자산 증감 손익계산을 행한 "각포간수본전회계"는 우리나라 최초의 손익계산이 행하여진 회계문서 및 이익처분계산서로 볼 수 있다. 그러나 그 손익계산은 기간손익계산은 아니었고 하나의 모험기업이 종료될 때 행하여진 손익계산이었다. 정기적인 손익계산은 1899년의 대한천일은행 회계문서에서 처음 발견되었다. 여기서도 북한에 존재한다는 사개문서를 가정적(假定的)으로 정기적 손익계산이 행하여졌던 것으로 분류해 둔다. 수정 전으로 보이는 잔액시산표, 수익 · 비용비교손익계산, 순손익의 자본편입, 개시분개와 그것의 원장전기로 짜여진 결산질사가 그것이었다. 이는 Luca Paciolo의 전근대적 복식부기와 거의 일치하는 복식부기였다고 본다.

복식부기로서의 우리 고유치부법 기원은 17세기 후반에 겨우 일반화한 화폐유통, 화폐제도의 문란과 휴대상의 불편으로 확고한 신용을 토대로 한 신용제도(환 또는 어음제도), 기술과 상업의 천시, 지배자들의 가렴주구, 삼정(三政; 조세정책, 부역정책, 환곡정책)의 문란 등으로 발생한 민란 등으로 미루어 보아 고려 말 또는 조선시대 초기설은 믿기 어렵다고 생각한다. 그것을 뒷받침하는 것으로 형식적인 복식부기라 할 수 있는 복식기입의 회계문서마저도 1786년(북한에 존재하는 것), 1854년의 신호대학(神戸大學) 소장의 회계문서가 가장 오래된 것이기 때문이다.

관청부기 · 상인부기는 모두 다 한국 고유의 것이며, 중국이나 일본으로부터 영향을 받지 않은 것이었다는 사실을 입증하였다. 다만 상품의 매매손익계산제도는 그것이 우리 고유의 것이라는 사실을 입증하지는 못하였다.

저자는 한국의 전통 고유부기가 Paciolo 부기에 대하여 후세의 사람들이 보정을 가한 현대적인 복식부기라고는 말하지 않는다. 오직 Paciolo 부기와 같은 수준의 복식부기라고만 주장할 뿐이다. 그 증거가 현병주의 사개치부법이고, 대한천일은행의 회계문서이지만 후자가 전자보다 연대가 먼저이면서도 그 내용은 후자가 더 높은 증거력을 가졌다고 생각한다.

또 저자는 1920년을 전후해 平井泰太郎이 행한 개성부기의 실증적 연구에서 지금 일본의 신호대학(神戸大學)에 소장되고 있는 장부 이외에 1854년 문서의 결산관계서류였던 '회책부'(會册簿)라는 문서도 입수하였던 것으로 추측한다. 그리고 지금의 잔존장부에서 ① 장부의 이중성, ② 계정기입의 이중성, ③ 계정형식의 이중성, ④ 명목계정의 발견, ⑤ 가교댁(佳橋宅)계정을 자본계정으로 한 손익계산까지 발견하여 이를 개성상인들의 독창적인 기록법으로 단정하여 비록 명시적으로 지적은 하지 않았지만 한국 고유치부법이 복식부기이며 그 기원을 조선시대 후기(1854년 이전)로 암시한 것이 아닌가 생각한다. 가교댁(佳橋宅)계정을 자본계정으로 보는 근거는 그 계정의 차변표시 기호만 유독 '송'(送; 자본주로부터 받을 권리)으로 한정하고 있고 그 대변은 다른 부채계정과 마찬가지로 '입'(入)(자본의 증가)과 '入 … 內'(출자액의 반환)로 분개하고 그에 따라 전기하고 있기 때문이다. 뿐만 아니라 이 가교댁계정의 잔액만은 유독 예외 없이 모두 다 '회책부'(會册簿)로 이체하고 있기 때문이기도 하다. 다른 어느 계정도 채권자산의 증가를 '송'(送)으로 표기한 예가 한 건도 없다는 사실로 이와 같은 추정을 해 본 것이다. 환언하면 이 '회책부'가 결산서 또는 잔액시산표에 상당하는 회계기록이었지 않았나 라고 추측한다. 이와 같은 회계기록이 1854년에 갑자기 나타난 것이 아니라 그 이전부터 내려온 기장방법의 한 가지 종류였다고 보아도 무리가 없다고 생각한다. 추측의 날개를 더 펼친다면 平井泰太郎은 1786년의 사개문서를 직접 관찰하고 그로부터 사개치부법이 복식부기(二面的 損益計算)란 결론을 내렸을는지도 모른다고 추리할 수도 있다.

이는 단순한 가정(假定)으로 서술한 것이지만 사실성이 높은 가정이라고 저자는 평가한다. 이와 같은 주장, 즉 한국의 고유부기가 전근대적 복식부기라고 하는 주장을 보강할 근거로 B. S. Yamey의 논문 일부를 다음에 인용해 둔다.

"근대적 복식부기는 명백히 자본의 증감과 그 원인인 손익을 계산하여야 하지만 복식부기의 고유한 의미는 시산기능(試算機能)에 있다. 잔액시산표(Bilancio)로부터 유도되는 자본, 손익은 현실적 가치를 표시하지 못한다."[15]

조선시대의 사회경제사정은 일반인민의 구매력을 고갈시켰고, 자본축적도 빈약하게 만들었던 같다. 이는 공동출자에 의한 기업의 탄생을 저지하고, 개인적 자본증식의 의욕을 감축시켰던 십자군 이전의 서구제국의 사정과 비슷하였던 것 같다. 개성상인도 이와 같은 환경 때문에 근대적인 복식부기의 영역까지에는 이르지 못하였던 것으로 보인다.

한국의 고유부기 발전을 더디게 한 또 하나의 큰 요인은 조선이 중국보다도 더 비탄력적이었던 한자문화권(漢字文化圈)을 고수하고 있었던 것을 들 수 있다. 한자문화권이란 기록에 사용한 문자가 한문자였을 뿐만 아니라 펜이나 잉크 대신 모필(毛筆)과 먹과 벼루를 사용하여 기록한 것, 횡서가 아니라 종서, 특히 숫자도 한자에 의한 숫자와 표산이라 칭한 소주문자를 사용하는 것을 의미한다. 한자 숫자에 의한 가감승제산(加減乘除算)이 얼마나 불편한가는 중국의 수학교과서나 조선조의 수학교과서가 가감승제산을 예설하는데 표산(소주숫자)을 횡서하여 설명하고 있는 것으로도 입증된다.

복식부기가 영국이나 독일 등에서 창조되지 않고 이탈리아에서 창소된 이유 중의 하나는 그들은 아라비아 숫자를 상용하지 않고 로마 숫자를 상용하고 있었기 때문이라고 한다. 로마 숫자에도 '0'이 없다. J. J. Williams는 다음과 같이 설명하고 있다.

"로마 수치의 표기법, 그 수치에 자리수를 표시하는 수치를 갖지 않는 특성

15) B. S. Yamey, *Functional Development of Double-entry Bookkeeping*(The Accountant 2. November 1940), pp. 337-341.

이 계산을 어떻게 하면 보다 더 쉽게 할 수 있는가를 이해시키지 못한다. 예를 들면 1,012를 1,308에 더하는 계산을 로마 수치로 표기하면 다음과 같으며 이는 계산에 아무런 도움을 주지 못한다.[16)]

MXⅡ
MCCCⅧ

표산(호산 또는 수주숫자)에 의한 곱하기의 예를 보면 다음과 같다.[17)]

(문제) 今有錢 二百三十五兩五錢 每兩 米二斗 問 摠米 答四百七十一斗
術曰 以錢爲實 以二斗爲法因之 定位兩下錢位定斗

	實	法			
依	〥	〢	呼二五十五去四爲一	進法數二於五兩下	一斗
圖	〥		呼二五十變五爲一	進法三十之下	⊥十
布	〣		呼二三六去三十於下位	置六進法於二百之下	因得〤百
籌	〢		呼二二四去二於	下位置四 會畢	

(위의 인용은 종서(縱書)되고 있는 것을 횡서(橫書)로 인용하였다.)

'0'이라는 표현이 나타난 것은 6세기 초 인도에서였고, 그것을 본격적으로 사용하게 된 것은 10세기 전후라고 한다. 불교의 발상지인 인도에서는 '공'(空)의 개념을 일찍부터 가지고 있었기 때문에 '0'이라는 수를 쉽게 생각할 수 있었다고 한다.[18)] 이탈리아가 십자군을 통하여, 또는 동서교역에서 이 '0'을 맨 먼저 회계장부에 적용한 것으로 보인다. 그러나 한자문화권에서는 일본이 1874년경에 아라비아 숫자가 도입(전게 K. Nishigawa의 論文)되었다고 전하고 있다. 한국에서 최초로 아라비아 숫자로 횡서된 회계문서는 1897년의 호남철도회사를 최초의 것으로 생각한다. 그러나 회계책은 아주 단편적인 것만 남아 있고, 그것 또한 현금출납장장의 영역을 벗어나지 못하였다.

조선시대의 모든 기술직(천문, 법률, 의술, 계산, 통역, 그림그리기 등 실학)은

16) John J. Williams, A *New Perspective on the evolution of Double-entry Bookkeeping*(Accounting Historians Journal, Spring 1978), p. 32.

17) 趙泰耉, 「籌書管見」(1718년), p. 15.

18) 박경미, 「생활 속의 수학: 0에 대하여」(중앙일보 2003년 5월 22일).

양반의 업무영역이 될 수 없다하여, 이들 기술들은 중인들의 세습적인 직업이 되었으나 상인들의 계산업무는 천업(賤業)이며 말업(末業)이었으므로 어느 누구도 그 기록을 외부에 노출시키려 하지 않았을 뿐만 아니라 그 기술을 아무도 조직적으로 교육하여 세습화하려 하지 않았다. 그러므로 그 치부법은 백인백색(百人百色)의 치부법으로 존재하였으며, 세인에게 알려지는 것을 두려워하여 비밀 문자기호나 시각기호를 원용한 것이 대부분이며 적극적으로 후세에 전하지 않은 것으로 추정된다.

18세기 말엽을 전후한 우리나라 경제사정하에서 1786년의 사개문서나 1854년의 사개문서(일본의 신호대학(神戸大學) 소장의 회계문서)가 출현할 수 있었다는 것은 송도 상인들의 상업적 재능이 기인(基因)이 되고 신용사회구축이 동인(動因)이 된 상승작용(相乘作用)으로 이루어진 것으로 생각한다. 이는 북경의 나비가 날개를 치고 그것에 완전한 공진(共振)이 작용하면 "플로리다"의 허리케인으로 변한다는 복잡계이론과 맥을 같이 한다. 다만 한국에서 입수가능한 자료에 의하면 그것들이 완전한 복식부기 형태가 아니었다는 것이 옥에 티라고 생각한다. 다만 북한에 보존되고 있다고 하는 한국 고유치부책이 완전한 복식부기 또는 전근대적 복식부기 형태이기를 바라는 마음 간절하다.

한국 고유치부법에서 행해진 손익계산은 현금수지에 의한 수익 · 비용의 비교였던 것이 거의 확실하다. 그러므로 우리의 전통회계는 발생주의(發生主義)에 의한 손익계산까지에는 이르지 못하였다고 인정한다. 현병주의 상품매매손익계산이 발생주의에 의한 손익계산의 일부이기는 하지만 그의 저서가 1916년에 출판된 것을 근거로 하여 우리의 전통부기가 발생주의 손익계산을 하고 있었다고 하기는 무리가 아닌가 생각한다.

은행이 출발하면서부터 단일 원장제도(총계정원장)로 기장하던 대한천일은행을 제외하면 한국 고유치부법은 두 개의 원장(二元帳制度)을 기본으로 하였으며, 현금계정만은 어느 원장에도 등재하지 않는 방법으로 기장하고 있었다. 이는 한국 고유치부법의 단점임과 동시에 중국이나 일본 등에서 그 유례(類例)를 찾아볼 수 없는 장점이기도 하다. 이는 원장에서의 대차평균의 검증을 어렵게 할 수도 있는 요인임과 동시에 중국의 유수장(流水帳)이 현금거래를 비현금거래와 동일한 기호로 표현한 것과는 판이하게 '상'(上), '하'(下)로 비현금거래와 구별되게 기록한 것은 한국 고유치부법의 또 다른 한 가지 특징이라 할 것이다.

附 記 : 玄丙周의 生涯

현병주는 병열자(并閱者) 김경식 · 배준여와 함께 한국 고유치부법을 체계적 · 논리적으로 정리한 한국 최초의 부기서인 「실용자수: 사개송도치부법 전」(實用 自修: 四介松都治簿法 全)을 1916년에 출간하여, 당시의 일본 일부 회계학자에게 충격을 안겨준 사람이다. 그 내용이 '복식부기'이냐 하는 문제가 있기는 하지만 그 저작은 한국고유치부법을 담고 있기 때문에 그들의 업적은 높이 평가받아 마땅하다. 이와 같은 업적을 남긴 현병주와 그 병열자들에 관한 개인적 배경을 알아보려는 노력은 당연하다. 이에 관한 공식적인 기록은 윤근호의 "한국회계사연구"에 다음과 같이 소개되고 있는 것이 전부였다.

"현씨의 내력에 관하여 상당한 조사를 해 보았지만 거의 알 수 있는 것이 없었다. 다만 다음과 같은 편저(編著)가 있으며, 금강어부, 허주자, 또는 호연생과 같은 호(號; 필명)를 가지고 있었다.

남녀연합토론집, 광문사 1921년
시사강연집(제1-5집), 광문사 1922년
연합현상남녀토론집, 광문사 1927년
수길일대와 임진록(상 · 하), 신구서림 1934년
비판 성삼녹 신본, 우문관서회 1940년"

저자도 그의 행적을 찾으려고 많은 시간을 투자하였다. 그 최초의 시도는 모든 현 씨 족보를 열람하고 그 중 연주 현씨 족보에서 그의 행적 일부를 찾아냈다. 거기에는 다음과 같이 그에 관한 기록이 있었다.

初名: 喆周 字: 世卿 號: 虛舟子
고종 경진 9월 28일 생(1880년 9월 28일)
博於古史 嫺於新式(室 槐山陰氏 父 庚寅生)

墓: 槐山郡 淸安面 程子里 亥座
子: 錫羽 고종 乙亥 2월 6일 생
子: 錫龍 1909년 6월 27일 생
子: 錫斗 1922년 2월 23일 생

이를 근거로 연주 현씨 종친회를 찾아가 그 후의 족보에 관하여 문의한 바 그의 후손은 절손(絕孫)되었다 라는 답이었다. 그래서 그의 묘가 있다는 괴산군을 찾아갔으나 찾을 수 없었고 면사무소에서 제적부(除籍簿)라도 뗄 수 있을까 찾아보았으나 그것도 허사였다. 또한 면사무소의 소개로 현씨 중에서 연로한 분을 소개받아 그의 행적을 물었으나 아무것도 얻을 수 없었다. 그의 족보에 기록되어 있는 묘지를 찾았으나 이미 주택지로 바뀐 지 오래되었던 것이다.

최후로 저자는 현병주의 처가쪽에서 그의 행적을 찾으려고 괴산 음씨의 족보를 뒤졌다. 거기에서 현병주는 괴산 음씨의 사위로 기재되고 있는 것을 확인함과 동시에 저자가 정부의 경영상담역으로 근무할 때 알게 된 고급관리의 이름을 발견하여 그 분에게 전화연락을 취하였더니 뜻밖에도 현병주의 따님의 연락처를 소개받을 수 있었다. 그 따님과 연락이 되어 얻은 정보는 현병주의 사망일자와 간직하고 있었던 한 소설의 일부(대부분은 탈락되고 없었음)뿐이었다. 그 소설은 저자가 이미 완전한 것으로 입수하고 있어서 되돌려 드리고, 그의 사망일자가 1938년 음력 10월 25일, 양력으로 12월 16일임을 알았고 그녀의 언니(이미 사망하였다고 하였음)의 사위(고등학교 교장을 역임한 다음 그 학교 재단 이사장을 맡고 있다고 하였음)를 소개받아 그로부터 현병주의 제적부(除籍簿)를 넘겨받았다. 거기에서 여러 가지 사실을 알 수 있었다.

그의 제적부에 의하면 장남은 이씨 성을 가졌던 현병주의 첫 번째 처의 소생으로 태어났고, 차남은 김씨 성을 가진 부인의 아들로 탄생하였으며, 나머지 6명은 음씨 부인의 소생으로 등재되고 있었다. 그 중 삼남은 생후 2년만에 사망, 삼녀도 생후 1개월만에 사망한 것으로 기재되고 있었다. 생존 중인 장남, 차남, 사남은 1941년 8월 7일자 재판판결로 동시에 개명(改名)을 하고 있었으며 그 기록에 의하면 장남을 제외하면 모두 미혼상태로 그 후의 행방을 알 수 없었다. 생존 중인 현병주의 따님 말에 의하면 그의 아버지 사망시는 자기가 12세의 어린나이로 아무것도 기억하고 있지 않다고 하면서 자기의 오빠 중 현병주의 차남은 일본으로 유학한 것으로 안다고 한 것으로 미루어 현병주의 차남과 사남은 일본으로 유학하여 일본에 영구 귀화했을 가능성도 있을 것으로 추측된다.

현병주의 장남은 2년 연상의 여성과 결혼하였다가 1943년에 협의 이혼하고, 조치원의 어느 서녀(庶女)와 재혼, 일남 일녀를 낳고 있으나 1945년생인 아들(현병주의 손자)의 입적은 그의 아버지(현병주의 장남)가 사망한 1946년으로부터 12년이 지난 1958년에 그의 생모의 신고로 입적되고 있었다.

이상에서 본 바와 같이 현병주의 가계는 매우 복잡해 보인다. 이와 같은 복잡한 가족관계가 현병주의 업적을 손상시켰을 가능성도 생각해 본다.

현병주는 매우 왕성한 저작활동을 한 것으로 파악되었다. 저자가 입수한 그의 저작물만도 다음과 같이 많았다.

① 1916년	名字吉凶自解法	錦水胡然生 玄翊仙 丙周 著
	實用 自修 四介松都治簿法 全	錦江漁父 玄丙周 著
② 1921년	男女聯合討論集	虛舟子 編
	朴文秀傳	玄丙周 著
	名士時談	虛舟子 · 玄丙周 編
	松都末年不可思議傳	江漁父 玄虛舟子 翊仙 著
③ 1922년	時事講演錄第四集	虛舟子 玄丙周 編
④ 1923년	朝鮮八道秘密地誌	翊仙 玄丙周 著
	批難 鄭鑑錄眞本	錦江漁父 玄翊仙 丙周 著
⑤ 1927년	男女討論集	현병주 편
⑥ 1929년	壬辰錄	秀峯 玄丙周 著
	死六臣傳	玄秀峯 著
	生六臣傳	玄秀峯 著
⑦ 1933년	蔣介石婦人과 靑幇首領杜月笙의 手段	玄丙周 著
⑧ 1936년	端宗血史	玄丙周 著
⑨ 1953년	純情悲話 紅桃의 一生	玄丙周 著

이상의 16종 편저서 중 1953년의 것은 현병주의 사후의 것으로 아마도 생전의 그의 저서를 그의 사후에 재판한 것으로 보인다. 저자가 입수한 것만도 위의 16종에 이르는데 실제로는 더 많았을 것으로 추측된다. 이런 정도의 저작이 있었

다면 당시의 문인사회에서 유명인사로 통하였을 법도 한데 당시의 대표적인 인명사전이나 일간신문, 문학관련 잡지 등에서 그에 관한 기사는 찾아볼 수 없었다. 어떻게 하여 그의 이름이 당시의 유명인사로 알려지지 않았는지 의아하기 짝이 없다. 이에 의문을 품고 사개치부법의 병열자로 기록되고 있는 두 사람에 관한 행적을 찾아보았으나 그들에 관하여는 더 더욱 알 수 없었다.

위에 열거된 저작물에 기록되고 있던 현병주의 필명에는 금수호연생, 금강어부, 허주자, 익선, 수봉 등 다양하였을 뿐만 아니라 그의 저작물이 주역, 음양풍수, 신문화 소개, 역사소설 · 전기, 연애소설, 거기에다 사개송도치부법이 포함된다. 이와 같은 여러 가지 사정들을 종합해 볼 때 그는 실로 의문의 인물로 평가하지 않으면 안 될 사람으로 여겨진다. 현병주의 족보 표현이었던 "옛 역사에 밝았고, 신식에도 날렵하였다"라는 표현이 적합하였지만 그 재능으로 한우물만 팠으면 대성하고 명성도 얻었을 것을 하는 아쉬움이 남는다.

현병주의 주소는 「명자길흉자해법」을 출간한 1916년 3월에는 충북 괴산군 청당면 읍내리 4통 3호이였던 것이 「사개송도치부법」을 출간한 1916년 12월에는 경성부 송현동이었고, 그 후 낙원동, 견지동, 봉래동으로 전출한 것으로 되고 있으나 호적상으로는 충북 괴산군 청당면 읍내리 12통 2호에서 경성부 종로구 남미창정(南米倉町) 170으로 이주하였고 거기서 낙원동 284로, 사간동 124로, 체부동 147로 이주한 것으로 기록되고 있다. 앞부분의 주소는 그의 저서 뒷 부분에 기록되어 있는 주소를 옮겨 적은 것이다.

의문은 현병주가 어떤 인연으로 그와는 인연이 먼 「사개송도치부법」을 저술하게 되었느냐 하는 것이다. 그가 「사개치부법」을 출간하고 난 다음 있을 법한 일본 기자나 회계학자들과의 회견이나 좌담회 같은 것을 한 흔적도 전혀 발견하지 못한 것이 이해되지 않는다. 현병주와 「사개송도치부법」과의 관련성을 그의 저서 "서문"과 "제1장 통론"의 표현에서 찾아보기로 한다.

① 서문의 맨 끝부분에는 '著者識'으로 표현하고 있으나
② 제1장 통론에서는 錦江漁父 玄丙周 編輯
開城 金璟植
裵俊汝 并閱

여기서 '편집'(編輯)이란 표현과 '저자'(著者)란 두 가지 표현이 보인다. 물론

이 두 가지 표현의 내용은 틀린다. 여기서 현병주가 자기의 전문지식과 관련이 먼 「사개치부법」을 저술하게 된 아주 먼 단서를 얻은 것 같은 느낌을 가진다.

저자는 이 현병주의 생애를 쓰면서 많은 망설임을 가졌었다. 왜냐하면 이는 개인의 좋은 면과 좋지 않은 면의 사생활과 관련이 있기 때문이다. 현병주가 남긴 한국 고유치부법에 관한 그의 공적(功績)이 당시의 한국사회로부터 냉대를 받았던 같은 인상을 받아 그 안타까운 심정으로 이를 쓰기로 한 것이다.

찾아보기

ㄱ

ㄴ

ㅅ

ㅈ

[著者紹介]

조 익 순

부산대학교 상학부 졸업
연세대학교 대학원 수료(석사)
미국 Washington University에서 수학
고려대학교 대학원(박사)
고대출판부장, 상과대학장, 사무처장, 기업경영연구소장, 경영대학원장 등 역임
한국회계학회장, 한국경영학회장, 한국공인회계사회장, 한국세무학회장 역임
공인회계사
국세심판비상임심판관
지방세제심의위원 · 지방세심사위원
외부감사심의위원회 위원
한국공인회계사회 윤리위원회 위원장
현 고려대학교 명예교수, 한국공인회계사회 고문

[주요 저서]

신회계원리(박영사), 신부기학(박영사), 현대회계학(박영사), 신회계이론(박영사)
신회계감사(박영사)
한 · 미 · 일 정부회계 및 감사제도의 문화적 조명(박영사)
사개송도치부법 전사(우리나라 고유부기의 발자취)(도서출판 해남)

정 석 우

고려대학교 경영대학 졸업
고려대학교 일반대학원 졸업(석사)
미국 뉴욕주립대(State University of New York at Buffalo) 졸업(경영학 박사)
미국 뉴욕주립대 객원 조교수
한국공인회계사
현 고려대학교 경영대학 교수

[저　　서]

신회계원리(박영사), 신회계감사(박영사)

조선시대 회계문서에 나타난
사개송도치부법의 발자취

2006年 3月 10日 初版印刷
2006年 3月 20日 初版發行

共著者 趙益淳 · 鄭錫佑
發行人 安 鍾 萬
發行處 (株) 博 英 社
서울特別市 鍾路區 平洞 13-31番地
電話 (733)6771 FAX (736)4818
登錄 1950. 3. 11 제300-1959-1호(倫)

www.pakyoungsa.co.kr e-mail: pys@pakyoungsa.co.kr

定 價 23,000원

ISBN 89-7189-340-0